高等职业教育电子商务专业系列教材

电子商务概论

主　编　顾　明
副主编　唐　滔　周　欢
参　编　王艺瑾　谭志远
主　审　左文兵

微信扫码
申请课件等相关资源

南京大学出版社

内容提要

本教材共分为四篇十章:基础篇包括电子商务概述、电子商务法律和企业社会责任,商务篇包括电子商务模式、电子商务支付、电子商务物流、网络营销,技术篇包括电子商务网站、电子商务安全,创新篇包括跨境电子商务、社交电子商务。教材知识体系完整,实训设计合理,素质目标明确,适应教学改革要求,同时注重将优秀理论融入教材。

本教材可作为高职院校电子商务、市场营销、国际贸易以及其他相关专业的教材,也可作为相关从业人员的参考用书。

图书在版编目(CIP)数据

电子商务概论 / 顾明主编. — 南京:南京大学出版社,2018.10(2021.8 重印)
ISBN 978-7-305-21051-8

Ⅰ. ①电… Ⅱ. ①顾… Ⅲ. ①电子商务—概论 Ⅳ. ①F713.36

中国版本图书馆 CIP 数据核字(2018)第 230500 号

出版发行 南京大学出版社
社　　址 南京市汉口路 22 号　　　邮　编　210093
出 版 人 金鑫荣

书　　名 电子商务概论
主　　编 顾　明
责任编辑 吴　俊　武　坦　　　编辑热线　025-83592315
照　　排 南京开卷文化传媒有限公司
印　　刷 南京百花彩色印刷广告制作有限责任公司
开　　本 787×1092　1/16　印张 16.75　字数 418 千
版　　次 2018 年 10 月第 1 版　2021 年 8 月第 2 次印刷
ISBN 978-7-305-21051-8
定　　价 42.00 元

网　　址:http://www.njupco.com
官方微博:http://weibo.com/njupco
微信服务号:njuyuexue
销售咨询热线:(025)83594756

前　言

自 1991 年我国正式引入 EDI 以来,电子商务从无到有,几经起伏,不断发展壮大。引入之初,电子商务一直不被传统领域所认可,认为是炒作、不成气候、不适合我国国情等。经过近三十年的发展,电子商务已经走入千家万户,逐渐为传统经济所接受。目前,我国电子商务交易规模不断扩大,网络零售规模全球最大,产业创新活力世界领先。与此相适应,电子商务职业教育蓬勃发展,很多学校开设电子商务专业,招生规模逐年扩大。国内高职层次电子商务概论课程的开设已有近二十年的历史,经过这些年的沉淀,一些基本的内容越来越得到业内的普遍认可,日趋成熟稳定;伴随着电子商务行业不断地开疆拓土、迭代发展,相关内容的更新也很快。正是在这样的背景下,我们组织校内外一线骨干教师,联合行业企业专家,在分析电子商务岗位群所需的知识、技能、素质的基础上,借鉴国内外不同层次电子商务概论方面的教材,遵循高职学生的认知规律,结合近年来电子商务专业教学改革、电子商务概论课程教学改革累积的教学经验与反思,共同开发了这本教材。

本教材对电子商务教学内容进行了重新梳理整合,力求逻辑清晰,体系完整,内容新颖。教材共分为四篇十章:基础篇包括电子商务概述、电子商务法律与企业社会责任,商务篇包括电子商务模式、电子商务支付、电子商务物流、网络营销,技术篇包括电子商务网站、电子商务安全,创新篇包括跨境电子商务、社交电子商务。

本教材主要有以下特点:

(1) 优秀理论融入教材。结合行业特点,进一步强化素质教育,把"五位一体"总体布局、"四个全面"战略布局、"五大发展理念"等优秀理论融入教材,提升教材的思想性、科学性。将电子商务法律的内容前移,突出依法经营的重要性,同时增加了电子商务企业社会责任等内容,引导学生坚守法律底线,崇尚责任情怀。

(2) 适应教学改革要求。教材编写过程中充分考虑到线上线下融合教学、翻转课堂、移动教学等新型教学模式要求,适应灵活互动的教学方式转变,满足学生自主学习、碎片化学习的需求,力求做好教材与学材的统一。使用二维码技术将电子商务方面的新知识、新技能、新观念动态呈现。

(3) 知识体系完整,实训设计合理,素质目标明确。在教材内容取舍和序化方面做了很多有益的尝试,努力构建完整的知识体系,注重碎片化学习与系统性学习的结合;理实一体,凸显实用,优化设计 20 个操作性强的实训项目,积极提升学生技能;素质目标定位准确,赋能学生职业素养。

本教材由江苏财会职业学院顾明教授主编,并负责整体策划和统稿。编写分工如下:顾明老师编写第一章、第二章、第六章;江苏财会职业学院周欢老师编写第三章、第四章;云南财经职业学院王艺瑾老师编写第五章、第九章、第十章;江苏财会职业学院唐滔老师编写第七章、第八章;连云港天马电商学院参与第六章编写。本教材由江苏财会职业学院左文兵副院长主审。

本教材编写过程中参考了一些专家、学者的研究成果及大量的网络资源,并得到了学院领导、老师们的大力支持,在此表示深深的谢意。

电子商务仍在快速发展,人们对电子商务的认识不断衍变、深入,由于编者水平有限,教材中难免有不妥之处,恳请批评指正。

编　者

2018 年 9 月

目 录

第一篇
di yi pian

电子商务之基础篇

电子商务是指企业或个人利用互联网和现代通信技术所进行的以商品交换为中心的经营活动。从事电子商务活动必须遵守相关法律规定,积极履行电子商务企业社会责任。

学习目标

● 知识目标:掌握电子商务的概念,理解电子商务的功能、组成、分类,了解电子商务发展历程,掌握电子商务现状,把握电子商务发展趋势;掌握电子商务法、电子商务企业社会责任的概念,理解电子商务法的特征、作用。

● 能力目标:能够认识到学习电子商务的重要性,能够从电子商务发展历程中认识电子商务发展规律,能够运用电子商务法律知识解决电子商务活动中遇到的法律问题,能够在电子商务活动中积极履行社会责任。

● 素质目标:增强商务意识、法律意识、责任意识,养成不断学习的习惯,具备创新思维、互联网思维,树立正确的历史观。

本篇重点

● 电子商务、电子商务法的概念;增强商务意识、法律意识、责任意识。

本篇难点

● 把握电子商务发展趋势;运用电子商务法律知识解决电子商务活动中遇到的问题。

第一章　电子商务概述

"双 11"：中国新名片

数据统计显示，2017 年"双 11"全网总销售额达 2 539.7 亿元，产生包裹 13.8 亿个。天猫"双 11"再创新纪录，成交金额 1 682 亿元，全天支付总笔数达到 14.8 亿笔，交易覆盖全球 225 个国家和地区。"双 11"已经成为全球规模最大的购物节。

1. 电商热点，从东中部向西部推进

城里人抢优惠抢得不亦乐乎，广大农村也是欢乐不断。

新疆阿克苏苹果成了网红。截至 11 日 12 时，仅仅半天，农村淘宝扶持的阿克苏苹果在天猫上就卖出了 170 万斤，有 10 余万人为阿克苏苹果买了单。

除了阿克苏苹果，农村淘宝重点打造的扶贫项目"元阳红米""金寨猕猴桃"等农产品，也通过线上渠道卖向了全国的城市消费者。农村淘宝旗下的淘乡甜天猫旗舰店，半天时间就卖了 1 100 万元的农产品。据了解，通过淘乡甜天猫旗舰店购买农产品的消费者，遍布全国 350 余个城市，其中来自上海、杭州和北京的消费者热情最为高涨。

天猫数据显示，"双 11"当天，农产品热卖的前五位分别是大米、三七、海参、苹果和枸杞。而最受农民欢迎的商品，前五位则分别是手机、羽绒服、平板电脑、毛呢外套和靴子。从区域看，每个省市的消费热点各不相同。广东热卖的农产品是大米、腊肠、蜂蜜、花胶和橙子，北京热卖的农产品则是大米、大闸蟹、生羊肉、蜂蜜和蜂王浆。

为了实现这样的城乡互动，电商平台做了大量的努力。农村淘宝工作人员表示，村淘打造的扶贫项目农产品在"双 11"当天实现热销，而村淘的直供直销模式，既通过电商手段帮助农民解决了农产品滞销难题，又通过市场和产业力量，向农民传授了标准化、品质化和规模化的种养殖方法，帮助农民脱贫致富。

从天猫交易地图看，尽管买卖的热点地区仍在东部和中部，但是，西部的交易范围已越来越广。城乡协同，已成事实，而且更加迅速地向前推进。

2. 联通海外，225 个国家和地区参与狂欢

买全球、卖全球，今年的"双 11"表现充分。

全球 225 个国家和地区参与了天猫的交易。全球超 14 万个品牌投入 1 500 万种商品参与天猫"双 11"。全球 52 个线下核心商圈参与，辐射了超 1 亿人群，有超过 5 000 万的消费者通过手机参与"双 11"互动。

全球服饰美妆品牌纷纷在天猫"双11"创下销售新峰值,从中国品牌到国际大牌,不仅在线上创下全新的"天猫速度",更推动线下门店的繁荣。

服饰行业亿元俱乐部成员数量大幅增加,其中耐克在"双11"开始后不到1分钟即宣告成交过亿元,阿迪达斯紧随其后,两家品牌均在1个小时内超过去年全天成交额,耐克官方旗舰店更成为天猫服饰史上首个单日销售额破10亿元的商家。

不仅是境外商家,中国品牌也借"双11"大量出海,天猫此次向全球推荐了100家中国品牌,包括服装品牌波司登,美妆品牌百雀羚、上海家化,休闲食品周黑鸭等,中国品牌也走向了世界。

今年天猫"双11",167家品牌商家成为"亿元俱乐部"会员。美国苹果公司占据成交额榜首,中国美的、小米单日成交额突破了20亿元,阿里巴巴集团首席执行官张勇说,"这是中国的高度,也是全球的高度,是全球商业的一次大巡礼。"

境内境外协同初显光芒,还将继续焕发新光芒。

3. 电商狂欢,将整个社会连接起来

1 682亿元,天猫的这一数据比去年的成交量上涨了近40%,而数字的背后,有太多系统的协同。

首先是人机的协同。3分零1秒成交破百亿元,每秒支付25万笔,这对交易系统是个巨大考验。阿里巴巴集团首席技术官张建锋在接受采访时谈到,"双11"不仅是史无前例的社会化大协同,机器智能的大规模应用也让今年的"双11"成为人类历史上最大规模的人机协同。"可以说,今年'双11'是机器和人一起来指挥的。"

机器和人在商品选品、客服、物流、技术运维等领域全面合作,规模之大、领域之广、协同之深前所未有。阿里巴巴工程师们发明的AI设计师"鲁班",在"双11"期间设计了4.1亿张商品海报。它综合图像深度学习、增强学习等AI技术,如同普通设计师一样,完成从草图到框架、细节元素等一系列设计,为消费者提供最优的商品展示。如今的"双11",已然成长为一艘需要面对前所未有之规模和复杂挑战的巨型航母。支撑这一商业奇迹背后的技术体系,也进化成代表互联网技术巅峰的"超级工程"。

其次是商业生态圈的协同,比如海关。去年,500万个境外入关包裹,花了两天才清关;而今年,11日凌晨2时8分,就完成了100万个包裹的清关;16时,清关包裹已突破1 000万个。海关为跨境交易提供了一系列的便利。

最后是物流。每年"双11"之后,货物的运输、配送都是难题。今年13.8亿个包裹,又是一个天文数字。但是,在"双11"之前,各部门都行动起来。铁路部门开启了高铁配送,各物流公司拿出了最好的方案。天猫的第一个包裹在零时20分送达。

数据,不仅将线上线下连接起来,也将整个社会连接了起来。

思考:"双11"为我们带来了什么? 除了"双11"还有哪些网络购物节日?

第一节 什么是电子商务

一、电子商务的概念

我国商务活动由来已久。相传周武王大约于公元前1044年消灭商朝,商朝的遗民没有可以耕种的土地,生活非常艰难。为了维持生计,他们就东奔西跑地做起买卖来,日子一长,便形成了一个固定的职业。周人就称他们为商人,称他们的职业为商业,从此"商人"一词作为生意人的代称一直沿袭至今。不同时代都有一些著名的商人,如古代的范蠡、近代的胡雪岩、当代的马云。现在通常把商人从事的商业活动称为商务活动。

> **小知识**   **经商之道**①
>
> 积著之理,务完物,无息币。以物相贸,易腐败而食之货勿留,无敢居贵。论其有余不足,则知贵贱。贵上极则反贱,贱下极则反贵。贵出如粪土,贱取如珠玉。财币欲其行如流水。
>
> ——摘自《史记·货殖列传》

从商务活动的历史演变来看,货币、通信工具的变革促进了商务活动的发展。货币的出现取代了物物交换,交易活动变得容易和简捷。货币形式不断变革,由实物货币(如贝壳)、金属货币(如银锭)、纸币(如人民币)到电子货币(如信用卡),交易成本不断降低,交易效率不断提高。通信工具的不断变革,由电报、电话、传真到互联网,商务活动犹如插上了翅膀,沟通交流越来越便捷。但无论是货币形式还是通信工具的进步,商务活动的核心内容并没有改变,商务活动是至少有两方参与的物品或服务的协商交换过程,它包括买卖双方为完成交换所进行的各种活动。

电子商务是伴随着互联网的出现而诞生的。在最近的二十多年里,电子商务的技术和商业模式不断迭代,人们对电子商务的认识不断衍变、深入,一些国际组织、知名企业、专家学者依据自身所处的地位和对电子商务的参与程度,给出了许多表述不同的定义,但至今还没有形成一个权威的、能够普遍被人们接受的定义。本书结合电子商务的最新发展以及相关的多种表述,把电子商务的定义归纳为:电子商务是指企业或个人利用互联网和现代通信技术所进行的以商品交换为中心的经营活动。

正确理解电子商务的定义,需要充分把握"电子是手段,商务是核心",即计算机技术、互联网技术、远程或短距离通信技术等技术是电子商务的手段,是实现电子商务的前提条件,但电子商务的核心是商务,是以商品交换为中心的经营活动,具体包括网络调查、网络推广、网络交

---

① 解释:积贮货物,应当务求完好牢靠,没有滞留的货币资金。买卖货物,凡属容易腐败和腐蚀的物品不要久藏,切忌冒险囤居以求高价。研究商品过剩或短缺的情况,就会懂得物价涨跌的道理。物价贵到极点,就会返归于贱;物价贱到极点,就要返归于贵。当货物贵到极点时,要及时卖出,视同粪土;当货物贱到极点时,要及时购进,视同珠宝。货物钱币的流通周转要同流水那样。

易、网络客服等活动。

对于电子商务的英文表述，有人喜欢用"e-business"，也有人喜欢用"e-commerce"，e-business比e-commerce所包含的内容更广泛，但大多数人们更容易接受e-commerce的表述。

二、电子商务的功能

电子商务可提供网上交易和管理等全过程的服务，它具有广告宣传、咨询洽谈、网上订购、网上支付、电子账户、服务传递、意见征询、交易管理等方面的功能。

（一）广告宣传

电子商务可凭借企业的Web服务器和客户的浏览，在Internet上发布各类商业信息。客户可借助网上的检索工具迅速地找到所需商品信息，而商家可利用网上主页和电子邮件在全球范围内进行广告宣传。与传统的各类广告相比，网上的广告成本最为低廉，而给客户的信息量却最为丰富。

（二）咨询洽谈

电子商务可借助非实时的电子邮件、新闻组和实时的讨论组来了解市场和商品信息、洽谈交易事务，如有进一步的需求，还可利用网上的白板会议（Whiteboard Conference）来交流即时的图形信息。网上的咨询和洽谈能超越人们面对面洽谈的限制，提供多种方便的异地交谈形式。

（三）网上订购

电子商务可借助平台网店或独立网店实现网上订购。通常都是商家在产品介绍的页面上提供十分友好的订购提示信息和订购交互格式框。当客户填完订购单后，通常，系统会回复确认信息单来保证订购信息的收悉。订购信息采用加密的方式以使客户和商家的商业信息不会泄漏。

（四）网上支付

电子商务要成为一个完整的过程，网上支付是重要的环节。客户和商家之间可采用电子现金、信用卡、第三方支付等多种途径实施支付。采用电子支付手段在网上直接支付降低了交易成本。但网上支付需要更为可靠的信息传输安全性控制，以防止欺骗、窃听、冒用等非法行为。

（五）电子账户

网上支付需要有电子金融来支持，即银行或信用卡公司及保险公司等金融单位要为金融服务提供网上操作的服务，而电子账户管理是其基本的组成部分。信用卡号或银行账号都是电子账户的一种标志，而其可信度需配以必要技术措施来保证，如数字凭证、数字签名、加密等，这些手段的应用保证了电子账户操作的安全性。

（六）服务传递

对于已经付款的客户应将其订购的货物尽快地传递到他们的手中，最适合在网上直接传递的货物是信息产品，如软件、电子读物、信息服务等，电子商务能直接从电子仓库中将货物发到用户端。

（七）意见征询

电子商务能十分方便地采用网页上的"选择""填空"等格式文件来收集用户对企业的反馈意见,这样企业的市场运营能形成一个封闭的回路。客户的反馈意见不仅能提高售后服务的水平,更能促使企业获得改进产品、发现市场的商业机会。

（八）交易管理

整个交易的管理将涉及人、财、物多个方面,包括企业和企业、企业和客户及企业内部等各方面的协调和管理,因此,交易管理是涉及商务活动全过程的管理。电子商务的发展,将会提供一个良好的交易管理的网络环境及多种多样的应用服务系统,从而保障电子商务获得更广泛的应用。

三、电子商务的组成

一个完善的电子商务系统其组成要素主要有网络、用户、物流配送、网上银行、认证中心等,如图1-1所示。

（一）网络

网络包括互联网、内联网、外联网。互联网是电子商务的基础,是商务、业务信息传送的载体;内联网是企业内部商务活动的场所;外联网是企业与企业,以及企业与个人进行商务活动的纽带。

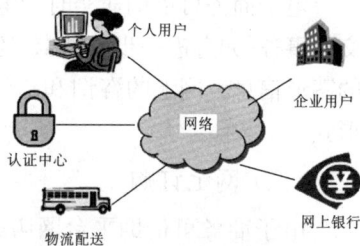

图1-1　电子商务系统结构图

（二）用户

电子商务用户可分为个人用户和企业用户。企业、个人是电子商务交易的主体,缺乏这些主体,电子商务将失去存在的意义。个人用户使用计算机、智能手机等接入互联网。企业用户建立企业内联网、外联网,对人、财、物、进、销、存进行科学管理。企业利用互联网发布产品信息、接受订单等,如需在网上进行销售等商务活动,还要借助电子报关、电子报税、电子支付系统与海关、税务局、银行进行有关商务、业务处理。

（三）认证中心

现实生活中,公安机关为个人发放居民身份证,作为个人身份的证明文件;工商行政管理机关为企业或个体经营者办理营业执照,作为其从事经营活动的凭证。电子商务的参与各方相互确认身份是通过认证中心颁发的数字证书实现的。

认证中心是受法律承认的权威机构,负责发放和管理数字证书。数字证书是一个包含证书持有人、公开密钥、证书序号、有效期、发证单位的电子签名等内容的数字文件。

（四）网上银行

网上银行在互联网上实现传统银行的业务,为用户提供24小时实时服务;与信用卡公司合作,发放电子钱包,提供网上支付手段,为电子商务交易中的用户和商家服务。

（五）物流配送

物流配送企业接受商家的送货要求,组织运送无法从网上直接得到的商品,并跟踪产品的流向,将商品送到消费者手中。

四、电子商务的分类

对电子商务整体进行适当的分类,有助于人们对电子商务的认识和把握。下面按照电子商务参与交易的主体、商品形态、使用网络类型的不同对电子商务进行分类。

(一) 按照参与交易的主体分类

按照参与交易的主体不同可以把电子商务分为消费者对消费者的电子商务(Consumer to Consumer,C2C)、企业对消费者的电子商务(Business to Consumer,B2C)、企业对企业的电子商务(Business to Business,B2B),这是电子商务最经典的分类方法。在此基础上又衍生出消费者对企业的电子商务(Consumer to Business,C2B)、企业对企业对消费者的电子商务(Business to Business to Consumer,B2B2C)等类型。

因为英文中2的发音与to相同,所以把C to C(Consumer to Consumer)简写为C2C。C2C电子商务最初是网上拍卖,消费者通过网上商务平台发布物品信息,对此物品感兴趣的消费者在平台上出价,参与竞拍,最终物品卖给出价最高的买方。我国C2C电子商务主要是全新商品的销售,并且是一口价居多,典型的C2C平台有淘宝网(www.taobao.com),如图1-2所示。

图1-2　淘宝网首页

B2C电子商务是企业通过互联网建立网上商城,开展网上销售,而消费者借助互联网的搜索、浏览功能,查找、了解所需商品的质量、价格等信息,进行商品选购、货款支付,企业负责商品的物流配送。典型的B2C平台有天猫商城(www.tmall.com)、京东商城(www.jd.com)、唯品会(www.vip.com)、苏宁易购(www.suning.com)等,京东商城如图1-3所示。B2C电子商务和C2C电子商务是网络零售的主体。

图 1-3　京东商城首页

B2B电子商务是企业之间通过互联网开展的商务活动,这里的企业包括工业企业、商业企业等类型的企业。作为采购商的企业与供应商的企业通过网络进行谈判、订货、签约、接受发票和付款以及索赔处理、商品发送管理和运输跟踪等活动。B2B是目前应用最广泛的一种电子商务,其交易额在电子商务交易总额中所占比例远高于 B2C、C2C。典型的 B2B平台有阿里巴巴(www. alibaba. com)、中国供应商(www. china. cn)、慧聪网(www. hc360. com)等。阿里巴巴首页如图 1-4 所示。

图 1-4　阿里巴巴首页

(二)按照商品形态分类

按照商品形态的不同可以把电子商务分为有形商品电子商务和无形商品电子商务。

有形商品是指实体类商品,如服装、纸质图书、计算机、家用电器等。有形商品电子商务中涉及的信息流和资金流完全可以在网上传输,买卖双方在网上签订购买合同后可以在网上完成货款支付。但交易的有形商品必须由卖方通过某种运输方式送达买方指定的地点,所以有形商品电子商务还必须解决好物流配送的问题。因为有形商品电子商务的信息流、资金流、物流不能全部在网上实现,所以称为非完全电子商务,也称为间接电子商务。

无形商品电子商务是指卖方将无形商品和服务产品内容数字化,不需要某种物质形式和特定的包装,直接在网上以电子形式传送给买方,收取费用的交易活动。这类电子商务在网上交易的是无形商品和各种服务,如计算机软件、电子书、网上订票、网上参团旅游或娱乐、网上咨询服务以及网上银行、网上证券交易等,通过互联网直接实现交易。无形商品电子商务与有形商品电子商务的区别在于,前者可以通过网络将商品直接送到买方手中。无形商品电子商务的信息流、资金流、物流可以全部在网上实现,称为完全电子商务,又称为直接电子商务。

(三)按照使用网络类型分类

按使用网络类型不同可以把电子商务分为三种:EDI 电子商务、Internet 电子商务和 Intranet 电子商务。

EDI 是 Electronic Data Interchange 的缩写,翻译为电子数据交换。EDI 电子商务主要应用于企业与企业、企业与批发商、批发商与零售商之间的批发业务。EDI 就是按照商定的协议,将商业文件标准化和格式化,并通过计算机网络,在贸易伙伴的计算机网络系统之间进行数据交换和自动处理。相对于互联网,EDI 较好地解决了安全保障问题。但是,由于 EDI 必须租用 EDI 网络上的专线,即只有通过购买增值网服务才能实现,费用较高;此外,需要有专业的 EDI 操作人员,并且需要贸易伙伴也使用 EDI,因此阻碍了中小企业对 EDI 的使用。加之早期计算机昂贵、速度慢、商品软件少及许多应用程序需要自行开发,因此只有大公司才有能力使用 EDI。这种状况使 EDI 虽然已经存在了多年,但至今仍未普及。

Internet 电子商务是目前电子商务的主要形式。它以计算机、通信、多媒体、数据库技术为基础,通过 Internet 网络,在网上实现营销、购物服务。它突破了传统商业生产、批发、零售及进、销、存的流转程序与营销模式,真正实现了少投入、低成本、"零库存"、高效率,避免了商品的无效搬运,从而实现了社会资源的高效运转和最大节余。消费者可以不受时间、空间、厂商的限制,广泛浏览,充分比较,力求以最低的价格获得最为满意的商品和服务。

Intranet 是在 Internet 的基础上发展起来的企业内联网,它在原有的局域网上附加一些特定的软件,将局域网与互联网连接起来,从而形成企业内部的虚拟网络。Intranet 与 Internet 之间最主要的区别在于企业内联网内敏感的或享有访问权限的信息受到企业防火墙的保护,它只允许有授权者介入内联网,外部人员只有在许可条件下才可进入企业内联网。Intranet 将大、中型企业分布在各地的分支机构及企业内部有关部门和各种信息通过网络予以连通,使企业各级管理人员能够通过网络读取自己所需的信息,利用在线业务的申请和注册代替纸张贸易和内部流通的形式,形成一个商务活动链,从而有效地降低交易成本,提高经营效益。

第二节　电子商务发展历程

　　自 1991 年我国正式引入 EDI 电子商务以来，电子商务从无到有，几经起伏，不断发展壮大。引入之初，电子商务一直不被传统领域所认可，认为是炒作、不成气候、不适合我国国情等。经过近 30 年的发展，电子商务已经走入千家万户，逐步被传统经济所接受。了解我国电子商务的发展历程，有助于人们更深刻地认识电子商务，把握电子商务发展规律，推动电子商务更广泛地普及应用。结合产业生命周期理论，综合考虑电子商务交易额、网络购物用户规模、网络零售交易额、在社会消费品零售中所占总额比例等因素，可以把我国的电子商务发展历程分为四个阶段：萌芽引入阶段、波动培育阶段、激烈竞争阶段、稳定发展阶段。

一、萌芽引入阶段（1991—1999 年）

（一）最早的电子商务

　　我国最早的电子商务是 EDI（电子数据交换）。EDI 是全球贸易、计算机技术、通信技术快速发展的必然产物。在传统的国际贸易中，通常由银行进行担保，以各种纸面单证作为凭据，而 20 世纪 80 年代全球贸易的活跃，带来了各种贸易单证、文件数量的激增，这就产生了对凭证传递和处理速度的迫切需求。计算机性能飞速提升，体积逐步缩小，成本快速降低，通信能力显著提高，为 EDI 的应用奠定了坚实的技术支撑。EDI 出现之后，在工业发达国家和地区得到广泛应用，提高了企业的生产率和竞争能力。

　　我国政府部门积极督促推动 EDI 应用，国家"八五"科技攻关计划投资 500 万元支持 EDI。中国电子信息产业集团的成员单位率先应用 EDI，陆续建设了一大批试点示范项目，如海关开发了 EDI 通关系统，税务总局建设了以电子报税和出口退税为主要功能的 EDI 系统，商检局应用了签证办理和报验申请的 EDI 应用系统等。以中国海关为例，早在 1995 年 1 月，就成功地研制了 EDI 海关系统。短时间内，海关 EDI 系统用户已达 400 多家，EDI 海关系统日平均处理的普通货物报关单达 6 000 余份，占全国总数的 15%；快递 EDI 海关系统处理的快递物品占全国的 80% 以上。海关 EDI 系统的应用，起到了推动与示范的作用。

　　随着互联网商业化应用的不断拓展、深化，EDI 已经逐渐淡出了人们的视野，但它在我国电子商务发展过程中，却是最重要的根基，起到启蒙作用。

　　我国 EDI 电子商务的应用以政府主导为主。1994 年我国正式接入国际互联网之后，Internet 电子商务逐渐成为我国电子商务的主要形式。基于 Internet 的电子商务发展主要依赖的是自下而上的市场力量，从以 Internet 为基础的电子商务网站的兴起、商业模式的探索、网商的出现到交易的形成，无不是民营企业和个人自组织的结果。

（二）我国第一批网民

　　1997 年 11 月，中国互联网络信息中心（CNNIC）发布了第一次《中国互联网络发展状况统计报告》。二十多年来，这个报告一直是我国最权威的互联网应用数据报告。根据

CNNIC 首份报告,截至 1997 年 10 月 31 日,我国共有上网计算机 29.9 万台,上网用户数 62 万,国际出口带宽 25.408 M。正是这 62 万人燃起了我国互联网的星星之火,向周围人普及了互联网知识,激起了更多人的上网兴趣。

(三) 我国最早的电子商务公司

1997 年,中国最早的两家电子商务公司——中国商品交易中心和中国化工网——分别上线。两家公司都是基于 B2B 领域,不同之处在于:① 中国化工信息网专注于信息,而中国商品交易则强调交易;② 中国化工网专注于化工领域,中国商品交易中心是全品类的网站;③ 中国化工网是中国化工信息中心原班人马拓展新业务,中国商品交易中心是全新成立的股份制公司。

继中国商品交易中心和中国化工网上线后,第二批 B2B 网站陆续上线。其中包括美商网、中国制造网和阿里巴巴。

1998 年 2 月,由焦点科技运营的中国制造网(英文版)在南京上线,中国制造网专注于服务全球贸易领域,为中国供应商和全球采购商提供交易信息的发布、搜索、管理服务。2009 年 11 月,焦点科技在深交所挂牌上市。

美商网(www.meetchina.com)是国内较早从事电子商务的 B2B 企业,也是首家面向全球市场的 B2B 电子商务网站,但目前网站已无法打开。

1999 年初春,马云从北京回到家乡杭州,在城郊湖畔花园的家里创办了阿里巴巴电子商务网站。注册资本是 50 万元,当时总共 18 个人,包括马云和他的太太,每人月薪 500 元。开业时马云对全体员工发表了激动人心的演讲:我们要办的是一家 B2B 的电子商务公司,我们的目标有三个:第一,我们要建立一家生存 80 年的公司;第二,我们要建设一家为中国中小企业服务的电子商务公司;第三,我们要建成世界上最大的电子商务公司,要进入全球网站排名前十位。马云后来回忆说,他做电子商务,从那一天起就铁了心。他做对的事情是,阿里巴巴网站设在了民营企业最为活跃的浙江省,这里以及沿海的江苏、广东一带有数以十万计的、以外贸为生的中小型制造工厂,阿里巴巴为它们提供了一个免费的信息发布平台。而当时,"中国制造"刚刚发力,没有外贸经验和客户资源的众多中小工厂根本找不到合适的营销渠道,阿里巴巴几乎成了它们唯一的选择。连马云自己也没有料到的是,阿里巴巴上线不到半年,就引起美国《福布斯》杂志关注。根据在线监测显示,这家不知名的中国网站竟是当时全球最活跃的电子商务网站。《福布斯》派出记者来到杭州,2000 年 7 月,这家权威的财经杂志第一次选用中国企业家作为封面人物,身材瘦削的马云穿着一件超大的蓝花格子衬衫,卷着袖子握着拳,一脸阳光地朝世界欢笑。阿里巴巴被评为全球最佳 B2B 站点,名列综合类第一名。《福布斯》介绍说:"阿里巴巴自 1999 年 3 月 10 成立以来,已汇聚了全球 25 万商人会员。每天新增会员数达到 1 400 人,新增供求信息超过 2 000 条,是全球领先的网上交易市场和商人社区。"1999 年 10 月,阿里巴巴获得了高盛、富达投资等投资机构的 500 万美元"天使基金"。

(四) 一批电子商务零售网站开通运营

1999 年,8848 等一批 B2C 网站正式开通,网上购物从概念进入实际应用阶段。这些网站怀有激情地踏入了互联网和电子商务领域,可谓是电子商务概念的尝试者和应用的创新者,是中国互联网领域第一批敢于"吃螃蟹的人"。中国电子商务发展由此迎来一波小高潮。

8848是我国电子商务发展史中一座具有里程碑意义的网站。8848创始人是王俊涛,网站于1999年3月18日开始试运行,并在当年融资260万美元。8848主要在线销售软件、计算机图书、硬件、消费类电子产品,是我国早期最有影响力的B2C网站。在短短的两年里,8848克服电子商务发展初期的重重困难,创新性地探索了我国B2C电子商务模式,培育了我国最早一批网购实践者。

几乎就在马云回到杭州创业的同时,4个来自不同行业的好朋友聚在上海的鹭鹭餐厅也打算投身电子商务。沈南鹏是德意志银行亚太区的总裁,梁建章是甲骨文中国区的咨询总监,季琦创办过上海协成科技公司,范敏是上海旅行社总经理和新亚酒店管理公司副总经理。他们当时提出了三个创业方向:网上书店、建材超市和网上机票及酒店服务。经过一番面红耳赤的争吵后,都是旅游迷的他们选中了第三个方案。1999年6月,瞄准旅游业的携程网诞生了,它后来成为中国最大的在线旅游服务商。

1999年8月,邵亦波和谭海音创办国内首家C2C电子商务平台——易趣网。两位创始人都是上海人,是美国哈佛商学院的校友。公司宗旨是帮助任何人在任何地点实现任何交易,为卖家提供了一个网上创业、实现自我价值的舞台,也为买家提供了丰富的、物美价廉的商品资源。成立之初,为了提高用户体验,易趣网在全国首创24小时无间断电话热线服务。

当当网成立于1999年11月,李国庆和俞渝夫妻二人联手创业。李国庆有10多年的图书出版工作经验,俞渝在美国有十余年的金融和融资方面的学习和工作经历。二人受亚马逊商业模型的启发,成立了当当网。当当网成立之初,发出只卖图书的口号,目标是成为中国最大的图书资讯集成商和供应商。

(五)第一个网上银行服务开通

1999年9月,招商银行率先在国内全面启动"一网通"网上银行服务,建立了以网上企业银行、网上个人银行、网上支付、网上证券及网上商城为核心的网络银行服务体系,并经中国人民银行批准首家开展网上个人银行业务,成为国内首先实现全国联通"网上银行"的商业银行。

在萌芽引入阶段,电子商务的全新概念开始引入,但新经济的前景还只是处于想象阶段,真正的互联网应用市场还没有形成雏形,电子商务环境远未成熟。网络零售刚刚起步,对大多数人来说,还没有体验到网络购物的便捷和乐趣。而在企业电子商务方面,大多数人还停留在概念阶段,甚至简单地认为,电子商务就是无纸化办公。

二、波动培育阶段(2000—2009年)

(一)8848的兴衰

2000年国际互联网泡沫破灭。不到一年时间,美国纳斯达克综合指数从2000年2月最高的5 000多点暴跌到1 000多点,亚马逊公司股价跌去2/3。日本软银集团创始人孙正义在过去几年里投资了全球150家互联网公司,软银所持上市互联网公司股份曾经占全球股市市值的8%,孙正义一度超过比尔·盖茨成为全球首富,而此刻他的资产已经缩水95%。

　　在此背景下,我国的电子商务也进入寒冬期。2000年,我国做电子商务的网站有上千家,大部分没有盈利能力,多半属于炒作概念或处于观望状态。少数网站虽然吸引到了充足的风险投资,但是这些网站没有可行的商业模式,缺乏自身"造血"功能,完全依赖外来风险投资度日。只有极少数网站开展了实质性的电子商务业务,比如知名度较高的8848、中国商品交易中心等,即使是这些网站,也仍然没有真正实现盈利。因此,人们对互联网失去了耐心和信心,加上媒体的悲观论调,绝大多数人对互联网的期望从波峰跌到波谷。伴随着纳斯达克指数泡沫的破灭,更多的投资者撤资或者保持观望状态。针对互联网的投资骤然减少,导致一些公司无以为继,相继倒闭。

　　8848是我国第一家B2C电子商务网站,也是当年商业领域最璀璨的一颗新星。正如它的名字一样,在那个时候,达到了其他电子商务企业无法企及的高峰。然而,仅仅几年过后,8848就像一颗流星,划出一道亮光之后,渐渐消失在人们的视野中。8848尽管陨落了,但是它成长中的教训,值得众多电子商务创业公司汲取。

　　1999年5月18日,连邦软件将其电子商务事业部独立出来,单独成立公司,取名北京珠穆朗玛电子商务有限责任公司,域名为www.8848.net。8848取自世界第一高峰,品牌寓意着永争第一的雄心壮志。

　　8848首先在网上销售图书和软件。由于选择产品得当,8848的电子商务业务快速成长。1999年8月,微软授权8848.net网站为微软全线产品的网上授权零售店,8848获得产品先机,更是如虎添翼。8848快速扩张,仅用6个月就从只销售软件和图书两种商品,增加到15个大类商品。用了10个月时间,8848销售额就从30多万人民币增长到4亿美元。到1999年年底,8848.net网上超市开通送货业务的城市达到450个,媒介称"8848成为中国覆盖城市最多的零售企业"。在随后的运营中,8848继续攻城略地,取得了很多骄人的成绩。8848成立之初,获得了一系列光环和奖项。1999年11月,Intel公司总裁贝瑞特访华,称8848是"中国电子商务领头羊"。2000年1月,8848被中国互联网大赛评为中国优秀网站工业与商业类第一名。2000年2月,美国《时代周刊》称8848是"中国最热门的电子商务站点"。2000年7月,8848被《福布斯》杂志列入中国前十大网站。2001年,CNNIC调查显示,8848是中国工业和商业类网站被用户访问最多的网站。截至2001年,8848公司先后融资约6 000万美元。

　　快速膨胀的8848将新目标转向登陆纳斯克。几轮融资过后,8848由内资控股企业转变成外资控股企业。就在8848即将上市之际,全球股市的互联网泡沫开始破灭。而后进入的投资人实际掌握了8848的决策权,一些投资人认为当时金融环境不好,上市不能带来高额回报,他们不希望8848马上上市。因此,8848上市时间一推再推,直至最后机会丧失殆尽。

　　2001年11月,8848的B2C业务全部被拆分出来,投入到新成立的合资公司MY8848。2011年12月,由于MY8848拖欠供货商多笔货款而败诉,公司所有固定资产遭到法院查封或是拍卖,MY8848网站由此中断,绝大部分员工被裁减,因为资不抵债,MY8848宣布破产。2003年9月,8848转型,将目标客户定位为中小企业,为中小企业提供电子商务解决方案,包括网上开店、开发购物搜索引擎等。2005年5月,8848提供的插件由于涉嫌破坏公平竞争秩序被起诉,并以败诉而收场。随后和MY8848情况相同,8848公司裁员,最后倒闭。

(二)"非典"带来新机遇

互联网泡沫导致的电子商务寒冬,因为"非典"这一偶然事件,寒冬逐渐回暖,我国电子商务得到恢复,并迎来新的发展。

2003 年,包括我国在内的 29 个国家发现"非典"(医学名称为严重急性呼吸综合征,简称 SARS)案例,并迅速形成流行态势。由于"非典"病毒的近距离、接触式传染的特征,迫使人们在"非典"期间尽可能远离商场、超市、办公大楼等公共场所,给人们的生活、工作带来了很大障碍。而互联网具有不受时空限制,不用人员接触的特征,人们足不出户通过互联网就可以工作、生活、学习。电子商务利用互联网进行信息查询、交易,不仅方便、快捷,而且避免了人员接触,节约了成本。电子商务在"非典"这一特殊时期显露出得天独厚的优势。一场"非典"变故,让电子商务的概念自发地进入老百姓的日常生活之中。

广东是"非典"的重发区,2003 春季广交会遭遇重创,大批国际采购商取消中国行程,广交会成交额锐减。组委会紧急开通网上洽谈平台,没想到网络交易平台门庭若市,开幕当日的访问量就达到了 368 万次,客商增加量是原来的 5 倍。据统计,截至 2003 年 4 月 27 日,广交会各网站的访问量累计总数达 5 090 万次,比上届同期增长 50.95%。其中境外访问量累计数为 2 589 万次。在 2003 年广交会全部 44.2 亿美元出口成交中,网上就占据了 13 亿美元。

"非典"时期,诞生了在中国电子商务发展史上比较重要的两家网络零售公司,即京东和淘宝。

京东最早从事传统销售业务。1998 年 6 月 18 日,刘强东在中关村创业,成立京东公司。京东公司最初采取开设实体店的方式代理和经销光盘、数码等大类产品,公司发展很快。1999 年的京东只有六七个员工,一间几平方米的店面,月营业额从几万到近 100 万元,1999 年度总营业额达到 600 多万元。2001 年 6 月,京东已经成为光磁产品领域最具影响力的代理商。2003 年京东的实体门店达到 12 家。"非典"期间,京东在几十天里一笔生意也没有成交,然而房租、人工成本却每日都在发生,即将面临破产倒闭的困境。背水一战的刘强东想到了互联网,希望通过网络减少库存。于是,他组织员工到各大网站论坛发帖,利用 QQ 进行口碑营销。没想到生意从网上源源不断地涌来,京东转危为安。"非典"过后,虽然京东的实体店陆续恢复营业,但是刘强东已经发现了网络营销的巨大发展空间。于是,他不顾周围同事的反对和质疑,毅然决定关闭全部实体店,彻底转型做电子商务。2004 年 1 月,京东涉足电子商务领域,网站正式上线运营。自此,京东商城业务连续 7 年实现营收增长超 200%。

阿里巴巴起家于电子商务的 B2B 模式,但是靠收取会员费的 B2B 模式发展缓慢,并且在当时的市场环境下,真正实现企业间的在线交易非常困难。2002 年,全球最大的网络零售商 eBay(易贝)进军中国,引起了马云的关注。"非典"的来临,更是让善于把握商机的马云意识到网络零售市场的巨大商机。2003 年 4 月,阿里巴巴开始进行研发,不到三个月时间,阿里巴巴正式宣布定位于 C2C 模式的淘宝网上线。

为了防范"非典",很多年轻人尝试网络购物这种新鲜事物。网络购物网站迎来大规模的用户和订单,一些网站的交易额直线上升。2003 年 3 月份,易趣网日均交易额为 170 万元人民币,4 月份为 230 万元人民币,5 月份为 250 万元人民币。3 月份易趣网活跃的购买者日均达 3 万人,4 月份就达到 4 万人。上海一些 B2C 网站在 2003 年 4 月份的数据足以说明这种快速增长:联华 OK 网站订单量一周的增长速度为 120%,华联超市 5828 电话购物每天增长 100 多笔,易购 365 电子商务销售额月度增长 70％。网络购物热同样推动传统卖家转战网络市场。

2003 年的中国 B2B 市场,阿里巴巴、实华开、美商网是规模较大的三家企业,这三家企业在"非典"期间都取得了显著增长。阿里巴巴网站的会员数和商业信息数都实现了大幅度增长。在 2003 年的二季度新增会员数比上一季度增长 50％;国际采购商对商业机会的反馈数比上一季度增长一倍;每日新增商业机会数比上一季度增长 3 倍;国内供应商客户数比去年同期增长 2 倍,诚信通会员数在 3 月份比上一年同期增长 4 倍。2001 年以后,出于上市的需要,实华开从网吧等多元化业务逐步向 B2B 业务收缩。实华开建设 B2B 平台"网上世贸中心",主要商业模式是利用网络平台,帮助中国中小企业对接国际采购商。"非典"期间,实华开的交易额、询盘量和订单数都比上年同期有显著增加,交易额增长了 10 倍,订单额增长了 7 倍,询盘数量增长了 9 倍。订单来自美国、德国、丹麦等近 10 个国家,采购商品从办公用品到生活用品,小到笔墨纸张,大到机械设备,其中,"非典"期间已完成的订单总金额达 300 多万美元。

(三)易趣与淘宝之争

易趣与淘宝之争是电子商务发展史中第一次最激烈的同业竞争。eBay 创立于 1995 年 9 月,创始人为奥米迪亚(Omidyar),网站成立的初衷是用来满足个人商品交易,商品也仅仅局限于糖果盒和玩具。eBay 渐渐受到网民的欢迎,逐步商业化运作,成长为全球最大的拍卖网站。eBay 在美国打开局面后,就抓住时机启动国际化战略,先后布局德国、法国、澳大利亚等发达国家,并先后进军韩国、新加坡、马来西亚、菲律宾和印度等国家。eBay 全球化战略取得成功,很快成为全球最大的商品在线交易市场。2003 年,eBay 交易额达到 238 亿美元,净收入 22 亿美元。

eBay 进军中国后,其本土化战略一直不顺,而它又非常看好中国高速增长的网络购物市场。于是,2002 年 3 月,eBay 以 3 000 万美元的价格,购入易趣网 33％股份;2003 年 6 月,eBay 以 1.5 亿美元收购易趣剩余 67％股份,国内最大 C2C 企业由此被外资全盘并购。合并后的 eBay 易趣在无强敌的情况下,一举占据了我国 80％的 C2C 市场份额。

面对 eBay 易趣这个强大对手,淘宝创新地提出免费战略,免除了商家的开店费、交易费,而在 eBay 上开店,却需要缴纳 2％的交易服务费和登录费。淘宝借免费战略迅速获得大量商家和用户的拥戴。2003 年年底,淘宝在半年时间里一共吸收了大约 30 万注册会员,其中包含了一部分从易趣搬家过来的会员。淘宝乘胜追击,仅用两年时间,市场份额就一举超过实施收费策略的易趣。随后淘宝保持快速增长态势,直到占领我国 80％的市场份额。

淘宝免费策略是重大创新,后来免费被列为互联网思维之一。淘宝开创了平台"经济基础服务＋增值服务""免费服务＋收费服务"相结合商业模式的先河。淘宝平台也不是全部免费,基础服务一般免费,而增值服务收费。基础服务只包括最基本的服务项目,增值服务则满足用户更广泛、更深层次的需求。例如,平台提供简单的搜索服务,对于卖家而言,既可以搜索到其他卖家的信息,自己的信息也会被搜索到,这就是基础服务,但是,如果卖家希望在搜索结果中排名靠前,则需要向平台支付竞价排名服务费,竞价排名服务就是增值服务。

平台通过提供免费的基础服务,吸引价格敏感度高的用户使用平台。当平台吸引了足够多的人气和流量之后,再推出收费的增值业务。平台通过提供免费的基础服务,建立起庞大的用户群和访问量,而通过提供有偿的增值服务获得收入,维持平台的可持续发展。平台提供这两种差别服务和收费模式,使得不同用户都获得增值效用,同时平台通过合理定价收费,自身也获得了发展,最终实现多赢。

(四)电子商务迎来发展小高潮

自 2004 年至 2007 年,物流、支付、信用、政策法规等电子商务支撑环境获得实质性改善,电子商务再次繁荣,取得了一系列的突破性进展:电子商务交易额持续增长,网络购物人数飞速上升,一些 B2B 企业开始盈利,B2C 企业表现为蓄势待发,C2C 企业竞争格局基本稳定,传统企业对电子商务的认识逐步深入,中小企业信息化和农村信息化开始起步。这期间,阿里巴巴、中国化工网和携程网分别上市。

截至 2007 年 12 月,我国网民人数已达到 2.1 亿,互联网普及率再度提高 16%,已超过亚洲的平均普及率水平 13.7%,离世界平均普及率水平 20.0%仅有一步之遥。2007 年我国电子商务交易额为 21 700 亿元人民币,其中以 B2B 为主,网络零售(包括 B2C 和 C2C)所占比例不足 10%,网络购物人数达 4 640 万。

2007 年的电子商务投资规模出现爆发式增长,电子商务投资案例数量比 2006 年增长333.3%,达到 26 个,投资金额为 1.88 亿美元,较去年增长 268.6%。电子商务领域吸引投资的主要原因是:投资商认可电子商务市场发展具有无限潜力,电子商务模式的不断创新带来了新的商机,还有就是阿里巴巴上市所带来的投资示范效应。

随着阿里巴巴的上市,我国 B2B 市场呈现一片繁荣景象。根据调查,2007 年企业化运营的 B2B 网站总数已经超过 4 500 家,比 2006 年的 2 000 家翻了一倍。2007 年我国 B2B 电子商务网站总营收为 42.1 亿元人民币,比 2006 年增长 49.8%。阿里巴巴收入高速增长,占据市场龙头位置。根据阿里巴巴公布的招股说明书和 2007 年财报,其自 2004 年起,实现盈利;其2006 年总营收为 13.6 亿人民币,净利润为 2.2 亿人民币;其 2007 年总营收达到 21.6 亿元人民币,同比增长 58.5%,利润达 18.8 亿元人民币。从 B2B 总体市场格局来看,阿里巴巴收入占全部 B2B 服务市场份额的 55.9%;环球资源网收入规模占 26.5%;慧聪网占 8.8%,其余垂直行业网站以及其他综合电子商务服务商仅占总体 B2B 收入规模的 8.8%。

B2C 市场与 B2B 市场结构不同,市场份额仍然比较分散,当当和卓越仍处于领先地位。计世资讯调查发现,截止到 2006 年年底,B2C 市场内两大巨头当当、卓越共占市场份额合计28%,大部分市场份额仍被中小 B2C 企业和专业领域 B2C 企业所分割。而且,随着 B2C 的利润率逐步下滑和竞争的激烈,综合性 B2C 将面临着更多的市场融合和兼并。B2C 综合类网站学习亚马逊商业模式,追求长尾效应,网站越做越大,经营商品种类越分越细,细分的产品类型也越来越多,用以留住更多的客户,提高客单价。由于受到仓储和物流等环节的限制,图书一直以来都是 B2C 网站销售最好的商品。但是,2006 年,更多的商品种类陆续投入网民的眼帘,如服装、电器、数码产品等。卓越网突破起家时专注于图书音像的单一产品领域,已经把商品种类拓展到十几大类。当当网更是将经营品种扩张到百万种,包括图书、音像、家居、化妆品、数码、饰品、箱包、户外休闲等商品。

C2C 成为当时我国网络购物市场(包括 B2C 和 C2C)的主流商业模式。2007 年我国电子商务 C2C 交易额为 581 亿元,比 2006 年的 230 亿元交易额增长 152.6%。短短几年,我国 C2C 电子商务从无到有,从 2001 年的 C2C 交易额 4 亿元,增长到 2007 年的 581 亿元,显示出我国 C2C 市场的巨大发展潜力。《2006 年中国网络购物研究报告》显示,当年我国网络购物总体交易额为 312 亿元,较上年增长 38.1%,其中 C2C 网络购物总体交易额为 230 亿元,占 73.7%,远远超过 B2C,而且这种差距有继续扩大的趋势。与此同时,网络购物用户数高速增长,根据艾瑞调查,2001 年 C2C 电子商务用户数仅为 250 万,2005 达到 2 245 万。2001 至 2005 年,我国 C2C 电子商务市场用户规模的年均复合增长率达到 73.1%。在淘宝网、eBay 易趣、拍拍网三足鼎立的 C2C 市场格局中,淘宝网市场龙头老大地位加强。截至 2006 年年底,淘宝网注册用户数已超过 3 000 万人,用户人均网购消费 563 元。2007 年淘宝网成交额达到 433 亿元,比 2006 年的 169 亿元增长 156.2%;淘宝网的市场份额继续增长,已经占全部 C2C 市场交易额的 74.5%,比 2006 年的 65.2%的市场份额又提升了将近 10%。

(五)危机就是机会

在 2008 年和 2009 年这两年,人们谈论最多的词汇非"金融危机"莫属。金融危机对我国经济影响很大,电子商务也感受到丝丝寒意,似乎又要入冬,但我国电子商务成功地利用金融危机带来的种种机会,多角度突围,发展势头比以往更加强劲。从总体来看,我国的电子商务成功地抵御了金融危机的不利影响,增加投入、细化服务、开拓营销模式,通过创新,取得了一个又一个来之不易的累累硕果:电子商务年度交易额连续突破新高,我国网购市场取得突破性进展;基础设施、电子支付等电子商务环境逐步改善;中小企业信息化稳步推进;农村信息化进程加快;电子商务服务市场在创新中发展;移动商务布局初见成效;新技术不断推动电子商务模式和应用创新。

2008 年我国电子商务交易额达到 3.14 万亿元,同比增长高达 44.8%;2009 年我国电子商务交易额达到 3.7 万亿元,同比增长 16.9%,相比国内生产总值(GDP)8%左右的增速,成为一道亮丽的风景线。尽管受到金融危机的冲击,增速放缓,但是电子商务依然是我国经济发展中最富活力的领域之一。

B2B 服务商深入挖掘中小企业市场,向中西部地区普及电子商务,在运作模式和营销战略上不断创新。根据中国 B2B 研究中心发布的《1997—2009:中国电子商务十二年调查报告》显示,在电子商务服务企业的行业分布中,排在前十名的依次为:纺织服装、数码家电、钢铁机械、化工医药、建筑建材、农林、五金、包装印刷、食品糖酒、礼品饰品,其中纺织服装和数码家电行业所占比重最大,分别为 14.3%和 10.4%。

网络零售取得突破进展。2009 年我国网络购物交易额近 0.25 万亿元,同比增速高达 93.7%,远远高于社会消费品零售总额 15.5%的增长速度。网购交易额占社会零售总额的比重达到 2%,比 2008 年提高了 0.8 个百分点。2009 年应用网络购物的网民占网民总数的 28.1%,达到 1.08 亿人,年增长 45.8%,增速远远超过当年网民的增长速度。

2009 年 B2C 成为电子商务最受资本青睐的投资领域。京东商城 2009 年年初获得今日资本、雄牛资本等风险投资 2 100 万美元联合注资;12 月又有传言称,将获得老虎基金的第三轮首笔风险投资。自 2004 年创立至 2009 年,京东商城保持跨越式发展,年销售额分别达到 1 000 万元、3 000 万元、8 000 万元、3.6 亿元、13.2 亿元,2009 年年底销售额突破 40 亿,年均复合增长率达到 340%。

C2C 交易额仍然保持高速增长,2008 年、2009 年交易额分别为 1 162.33 亿元、2 483.5 亿元,年增长速度分别为 100.01%和 93.7%。C2C 服务商进一步探索商业模式,网商规模壮大、网货更加繁荣,网规逐步完善,淘宝继续垄断市场并且首次实现收支平衡。从店铺数量来看,根据易观数据,截至 2009 年第 2 季度末,我国 C2C 网络零售市场在线店铺规模已经达到 270 万个,保持高速增长之势。根据艾瑞对产品门类的统计数据,家居日用品成为网货龙头,其次是服饰、手机、化妆品和户外运动品。

在波动培育阶段,我国电子商务历经互联网泡沫和金融危机的煎熬洗礼,2008 年我国成为全球网民最多的国家,电子商务交易额突破 3 万亿元。2009 年网购人数突破 1 亿,10 年来培育、积累了数量可观的网络消费者。鉴于我国网络市场已经初具规模和广阔的市场前景,以及全民高涨的创新创业热情,似乎任何障碍也阻止不了我国电子商务前进的步伐。

三、激烈竞争阶段(2010—2014 年)

波动培育阶段的电子商务企业面对的是辽阔的蓝海,企业主要考虑的是培育消费者、开疆拓土、寻找盈利模式,同业竞争还不是绝大多数企业要考虑的主要问题,但接下来的这个阶段充斥着大量的同业竞争,如千团大战、价格战、补贴大战。

2010 年电子商务交易额突破 4.55 万亿元,以 22% 的增速平稳发展。网络购物市场最引人注目,交易额达到 5 091 亿元,年增长 96.70%,实现翻番;网络购物交易额占社会商品零售总额的比例也大幅度提升,达到 3.3%。这一年,备受瞩目的还有销售衬衫的凡客诚品。农村电子商务也不乏亮点,沙集模式引起了社会的广泛关注,农民通过网店生意,走出了一条以信息化带动了工业化发展的新路。

在政策利好、技术进步、市场需求和社会化投资的多重因素驱动下,2011—2013 年电子商务交易额继续高速增长,其中网络购物市场依然火爆,占社会商品零售总额的比例大幅度提升。一批国家级电子商务示范基地启动,传统行业不断尝试电子商务应用,涉农电子商务开始起步,跨境电子商务崛起,移动电子商务崭露头角。这期间,每年的 11 月 11 日成为人们期待的网络购物节;苏宁易购、京东、天猫、库巴等电商巨头发起了"史上最大规模"的电商价格战。

2014 年电子商务交易额达到 16.39 万亿元,比上一年增长 57.6%,相比国内生产总值(GDP)7.4% 的增速,电子商务依然是我国经济发展中最具潜力的新兴产业之一,如表 1-1 所示。网络零售市场增长强劲,交易规模为 2.79 万亿元,相当于当年社会消费品零售总额的 10.69%,比上年增长 2.89 个百分点。网络零售市场保持快速增长势头,同比增长 49.7%,是社会消费品零售总额增速的 4 倍。网购人数达到 3.61 亿,是 2009 年网购人数的 3.3 倍。这一年,阿里巴巴、京东在美国证券市场上市。

表 1-1 2009—2014 年电子商务发展主要数据

年份	总交易额(万亿元)	增长率	网络零售交易额(万亿元)	增长率	占社会消费品零售总额比例	网购人数(亿)
2009	3.7		0.26		2.80%	1.08
2010	4.55	22%	0.51	96.70%	3.30%	1.61
2011	6.09	33.80%	0.78	53.70%	4.30%	1.94
2012	8.11	33.20%	1.31	67.50%	6.20%	2.42
2013	10.4	28.20%	1.85	41.20%	7.80%	3.02
2014	16.39	57.60%	2.79	49.70%	10.69%	3.61

（一）凡客——不平凡的电商过客

2005 年,PPG 服饰开创出了国内网上服装直销模式,产品依靠 OEM 代工,销售依靠呼叫中心,以超低成本对业界发起了颠覆性冲击,其"轻公司"的模式让业界眼前一亮。一刹那,全国几乎到处都是卖衬衣的网站。2007 年陈年的凡客酝酿产生,2009 年取代 PPG 成为行业第一。

凡客诚品以惊人的速度成为国内互联网快时尚第一品牌,甚至改变了我国当代人的消费习惯。凡客最早卖的是 29 元的 T-shirt,49 元的帆布鞋、Polo 衫、bra-T 等,以低价高质快速虏获大众的心。配备全场包邮、24 小时客服、30 天退换货等服务,凡客诚品靠产品和服务打造出了第一波好口碑。

在具体营销策略上,凡客与 PPG 服饰也如出一辙。在早期的《读者》《知音》《南方周末》等平面媒体上打广告,随后价格低廉的互联网广告受到重视,但最值得说的还是凡客诚品所建立的凡客联盟,在国内将 CPS(Cost Per Sales,有效销售额分成)模式发展到了新高度,并使凡客在互联网门户、搜索引擎等战场达到了无处不在的效果。凡客联盟是按照 CPS 的模式计费,网站站长可免费加入联盟,在后台自助获取广告代码,放置到个人网站或博客上推广凡客产品,并根据用户的实际消费情况获得高达 16％的广告收益分成,随着点击人数增加,比例还能提高,单张订单平均佣金就能达到数十元。

2010 年,凡客确定韩寒、王珞丹作为代言人,开启 B2C 行业形象代言人的先例。"凡客体",这场网络全民狂欢,将互联网品牌广告推向了高潮,也是凡客在品牌宣传上最重要的一役。广告让凡客迅速膨胀,其销售额 2008 年 1 亿元,2009 年 5 亿元,2010 年达到 20 亿元,而 2010 年我国 B2C 市场规模只有 1 040 亿元。陈年喊出了要收购优衣库、LV 的雄心壮志。2010 年管理年会,陈年将下一年原计划 40 亿的销售目标提到 100 亿,然后小步快赶马上 IPO。凡客的几家 VC 也锦上添花,他们号称掌握着中国最强的 TMT 领域的基金,合伙人说有的是资金,这无疑加速了凡客的"大跃进"。

2010 年,顶峰时期的凡客拥有超过 1.3 万名员工,30 多条产品线,产品涉及服装、家电、数码、百货等全领域,当年卖出了 3 000 多万件服装,营收同比增长 300％。但随后因经营战略、产品质量、综合电商崛起、资本退热等因素的影响,凡客收缩规模、大幅裁员,2016 年员工仅剩 180 人。

（二）千团大战

团购领域的千团大战,在不足 5 年的时间里,使得团购行业完成了从自由竞争到三家寡头垄断的相对稳定的市场格局,资本的力量、模式的演化、创业公司在迅速发展中的挣扎与决策在 2011 年上演了一出完美的大戏。

团购的概念最早兴起于 2009 年,当时团购网站鼻祖 Groupon 在美国发展势如破竹。Twitter 获得风投到估值 10 亿美元花费了 3 年时间,Facebook 用了 2 年,而 Groupon 只用了一年半,这种超凡的速度自然在各国都吸引到一批模仿者。王兴成为 Groupon 在我国的首批模仿者,2010 年 3 月 4 日美团网上线。3 月到 6 月,国内专门做团购的网站数量突破400 家,7 月底超过 900 家,9 月底增加到 1 200 余家,服务城市由最初的北京、上海等重点城市转战至全国各地。2011 年 8 月份鼎盛时期的团购网站达到 5 000 家以上,其中,不乏各大门户网站的加入,也有新生的团购网站,如新浪、腾讯、开心网、人人网等平台型互联网公司先后进入到团购领域。团购几乎成为当时互联网公司的标配功能。

为争夺国内的团购市场,各家团购网站开始激烈竞争。拉手、美团、窝窝团、24卷、满座团、高朋网等当时国内比较知名的团购网站开始了一轮又一轮的融资比赛,广告战、拉锯战、阵地战等铺天盖地的广告融入各大民众的日常生活当中。过低的准入门槛无疑加速了团购行业的发展,但同时也不可避免地造成了这一行业的恶性竞争和迅速洗牌。最初做团购的网站需要大量销售人员去为商户普及团购知识,而不久之后,几乎每个商户都会接待数家或数十家团购网站的销售人员。商户借网站宣传推销自己的位置迅速得到扭转,开始衡量比较与哪一家团购网站合作对自己更为有利,而为了争夺客户,有些团购网站对商户的底线不得不一降再降。而在这种博弈中,双方又必须保证自己的利润空间,于是,消费者成了这场利润争夺中的最终买单者。但对单次消费体验不满意的消费者,很可能从此对团购模式不再买账。由此,行业发展进入瓶颈,风险投资开始转战其他领域,资金链断裂导致的结果不言而喻。

2014年上半年国内网络团购累计成交额虽然达到294.3亿元,创下半年度最好成绩,但团购网站数量已锐减至176家,相比于2011年8月的最高峰时段的5 058家,至此团购的存活率仅为3.5%。其中美团、大众点评、百度糯米占据了84%以上的市场份额。

(三)爆发价格战

2012年8月14日,刘强东连发两条微博,声称京东大型家电三年内零毛利,所有大家电保证比苏宁、国美连锁店便宜10%以上,将派员进驻苏宁、国美店面。随后苏宁和国美纷纷加入电商价格大战,苏宁易购承诺包括家电在内的所有产品价格必然低于京东,若任何网友发现苏宁易购价格高于京东,苏宁都会即时调价,并给予已购买者两倍差价赔付。国美同样表示不回避任何形式的价格战,商品价格将比京东商城低5%,并且保持线上、线下一个价。随后,当当网、易迅网、一淘网加入混战。

1. 价格战仅仅是营销活动

2012年8月15日,根据一淘网数据,6大电商的大家电商品11.7万余件中,仅有5 000多件商品价格有所下降,占比约4.2%。可见,价格战只是一场营销活动。通过营销吸引眼球、打压竞争对手、提升企业市场地位,增加销售额。价格战经过炒作,引起了消费者的广泛关注。网易有道的数据显示,苏宁易购的流量涨幅达到706%,国美流量涨幅达到463%,京东涨幅达到132%。

2. 价格战引来欺诈质疑

一些消费者反映,降价后的商品价格并不真正便宜。一淘网的数据更是发现,在价格战的前夜,京东提高了一些大家电产品的售价,随后再进行降价活动。此外,一些热销商品虽然显示大幅度降价,但是却处于无货状态,引起消费者强烈不满。一些失望和质疑声音悄然而起,价格战俨然成为一场营销骗局。

3. 发改委介入价格战欺诈调查

收到欺诈投诉后,发改委价监局介入电商"价格战"迷局,深入调查价格欺诈行为。调查结果认为,价格战过程中,有些电商的促销宣传行为涉嫌虚构原价、欺诈消费者。调查认为,三大电商在价格战中存在三种问题:一是虚构原价,二是未履行零毛利承诺,三是标明无货,实际上仓库有货等。接到发改委调查意见后,京东公开发表了声明,因未履行承诺向消费者致歉,并表示将进行认真反思整改。

（四）滴滴 VS 快的补贴大战

受 Uber 模式的启发,我国的网络打车起步于 2012 年的秋天。几乎就当程维在北京创办滴滴的同时,吕传伟在杭州创办了快的打车。2013 年 4 月,快的打车获得阿里巴巴、经纬创投 1 000 万美元 A 轮融资,并与支付宝打通,成为全国唯一一家可以通过在线支付打车费用的打车 APP。因支付的便捷,快的明显超出所有竞争对手一个身位。

"我最好的盟友,是敌人的敌人。"30 岁的程维深谙竞争的法则,他很快找到了腾讯。就在阿里入股快的的同一个月,腾讯注资滴滴 1 500 万美元,9 月滴滴接入微信与手机 QQ,也实现了移动支付。2014 年 1 月,滴滴再次得到腾讯领投的一亿美元投资。

资金充足的程维想出了一个补贴的点子:如果乘客和出租车司机使用滴滴打车,可以得到几元乃至十几元的补贴。这一想法,立即得到了马化腾的支持,双方约定,补贴成本由滴滴和微信共同承担。在补贴政策推出的第一个星期里,滴滴居然发出了一亿多元的补贴,出行订单量暴涨 50 倍,原有的 40 台服务器根本撑不住了。程维连夜致电马化腾,腾讯调集一支精锐技术团队,一夜间准备了 1 000 台服务器,并重写服务端架构,程序员连续加班工作七天七夜。

不甘让滴滴一家独火的快的迅速跟进,补贴大战一触即发。程维日后回忆说,补贴让订单量激增,烧钱速度也越来越快,从早期一天几百万到几千万,再到 3、4 月高峰期时,一天能烧进去 1 个亿。快的为了应对战事,再次融资 1.2 亿美元。双方进入拉锯战,快的补贴 10 元,滴滴补 11 元;滴滴补贴 11 元,快的补 12 元。快的宣称其打车奖励金额永远会比同行高出 1 元钱。滴滴迅速做出反应,宣布每单补贴额随机,10 元到 20 元不等。

这场白刃战般的补贴大战,一直从 2014 年 1 月厮杀到 5 月,诱发了民众的莫名狂欢。到 5 月 16 日,在资本方的调停下,双方同时宣布补贴暂告一段落,硝烟散去,两家共计发出超过 20 亿多元的补贴,超过 700 万个出租车司机成了滴滴或快的的用户,我国出租车行业的格局陡然变天。

停止补贴之后,程维又推出了发红包的新打法。经过一年的鏖战,滴滴、快的发放补贴、红包共计近 40 亿元。率先发动战事的滴滴打车成为最大赢家,其用户数突破 1 亿,日最高订单量达 521 万。另外一个获益者是腾讯,它通过补贴极大地提高了自己在移动支付市场的份额,到 2014 年年底,腾讯在支付市场的占比已大幅逼近支付宝。

滴滴、快的不但重构了出租车行业,更是在两强相杀中,令其他的打车软件——包括进入我国市场的 Uber 无立足之地。

在激烈竞争阶段,我国电子商务经历了迄今为止竞争最为激烈的时期,竞争范围之广、参与企业之多、投入资本之巨、大战之密集、影响之深远在我国商业史上都是罕见的,很多竞争案例堪称商战经典。在某种意义上讲,剧烈的市场竞争成就了我国电子商务的发展,2014 年年底,我国电子商务已经全面超越欧盟、日本等经济体,在部分领域已经比肩美国。

四、稳定发展阶段（2015 年至今）

进入 2015 年,资本推动下的动人心魄的倾力搏杀渐行渐远,握手言和成为这一年的主旋律。2015 年被人们称为合并年,2 月份网络打车排名第一和第二的滴滴与快的宣布合并;

4月份分类信息行业排名第一和第二的赶集网与58同城合并;5月份旅游行业的携程收购艺龙股份;8月份阿里与苏宁互相参股,实现战略合作;10月份美团和大众点评合并,携程与百度合作,携程与去哪儿网合作;12月份,婚恋交友领域排名第一和第三的世纪佳缘与百合网合并,女性服装电商美丽说和蘑菇街合并。合并可以避免恶性竞争,降低运营成本,提高经营效率,增强企业核心竞争力,提升企业整体价值,行业内领头羊的合并则更加巩固了垄断地位。这一系列合并事件标志着我国电子商务发展进入一个崭新阶段,即相对稳定的发展阶段。

2015 年我国电子商务交易额突破 20 万亿,达到 21.79 万亿元人民币,同比增长 32.9%,相比国内生产总值 6.9%的增速,电子商务已经成为我国经济增长的新动力。B2C 交易额首次超过 C2C 交易额,网络零售主流商业模式由波动培育阶段的 C2C 转变为稳定发展阶段的 B2C,未来 B2C 在网络零售中的份额不断提升,这与线下消费市场的情形十分相似。网络零售交易规模为 3.88 万亿元,同比增长 33.3%,其中实物商品零售额占社会消费品零售总额的 10.8%,网络零售市场规模继续保持全球第一。跨境电商继续呈现逆势增长态势,交易总额达 4.56 万亿元,同比增长 21.7%,正在成为我国进出口贸易的重要渠道。工业企业电子商务采购和销售普及率进一步提升,平均达到 37.24%,部分行业接近 60%。农村电子商务发展进入快车道,建设电商村级服务点 25 万个,新增网店 118 万家,农村网购交易额达 3 530 亿元,同比增长 96%,农产品网络零售额 1 505 亿元。这一年,国务院《关于大力发展电子商务加快培育经济新动力的意见》、国务院办公厅《关于推进线上线下互动加快商贸流通创新发展转型升级的意见》为代表的一系列支持电子商务发展的政策密集出台。各级政府部门按照"积极推动、逐步规范、加强引导"的原则继续加大对电子商务的支持力度,完善电子支付、物流快递等新商业基础设施,积极促进和引导电子商务服务业的发展。电子商务正在成为我国经济社会实现"创新、协调、绿色、开放、共享"发展的重要驱动力量,成为"互联网+"行动计划的先导产业,成为大众创业、万众创新的一片热土。

2015—2017 年电子商务发展主要数据如表 1-2 所示,网购人数、电子商务交易总额、网络零售交易额与 2010—2014 年相比规模明显增大,但增长速度放缓,网购人数 2010—2014 年的复合增长率为 22.37%,2015—2017 年复合增长率为 13.6%;电子商务交易总额 2010—2014 年的复合增长率为 37.77%,2015—2017 年复合增长率为 15.68%;网络零售交易额 2010—2014 年的复合增长率为 52.94%,2015—2017 年复合增长率为 36.03%。

表 1-2　2009—2017 年电子商务发展主要数据

年份	网购人数(亿)	增长率	总交易额(万亿元)	增长率	网络零售交易额(万亿元)	增长率
2009	1.08		3.7		0.26	
2010	1.61	49.07%	4.55	22%	0.51	96.70%
2011	1.94	20.50%	6.09	33.80%	0.78	53.70%
2012	2.42	24.74%	8.11	33.20%	1.31	67.50%
2013	3.02	24.79%	10.4	28.20%	1.85	41.20%

年份	网购人数 (亿)	增长率	总交易额 (万亿元)	增长率	网络零售交易 额(万亿元)	增长率
2014	3.61	19.54%	16.39	57.60%	2.79	49.70%
2015	4.13	14.40%	21.79	32.90%	3.88	33.30%
2016	4.67	13.08%	26.1	19.80%	5.16	26.20%
2017	5.33	14.13%	29.16	11.70%	7.18	32.20%

第三节　电子商务现状与趋势

一、我国电子商务发展现状

近年来,我国电子商务交易规模继续扩大,网络零售规模全球最大,产业创新活力世界领先。电子商务市场结构持续优化,行业发展质量不断提升。数字技术驱动电子商务产业创新,不断催生新业态新模式。党中央国务院高度重视电子商务发展,通过推动创新、深化改革,全面优化电子商务发展环境。

(一)电子商务服务业稳步增长

电子商务服务业是伴随电子商务发展而逐渐兴起的一种新兴服务行业,是为促进电子商务各项活动顺利开展提供各种专业服务的集合体,主要有三个方面:一是包括 B2B、B2C、C2C 等的交易服务,主体是电子商务平台服务企业;二是包括电子支付服务、物流服务、信息技术服务等的支撑服务;三是包括代运营服务、营销服务、咨询服务等的衍生服务。近年来,电子商务服务业的创新发展,尤其是依托人工智能、大数据、虚拟现实等新技术而涌现出的新型电商服务业务,促进了电子商务应用的快速发展。

1. 交易服务

2017 年,中小企业 B2B 平台服务营业收入规模稳步增长,达 291.7 亿元,同比增长 17.5%;大规模企业 B2B 交易平台营业收入规模为 338.3 亿元。B2B 行业呈现以下特征: B2B 电商平台由 PC 端向移动端发展步伐加快,综合 B2B 电商开始布局垂直 B2B 电商平台,B2B 电商平台不断拓展服务领域。

网络零售交易服务营业收入 2017 年达 4 397 亿元,其中 B2C 和 C2C 的交易服务营业收入分别为 2 652 亿元和 1 745 亿元,同比分别增长 30% 和 22%。艾瑞咨询数据显示,2017 年网络零售平台中,淘宝、天猫占全国网上零售额的 74.3%,自营电商京东、特卖电商唯品会在各自领域所占份额较大,但规模与淘宝、天猫平台相比仍存在较大差距。中小企业成为创新创业热土,随着跨境、生鲜、母婴等垂直领域的兴起,大量初创企业不断涌现。移动端渗透率进一步提升,移动网购已成为最主流的网购方式,淘宝、京东商城、唯品会等移动购物综合 APP 的用户覆盖率较高。电商平台成为上游品牌商进行新品首发、过季清仓、尾货特卖等活动的首选渠道。

2. 支撑服务业

中国互联网络信息中心数据显示，截至 2017 年 12 月，我国使用网上支付的用户规模达 5.31 亿，使用率达 68.8%。其中，手机支付用户规模增长迅速，达到 5.27 亿，使用率达 70.0%。中国人民银行数据显示，2017 年，非银行支付机构发生网络支付业务 2 867.47 亿，同比增长 74.95%，支付金额达 143.26 万亿元，增长 44.32%。移动端网络支付改变传统支付习惯，渗透到消费者购物、出行、就餐、就医等应用场景。易观千帆 2017 年第四季度数据显示，支付宝、银联商务和腾讯金融的市场份额位居前三位，三者市场份额总和达 58.56%。

国家邮政局数据显示，2017 年我国快递业务发展态势持续向好，全国快递服务企业业务量累计完成 400.6 亿件，同比增长 28%。业务收入累计完成 4 957.1 亿元，同比增长 24.7%。其中，同城业务量累计完成 92.7 亿件，异地业务量累计完成 299.6 亿件，国际/港澳台业务量累计完成 8.3 亿件。为提高电商物流效率和服务满意度，京东、阿里巴巴、亚马逊等电商平台纷纷利用大数据、物联网、人工智能等技术对各自物流平台进行整合，无人机、无人仓、无人车等技术全面启动应用，联盟和智能化统筹的模式布局更加广泛。

随着信息技术的快速发展，以及互联网和现代信息技术的专业化生产组织方式迅速推广，信息技术服务外包与电子商务的深度融合正在加快。工业和信息化部数据显示，2017 年，信息技术服务收入达 2.9 万亿元，比上年增长 16.8%，其中，云计算相关的运营服务（包括在线软件运营服务、平台运营服务、基础设施运营服务等在内的信息技术服务）收入超过 8 000 亿元，比上年增长 16.5%。阿里云利用 AI、云计算及大数据技术为传统企业提供新零售解决方案，能够提供全渠道融合、个性化推荐、以图搜图、智能语音、客服机器人及大数据运营等业务层服务。

3. 衍生服务业

我国电商代运营市场 2017 年营业收入达 7820.8 亿元，增速达 30.1%。电商代运营业务内容广泛，从基础服务（如运营服务、客户服务）到电商核心业务服务（如 IT 服务、营销服务和仓储物流服务）以及增值服务（如数据分析服务等），大多代运营服务提供商集中于基础服务和部分核心代运营服务。

电子商务营销精细化发展不断增强。电商平台积极尝试整合多元营销渠道，技术提升使得"千人千面"的智能营销得以实现，而社交电商、网红直播、VR 体验式营销、AR 红包等也提高了用户的互动体验。电商平台以自建或合作方式搭建"电商＋内容＋社交"的体系，以内容导购、粉丝营销和场景化购物、品牌 IP 化等方式迎合年轻消费者群体需求。

电子商务咨询服务是伴随着电子商务的广泛应用而衍生出的服务业务，是咨询服务业的新兴领域。电商平台围绕平台生态系统不断加强电商咨询服务，如阿里妈妈以数据和技术为核心，以全域营销帮助品牌更好地做市场分析、消费者洞察、投放决策、客户维护，既赋能阿里巴巴集团，也赋能整个营销生态。以艾瑞咨询、易观、亿邦动力研究院为代表的独立咨询和数据服务提供商也为越来越多的企业提供细分领域的解决方案和报告，协助企业制定电子商务全面一体的战略和实施定位，帮助品牌企业及中小企业更好地把握线上市场机遇。

(二)农村电子商务突破万亿大关

商务部数据显示,我国农村 2017 年实现网络零售额达 1.24 万亿元,同比增长 39.1%。截至 2017 年 12 月,农村网店达 985.6 万家,较 2016 年增加 169.3 万家,同比增长 20.7%。全国 24 个省份有 242 个淘宝镇,2 118 个淘宝村。

随着居民消费不断升级和物流基础设施的进一步完善,作为农产品电商的重要业态,生鲜电商保持了快速增长态势。易观智库数据显示,2017 年全国生鲜电商交易规模达 1 418 亿元,较上年增长 55.2%。以天猫生鲜、京东生鲜为代表的平台电商,以易果生鲜、每日优鲜为代表的垂直电商,以盒马鲜生、永辉超级物种为代表的新型零售电商,以百果园、多点为代表的线下企业转型电商等,继续推动生鲜电商市场拓展,加快模式转型。

2014—2017 年,连续 4 年的中央"一号文件"都明确提出发展农村电商。2017 年中央"一号文件"《关于深入推进农业供给侧结构性改革加快培育农业农村发展新动能的若干意见》中首设"推进农村电商发展"专节,提出两项国家级专项工作:"深入实施电子商务进农村综合示范"和"推进'互联网+'现代农业行动";鼓励地方规范发展电商产业园。按照中央"一号文件"的总体部署,国务院、商务部等部门围绕农产品电商、电商扶贫、农商协作、物流配送等农村电商的重要领域,提出一系列促进农村电商发展的政策措施,农村电商政策体系日趋完善。

曾经制约农村电商发展的"最后一公里"物流问题,也随着快递下乡进程的加快而出现明显缓解。快递乡镇网点覆盖率超过 86%,北京、天津、河北、辽宁等 13 个省(市)实现全覆盖。部分快递企业直接在田间地头设立操作点,帮助农民解决包装、运输难题,实现农产品从田间直达舌尖。部分快递企业加强与邮政企业合作,探索乡镇寄递新模式。菜鸟网络通过大数据预测,将更符合农村地区购买习惯的家电、农资农具提前下沉到菜鸟县城仓库,可实现 50% 当日达,99% 次日达。

电子商务企业积极投身农村脱贫攻坚,为解决农产品"卖难"问题做出重要贡献。2017年 7 月份,河北、河南、内蒙古、贵州等地鸡蛋"卖难",京东、苏宁积极开展网上促销,一周左右销售鸡蛋收入达 122 万元;11 月份,陕西、江苏、山东、广西等地出现水果"卖难",阿里巴巴、京东商城、苏宁易购、一亩田、时行生鲜、乐村淘、云田等电子商务企业在商务部统一部署下,积极行动,集中销售各地水果 3 000 万斤,有效地缓解了"卖难"问题。

农村加工业在电商带动下快速发展,并成为产业升级的驱动力。江苏沙集镇最初由部分农民自发开设网店,试销简易拼装家具获得成功,引得乡亲们纷纷仿效,网店迅速发展成为群落,形成聚集效应,带动物流等配套产业发展。产业由单一的家具向服装、鞋帽等其他品类扩展,电子商务成为新的龙头产业。山东省曹县依托表演服饰加工业基础,将发展电商与实施扶贫开发有机结合起来,采取免费发放电脑、免费培训、企业来料加工、发放小额贷款等措施,引导支持贫困群众开办网店、从事网货生产销售,通过电商带动脱贫近 2 万人,占全部脱贫人口的 23%,大大加快了全县整体脱贫进程。

农村电商近年来取得的成就有目共睹,但农产品上行总体规模仍然偏小,2017 年全国农产品网络零售额为 2 436.6 亿元。问题的根源在于目前农产品上行体系不能适应电商发展的需要,还有待进一步完善。在城市地区,已日趋成熟的电商体系最初是服务于工业品交易的,农产品如果借助工业品电商的通道就应具备类似工业品的标准。如果要做好农产品电商,必须先实现农产品的标准化,这将涉及农业标准化生产、商品化处理、品牌化销售、产业化经营。因此,破解农产品上行难题不应只关注销售和流通环节,而应对整个农业供应链进行重塑再造。这是一个系统的工程,需要产业链各环节的统筹推进和各参与方的协同配合。

(三)跨境电子商务逐步成熟

2017 年,经我国海关办理的跨境电子商务进出口清单达 6.6 亿票,是进出口货物报关单的 8.4 倍;进出口商品总额为 902.4 亿元,同比增长了 80.6%。其中出口为 336.5 亿元,进口为 565.9 亿元,同比分别增长了 41.3% 和 120%。从贸易伙伴来看,2017 年我国跨境电商零售进口来源地排名前十的分别是日本、美国、韩国、澳大利亚、德国、新西兰、荷兰、法国、英国和中国香港。我国跨境电商零售出口目的地排名前十的是中国香港、美国、俄罗斯、韩国、英国、法国、澳大利亚、日本、加拿大、爱沙尼亚。从各省市的跨境电商发展活跃情况来看,出口排名前五的分别是广东、北京、浙江、山东和河南,其中广东省对跨境电商零售出口的贡献最大,占比达到 72.21%,进口排名前五的分别是广东、浙江、河南、上海和重庆。

随着我国社会主要矛盾的转变,高品质的跨境电商进口商品满足了国内多元化消费需求,带动了国内消费结构升级。2017 年跨境电子商务行业进入了高品质发展阶段,供应链能力成为跨境电子商务品质保障的核心竞争力,各跨境电商平台企业把握时机,顺势而为升级国际供应链。针对跨境电子商务出现的虚假物流信息和越来越严峻的产品质量问题,跨境电子商务平台企业开始建立全球溯源体系。例如,天猫国际在 2017 年 8 月全面启动了全球溯源计划,利用区块链技术以及大数据跟踪进口商品全链路,汇集生产、运输、通关、报检、第三方检验等信息给每一个跨境进口商品配上"身份证"。同时,为保障国内消费者权益,各级地方政府越来越重视跨境产品质量溯源体系建设。广东省出入境检验检疫局发布的全球质量溯源体系,在南沙自贸区跨境电商监管中先行先试,初步构建全链条大质量监管模式。广东江门检验检疫局结合江门口岸和跨境电商新业态的实际情况,复制广东自贸区制度创新经验,创建全国首个跨境电商直购模式全球质量溯源系统。

跨境电子商务作为外贸新业态,为中国制造"出海"提供了新途径。2017 年我国跨境电子商务出口呈现出助推国产品牌"出海"的新特征。从 2017 年"双 11"的中国制造出海情况来看,京东发起"中国品牌抱团出海计划",有 200 余家中国品牌与京东一起"扬帆出海",上千家中国企业与京东签署了"出海"意向书。京东在"双 11"当天向全球 200 多个国家和地区的消费者推荐中国的高品质商品。

(四)电子商务企业加强信用建设

我国电子商务信用体系建设总体取得较大进展。政府、企业合作加强信用信息共享,制定守信联合激励和失信联合惩戒措施,共同治理电子商务领域失信问题。商务部组织 238 家国家电子商务示范企业共同签署诚信经营承诺书。全国信用信息共享平台梳理出 6 440 家电子商务黑名单企业,其中首批 500 家企业已在"信用中国"网站公布。电子商务领域假冒伪劣、虚假宣传、刷单炒信、服务违约等违法违规现象有所改善,消费者满意度提升。但是,商品质量、宣传促销、售后服务、信息安全等方面存在的问题依然需要加强重视。

商务部组织 2017—2018 年度电子商务示范企业共同签署诚信经营承诺书,阿里巴巴、京东商城、唯品会、苏宁易购等238家知名电商公开向社会承诺:遵纪守法,严格履行相关义务,坚决抵制侵犯知识产权、假冒伪劣、服务违约、虚假宣传、刷单炒信以及滥用、泄露和非法倒卖个人隐私信息等行为,切实保护消费者权益;积极立信,建立健全信用记录,及时将恶意评价、恶意刷单、虚假流量、图物不符、假冒伪劣、价格欺诈等失信行为纳入诚信档案;诚信经营,自觉接受社会监督,加强商品质量、服务履约、广告宣传等方面的信用管控,强化数据信息的保护与管理;加强自律,自觉接受主管部门、行业组织、公众媒体监督。

2017年,跨境电子商务检验检疫产品质量安全风险国家监测中心不断探索跨境电子商务风险监测新模式,编发了《跨境电商产品质量安全风险监测简报》。对热点事件开展专项风险监测,针对功能水杯安全项目不合格、"卡乐比"核辐射、儿童防晒霜灼伤、婴儿饼干造成窒息等舆论焦点,及时开展专项风险监测。

2017年2月,阿里巴巴的企业诚信查询平台上线,可以提供中国8 600万市场主体和美国2 400万市场主体的查询服务。中小企业通过诚信查询平台能够查询信用等级以及企业基本信息、工商变更记录、主要管理人员、企业股东信息、被执行人、失信被执行人、对外投资信息等相关情况。阿里巴巴通过对平台公布的18万个售假数据进行挖掘分析,首次对外披露了"售假账户操控人""假货生产企业"两张大数据"打假地图",并公布了首批"百家售假企业黑名单"。

一批电子商务企业与快递公司相继对快递单据采取加密手段,保护个人信息安全,防止他人从快递单上窃取消费者的个人隐私。京东商城推出"微笑面单",顺丰推出"丰密面单",圆通推出"隐形面单",菜鸟网络也联合EMS、百世快递、中通、申通等主要快递公司共同推行使用"隐私面单"。目前,部分快递面单已经隐藏收货人姓名、手机号和地址的完整信息。

在政府有关部门和电子商务平台企业的一系列措施的治理下,假冒伪劣、以次充好、虚假广告、服务违约、虚假交易、刷单炒信、恶意差评以及滥用、泄露和倒卖个人信息等违法违规行为得到一定程度的遏制。2017年"双11"商品的价格监测数据显示,出现"明降暗升"价格波动现象的商品占"双11"全部商品的0.33%,使用广告禁用语内容的商品占全部促销商品数量比例和刷单炒信现象也明显减少。由于电子商务领域消费纠纷诉决机制、赔偿先付和经营者首问责任制的建立,消费者满意程度有所提升。数据显示,天猫"双11"期间,消费者在价格促销、商品品质、物流及客户体验等方面均有较好反馈,整体满意程度提升。2017年"双11"投诉率较2016年的全网投诉率有所降低,上海市消费者权益保护委员会数据显示,从11月11日至22日,上海市消费者权益保护委员会共计受理网购投诉2 400件,同比下降35%。

二、我国电子商务发展趋势

今后几年,我国电子商务仍将继续保持增长态势,市场规模不断扩大、市场结构不断优化、质量效益不断提升、产业渗透不断深化,其中,多维度融合、产业数字化和国际合作等方面的态势值得关注。

(一)多维度融合、产业数字化加速推进

大数据、人工智能、区块链等数字技术与电子商务系统融合,创新构建丰富的交易场景;线上电子商务平台与线下传统产业、供应链配套资源融合,创新构建数字化协同发展生态;

社交网络与电子商务运营融合,构建相对稳固的用户体系;电子商务内外贸市场的融合创新也将非常活跃。

零售数字化创新加速,大数据和人工智能技术精准发现和满足顾客个性化需求,搜索式购物正被推荐式购物替代,零售业竞争力逐步从经营商品向经营用户、经营空间转变,数字化将全面推进零售业态创新、打造多样化消费场景、提升商品质量和用户体验,同时数字化零售也将不可避免地会对传统零售企业产生较大的竞争压力。B2B电子商务将进一步促进工业制造及供应链数字化转型,是推进工业互联网的重要突破口,将对提高企业产品的销售率,发挥价格引导机制,整合供应链配套服务等方面发挥重要的市场牵引作用。

(二)农村电子商务模式进一步演化

农村电商经过近几年的高速发展,市场规模不断扩大,其模式也在不断演化,在农产品上行方面正在从单一的网络零售向网络零售、网络批发并重转变,从传统的电商向传统电商、社交电商并重转变,从只注重线上销售向线上线下融合转变。

社交电商已成为农产品上行的重要推动力量。随着线上流量红利的消退,消费升级趋势的加速推进,共享经济的崛起,社交电商逐渐摸索出了一条独特的农村电商之路,在助力农村电商的过程中不断自我成长。近年来社交电商异军突起,微店、有赞等微商平台用户规模不断扩大,拼多多、云集微店等社交电商平台相继崛起。社交电商基于人脉和口碑营销,解决了非标准化农产品的信任机制问题,通过社交网络在短时间内可以快速地进行大面积传播,正好符合了农产品上行"脉冲式"流量供给的特点,将海量供给与个性化消费需求进行高效精准链接,相比传统的"中心化"电商平台,极大地提高了农产品流通效率。

农村电商正在与传统农村商业实现线上线下的深度融合。2017年京东商城宣布新建100万家线下便利店,其中一半要建在农村,阿里巴巴、苏宁易购的线下便利店计划也相继曝光,区域性农村电商平台乐村淘旗下首家"互联网+"便利店"乐小六"于山西清徐落地,电商在农村开店的步伐将全面加速。

互联网大数据的创新应用推动了生鲜电商发展模式的转型升级。阿里巴巴盒马鲜生、永辉超级物种、京东7Fresh生鲜超市等农产品零售创新不断涌现,场景营销、内容营销等电商营销新方式陆续出现,在线众筹、预售、领养等新模式层出不穷,基于技术升级的模式创新将生鲜电商带入一个全新的阶段。

(三)"一带一路"跨境电商将蓬勃发展

"一带一路"倡议是我国为世界经济增长、治理、发展提出的中国方案,跨境电商作为外贸新业态,为"一带一路"沿线国家的经济发展提供了新的动力。根据海关统计,2017年我国对"一带一路"沿线国家的进出口总值达7.37万亿元,同比增长17.8%,增幅高于全国外贸增速3.6个百分点,但与"一带一路"沿线国家的贸易额在中国外贸进出口总额中的占比只有26.5%。同时,与"一带一路"沿线国家的跨境电商进出口总额占比为6.7%,发展空间巨大。"一带一路"沿线的65个国家,为我国跨境电商带来了潜力巨大的市场,跨境电商也将为沿线国家创造更多就业机会,在多个方面促进沿线国家和地区的经济和社会发展。

一方面,随着"一带一路"沿线国家的跨境电商政策逐渐放开,经济增长带来的可支配收入逐步提升,移动互联网发展带来的互联网普及率提高,以及支付、物流等配套服务设施的进一步完善,跨境电子商务将会快速增长。另一方面,"一带一路"沿线国家的优质品牌也将通过跨境电商渠道进入中国市场,实现当地产业升级与我国市场消费升级的双赢。

(四)电子商务信用监管成为常态

大数据、云计算等新一代信息技术应用将广泛应用于电子商务信用监管,越来越多的信用服务机构、电子商务相关平台企业、共享经济平台企业等汇集多维度、多层次、多渠道的信用数据,构建电子商务信用大数据和共享经济信用大数据,建立综合信用评价指标体系和信用评价模型,运用人工智能等新兴技术,开展信用评价。利用大数据,有望构建"来源可追溯、去向可查证、风险可控制、责任可追究"的全流程闭环监管。

电子商务信用评价信息,除了用于维护市场秩序、提高市场效率之外,还在一定程度上促进消费升级、扩大市场规模和推动产业转型升级。电子商务平台将依据信用评价推出多类型信用产品,如供应链金融、消费金融等产品。多元化的信用产品将广泛应用于电子商务和共享经济领域,并将逐步向其他领域进行拓展。

三、全球电子商务发展现状

(一)全球电子商务市场规模

2017 年,全球电子商务市场规模呈现出持续扩张的态势,增长动力强劲,预计这一趋势会长期保持。蓬勃发展的电商市场不仅将吸引更多的投资流入,催生新的商业业态成型,带动消费体验和市场竞争环境升级,同时还会间接促进技术创新发展。

1. 全球电子商务零售市场

2017 年全球网络零售交易额达到 2.304 万亿美元,同比增长 24.8%;比较来看,2017 年全球零售总额为 22.640 万亿美元,同比增长 5.8%,网络零售总额占全球零售总额的比重由 2016 年的 8.6% 上升至 2017 年的 10.2%。网络零售在社会零售活动中的重要性逐年提升。

不同类型及区域的国家之间,网络零售的特征以及规模差异较为明显。分地区来看,亚太地区的电子商务普及情况较好,网络零售额占总零售额的比重达到了 14.6%,是全球唯一的网络零售渗透率超过平均水平的地区。2017 年整个亚太地区的网络零售额为 1.349 万亿美元,增速为 31.1%。据 eMarketer 统计,亚太地区使用手机上网的居民比重由 2014 年的 26.4% 上升至 2017 年的 37.0%,同期移动网络零售额占网络零售额的比重由 40.1% 增至 76.1%。在北美地区,网络零售越来越受到北美消费者的欢迎,再加上美国经济持续复苏,北美地区的网络零售市场持续稳定扩张。2017 年北美地区的网络零售额为 4 868 亿美元,增速为 16.7%。其中美国市场销售额为 4 527.6 亿美元,增速为 15.2%。此外,北美地区的移动电商规模较大,仅次于亚太区域,2017 年北美地区移动网络零售额为 1 659.7 亿美元。西欧地区的网络零售市场发展较为成熟,整体增速较为缓慢。2017 年西欧网络零售额为 3 553.8 亿美元,同比增长 15.4%。在全部零售额中,有 9.3% 的交易额来源于电商交易平台,这一比重仅次于亚太地区。其中,英国、丹麦、芬兰等国家的网络零售渗透率均超过 10%,而英国更是达到了 19.3%,在全球范围内仅次于中国。移动电商方面,西欧地区的移动网络零售额占到了网络零售额的 35.4%。

中东欧地区的网络零售额在 2017 年超过 448.4 亿美元,同比增长 24.6%,预计到 2021 年这一数字将达到 860.3 亿美元。但整体而言,中东欧地区的零售行业电商应用水平还比较低,2017 年网络零售额占零售总额的比重仅为 4.1%。拉丁美洲、中东以及非洲的网络零售渗透水平同样相对较低,2017 年网络零售额占零售总额的比重仅为 2% 左右。由于安全方面的顾虑,网上购物在这些区域并不普遍。虽然整体而言电子商务在这些地区还不十分流行,但移动电商的普及情况相对较好,尤其是在中东和非洲地区,移动网络零售额占网络零售额的比重在 2017 年已经达到了 56.9%。

2. 全球 B2B 市场

Amasty 发布的报告显示,2017 年全球 B2B 电商销售额达到了 7.7 万亿美元,市场规模较网络零售高出两倍以上。电子商务在企业主体之间的普及范围越来越广,各企业对在线交易的接纳程度越来越高,同时电子商务也在逐渐改变企业的行为。一项对从事 B2B 业务企业的调查显示,有 69% 的企业表示要在未来五年中取消纸质商品清单的发放而全部转向线上发布。同时,在线交易在零售市场的普及同样影响了企业主体的交易习惯,由于网络购物体验对客户的消费教育效应,促使更多的企业选择开展 B2B 业务。

(二)全球电子商务市场发展特征

1. 移动电商逐渐成长为主流电商模式

过去五年中,全球移动电商市场经历了从无到有的成长轨迹,逐渐成为全球电商交易的主流模式。2017 年全球移动网络零售额达到了 1.37 万亿美元,占网络零售交易额的比重已经接近 60%,预计到 2021 年将进一步增至 70% 以上。到 2017 年年底,全球范围内有超过 20 亿的移动设备持有者完成过移动电商交易。

2. 人工智能、虚拟/增强现实等技术有望成为新突破点

人工智能、虚拟/增强现实等技术在近些年取得了突飞猛进的发展,而电子商务正是这些技术应用范围最广的领域之一。调查数据显示,电商软件是人工智能技术投资潜力最大的领域之一。Garter 预测,2020 年前后全球 80% 的消费交易将有人工智能技术的参与。在增强现实技术方面,3D 打印、虚拟试衣间等形式的服务已经在不同环节改善电商购物体验。数据显示,有 40% 的消费者乐于为增强现实的消费体验活动支出更多费用,61% 的购物者更愿意选择在提供增强现实服务的商家进行购物。就现阶段来看,这些技术所需要的投资巨大,技术门槛较高,且在电商领域的应用还不是非常普遍。但可以预料的是,未来技术成本会迎来大幅度降低,同时商业化可行性也会随之提升。

3. 多渠道购物常态化

随着技术水平的提高,消费者信息追踪、精准定位、快捷支付等服务选项为线上线下融合发展的零售新业态提供了基础条件,消费者也乐于通过多种路径完成购物行为。Amasty调查数据显示,有八成的顾客在实体店购物过程中会使用智能手机作为辅助设备,而 78% 的受访人群认为电商同实体店融合的购物体验比较重要。另有调查显示,在多渠道策略下商品品牌的保留率将高达 89%,而 85% 的零售商已经将多渠道销售视为其首要选择。从消费水平来看,多渠道条件下的单笔支出平均消费额较直接在线购物要高出 93%,较实体店购物则要高出 208%,进一步提醒零售商多渠道销售的重要性。线上线下融合发展过程中,不同渠道价格水平的差异很容易暴露出来,这一差别很容易给客户的消费行为带来负面体

验,商家也要重点关注这一问题。

4. 电商服务需求个性化趋势越发明显

尽管电商企业对于客户数据的收集还处于初期发展阶段,但英国电子商务协会的数据显示,越来越多的电商企业已经开始从客户需求特征入手,根据客户的不同需求传达精准、有益的信息。这样的做法使得电商企业能够对客户需求做出及时、有效的回应,完善客户服务。通过在正确的时间向正确的人发送正确的信息,可以达到事半功倍的效果。电商平台也可以利用数据分析,通过为客户提供精准匹配的产品来降低退货率。随着大数据、云计算等技术条件的发展,企业具备越来越多的工具,为客户提供更为多元化、个性化的服务。

本章小结

电子商务是在互联网进行的经营活动,电子是手段,商务是核心。电子商务具有广告宣传、咨询洽谈、网上定购、网上支付、电子账户、服务传递、意见征询、交易管理等方面的功能。电子商务系统其组成要素主要有网络、用户、物流配送、网上银行、认证中心。可以按照电子商务参与交易的主体、商品形态、使用网络类型的不同对电子商务进行分类。

我国电子商务发展历程可分为萌芽引入阶段、波动培育阶段、激烈竞争阶段、稳定发展阶段。目前,我国电子商务交易规模继续扩大,市场结构持续优化,新业态新模式不断涌现,网络零售规模全球最大,产业创新活力世界领先。展望未来,我国电子商务将在新数字技术、线上线下、内外贸市场等方面不断融合创新,同时与国际合作日益密切。

思考练习

一、单选题

1. 电子商务是指企业或个人利用互联网和现代通信技术所进行的以商品交换为中心的( )活动。

A. 经营　　　　B. 商务　　　　C. 商业　　　　D. 贸易

2. 按照商品形态的不同可以把电子商务分为有形商品电子商务和无形商品电子商务。有形商品电子商务也称为( )。

A. 直接电子商务　　　　　　B. 间接电子商务
C. 农村电子商务　　　　　　D. 跨境电子商务

3. 我国最早的电子商务是( )。

A. EDI 电子商务　　　　　　B. Internet 电子商务
C. Intranet 电子商务　　　　D. Web 电子商务

4. 全球网络零售渗透率最高的地区是( )。

A. 亚太　　　　B. 北美　　　　C. 西欧　　　　D. 中东

二、多选题

1. 电子商务的基本组成主要有网络、用户、网上银行、( )。

A. 物流配送　　　　　　　　B. 电子商务教育机构

C. 认证中心   D. 政府

2. 我国电子商务发展历程分为(   )阶段。

A. 萌芽引入   B. 波动培育   C. 激烈竞争   D. 稳定发展

3. 电子商务具有广告宣传、网上支付、电子账户、(   )、交易管理等方面的功能。

A. 网上定购   B. 咨询洽谈   C. 服务传递   D. 意见征询

4. 电子商务支撑服务业包括(   )。

A. 网上支付   B. 快递   C. 信息技术服务   D. 代运营

三、思考题

1. 电子商务会不会取代传统商务?

2. 我国电子商务发展历程给你带来哪些启示?

3. 我国电子商务发展趋势有哪些?

实训项目

1. 我国互联网及电子商务相关数据统计及分析。

访问中国互联网络信息中心(www.cnnic.com.cn)、阿里研究院(www.aliresearch.com)、中国电子商务研究中心(www.100ec.cn),收集整理互联网以及电子商务相关数据,完成表1-3的填写,并形成简要分析报告。

表1-3 我国互联网以及电子商务相关数据表

年　份	网民规模	互联网普及率	网络购物用户规模	网络购物使用率	网络零售交易额
2014					
2015					
2016					
2017					
2018					

2. 了解电子商务职业岗位及职业能力的要求。

能力是完成一定活动的本领,是一种力量。电子商务职业能力包括基础能力和专业能力,电子商务基础能力包括自我管理能力、合作交流能力、解决问题能力、设计创新能力,电子商务专业能力包括网络营销能力、网络客户服务能力、商务网页设计制作能力和网络信息处理能力。

登录前程无忧(www.51job.com)、智联招聘(www.zhaopin.com)、应届生求职网(www.yingjiesheng.com),调研电子商务人才需求,了解电子商务相关的岗位名称、岗位职责、职业能力要求等信息,并撰写调研报告。

第二章 电子商务法律与企业社会责任

引导案例

网络刷单第一案

在网上购物中,人们往往看中商品人气或者店铺流量,但也因此导致不少商家为了提高自家商品销量,以及信誉以便更好地吸引顾客购买产品,以作假的方式,空卖空买,买家购物打款,卖家再发虚假快递,买家最终还会签收和评价。这就是所谓的"刷单"行为,甚至还衍生出刷单公司和平台,并明码标价。越演越烈的刷单不仅打破了行业之间的公平竞争,也破坏了市场交易的秩序,最终受伤的还是受众群体。目前,政府部门对电子商务领域的刷单行为越来越关注,监管趋严并加大了打击力度。2017年6月,"刷单入刑"第一案宣判,组织者李某获刑并处罚金。

2013年2月,被告人李某通过创建"零距网商联盟"网站和利用YY语音聊天工具建立刷单炒信平台,吸纳淘宝卖家注册账户成为会员,并收取300~500元不等的会员费和40元的平台管理维护费。李某刷单平台的流程为:刷单者悬赏任务点,刷手通过聊天工具联系卖家接受任务;刷手到卖家店铺虚假下单并支付款项,卖家发空包;刷手虚假收货并给予好评、收取90%任务点,剩余10%被平台抽取;卖家将刷手支付的款项返还给刷手,刷单完成。截至2014年6月,李某非法获利90余万元。

2014年5月,阿里巴巴运用大数据发现线索后,向杭州市经侦支队报案,李某被传唤到案。2016年6月,李某被公诉机关以涉嫌非法经营罪起诉至余杭区法院。2017年6月,一审法院做出判决:李某因犯非法经营罪判处有期徒刑5年6个月,并处罚金90万元,连同原判有期徒刑9个月,并处罚金2万元,予以并罚,决定执行有期徒刑5年9个月,并处罚金92万元。

思考:刷单行为屡禁不止的原因是什么? 网络刷单违反了哪些法律的相关规定?

第一节 电子商务法律

一、电子商务法的概念和作用

电子商务的快速发展滋生了众多的法律问题,如域名、电子合同、电子认证、电子支付、电商税收、消费者权益保护、不正当竞争、著作权、隐私权等问题,需要通过法律形式对电子商务活动进行规范,这些促成了电子商务法的形成与发展。

(一)电子商务法的概念

电子商务法是调整政府、企业和个人等主体以数据电文为交易手段,通过信息网络所产生的,因交易形式所引起的各种商事交易关系,以及与这种商事交易关系密切相关的社会关系、政府管理关系的法律规范的总称。

1. 狭义的电子商务法

调整以数据电讯为内容的电子商务法被称为狭义的电子商务法。狭义的电子商务法强调电子商务行为手段,其任务是,在电子通信技术的商业化应用上建立一个使之顺畅运行的法律平台,即要从法律上造成一个使各种通信技术都能畅通无阻的应用于其中的商事交易活动的环境。狭义的电子商务法,是商法在计算通信环境下的发展,是商事法新的表现形式,它必然以商事关系为其调整对象,但是该种商事关系又有着以下一些特点:

第一,它是以数据电讯为交易手段的商事关系。换言之,凡是以口头或传统的书面形式所进行的商事关系,都不属于电子商务法的调整范围。

第二,该商事关系是由于交易手段的使用而引起的,一般不直接涉及交易方式的实质条款。因为交易手段只是交易行为构成中的表意方式部分,而并非法律行为中的意思本身,也不充当交易标的物。

第三,该商事关系并不直接以交易的标的为其权利义务内容,而是以交易的形式为其内容,即因交易形式的应用而引起的权利义务关系。诸如对电子签字的承认、对私用密钥的保管责任等,均属此类。

2. 广义的电子商务法

广义的电子商务法更加强调电子商务中交易行为本身及其由此引出的其他问题,既注重形式方面的规范,又注重电子交易内容的规范,将电子商务法视为调整电子商务形式和内容两个方面行为的规范总和。广义的电子商务法主要调整以下内容:

(1)电子商务网站建设及其相关法律问题。

电子商务网站是电子商务运营的基础。在电子商务环境下,交易双方的身份信息、产品信息、意思表示(合同内容)、资金信息等均需要通过网站发布、传递和储存。规范电子商务网站建设是电子商务法的首要任务。在通过中介服务商提供的平台进行交易的情况下,电子商务法必须确定中介服务商的法律地位和法律责任。同时电子商务法也需要确定在电子商务平台上设立电子商务网站、设立虚拟企业进行交易的主体之间的法律关系,确定电子商务网站与进入网站购物的消费者之间的法律关系。电子商务法还需要明确因为电子商务网站运作不当,如传输信息不真实、无效等引起交易损失时,网站应当承担的责任和相对人获得法律救济的途径和方法。

(2)在线交易主体及市场准入问题。

在现行法律体制下,任何长期固定从事营利性事业的主体都必须进行工商登记。在电子商务环境下,任何人不经登记就可以借助计算机网络发出或接收网络信息,并通过一定程序与其他人达成交易。虚拟主体的存在使电子商务交易安全性受到严重威胁。电子商务法首先要解决的问题就是确保网上交易主体的真实存在,且确定哪些主体可以进入虚拟市场从事在线业务。目前,在线交易主体的确认只是一个网上商业的政府管制问题,主要依赖工商管理部门的网上商事主体公示制度和认证中心的认证制度加以解决。

(3)数据电文引起的法律问题。

电子商务的突出特点是信息电子化和网络化,一方面表现为企业内部信息和文档电子化,另一方面表现为对外交易联络、记录的电子化,尤其是电子合同的应用,带来了许多法律问题。就前一方面而言,数据电文的应用带来了管理信息、财务记录、交易记录等完全电子化、网络化,如何保证这些信息安全并具有证据效力就是必须解决的问题。而在后一方面,因所有当事人的意思表示主要以电子化的形式存储于计算机硬盘或其他电子介质,这些记录方式不仅容易被涂擦、删改、复制、遗失,而且不能脱离其记录工具(计算机)而作为证据独立存在。电子商务法需要解决由于内部记录、电子合同而引起的诸多问题,突出地表现在有效电子记录规则、签字的有效性、电子合同订立和履行等方面的问题。

(4)网上电子支付问题。

在电子商务简易形式下,支付往往采用汇款或交货付款方式,而典型的电子商务则是在网上完成支付的。网上支付通过信用卡制和虚拟银行的电子资金划拨来完成。而实现这一过程涉及网络银行与网络交易客户之间的协议、网络银行与网站之间的合作协议以及安全保障问题。因此,需要制定相应的法律,明确电子支付的当事人(包括付款人、收款人和银行)之间的法律关系,制定相关的电子支付制度,认可电子签字的合法性。同时还应出台对于电子支付数据的伪造、变造、更改、涂销问题的处理办法。

(5)电子商务市场规制问题。

电子商务市场规制包括了对在线不正当竞争行为规制、在线消费者权益保护、垃圾邮件的法律管制以及恶意软件的规制、网上税收等问题。在线市场的虚拟性和开放性,网上购物的便捷性使消费者权益保护成为突出的问题。法律需要寻求在电子商务环境下执行《消费者权益保护法》的方法和途径,切实维护消费者权益。垃圾邮件和恶意软件等问题严重制约了电子商务的良性发展,如何进行立法规制,进行有效的监管是电子商务法律必须要解决的问题。此外,如何对电子商务进行征税是全球性问题,是税收管理在电子商务领域的延伸。探索电子商务征税的有效方法是税法的一个重要任务,也是电子商务的衍生法律问题。

(6)网上个人隐私保护问题。

计算机和网络技术为人们获取、传递、复制信息提供了方便,但网络的开放性和互动性又给个人隐私保护带来麻烦。在线消费都需要将个人资料传送给银行和商家,而对这些信息的再利用成为电子商务时代普遍现象。如何规范银行和商家的利用行为,保护消费者的隐私权成为一个新的棘手问题。这一问题的实质是消费者权益保护、树立消费者信任的重要组成部分。

(7)在线交易法律适用和管辖冲突问题。

电子商务的本质是商务。虽然在线交易是在"网络"这个特殊的"虚拟环境"中完成的,但实体社会的商法框架和体系对电子商务仍然有效,电子商务法只是解决在线交易中的特殊法律问题。这里面存在一个现有法律法规的适用问题。由于互联网具有超地域性,法院管辖范围也需要进行相应的调整。

（二）电子商务法的作用

1. 为电子商务的健康、快速发展创造一个良好的法律环境

随着电子商务的发展,电子邮件和电子数据交换等现代化通信手段在商务交易中的使用正在急剧增多,且可望得到进一步的发展。然而,以非书面的电文形式来传递具有法律意义的信息,可能会因使用这种电文所遇到的法律障碍或这种电文法律效力或有效性的不确定性而受到影响;制定起草电子商务法的目的,是要向电子商务的各类参与者提供一套虚拟环境下进行交易的规则,说明怎样去消除此类法律障碍,如何为电子商务创造一种比较可靠的法律环境,克服电子商务所遇到的法律障碍。

2. 保障网络交易安全

一谈到交易安全,人们首先想到的是技术保障措施,如防火墙技术。但是,单纯技术仍难以完全保障电子商务的交易安全,更何况技术本身也需要法律规范。因此,电子商务安全仍然需要法律保障。

电子商务安全问题涉及两个方面,一个是交易安全,另一个是信息和网络安全。这两个安全问题往往又交织在一起,没有信息网络安全,就没有交易安全。我国目前还没有出台专门针对电子商务交易的法律法规,其主要原因是上述两个方面的法律制度尚不完善,因而面对迅速发展的电子商务,难以出台较为完善的安全保障规范性条文。

3. 鼓励利用现代信息技术促进交易活动

电子商务法的目标包括促进电子商务的普及或为此创造方便条件,平等对待基于书面文件的用户和基于数据电文的用户,充分发挥高科技手段在商务活动中的作用等。这些目标都是促进经济增长和提高国际、国内贸易效率的关键所在。从这一点讲,电子商务立法的目的不是要从技术角度来处理电子商务关系,而是创立尽可能安全的法律环境,以便有助于电子商务参与各方高效率地开展贸易和服务活动。

二、我国的电子商务立法

2013年12月27日,全国人大财经委召开电子商务法起草组成立暨第一次全体会议。从起草组成立至2014年12月,进行我国电子商务立法专题调研和课题研究并完成研究报告,形成立法大纲。2015年1月至2016年6月,开展并完成法律草案起草。2016年12月《中华人民共和国电子商务法(草案)》首次提请全国人大常委会审议;2018年8月31日第十三届全国人民代表大会常务委员会第五次会议通过《中华人民共和国电子商务法》。

我国电子商务立法伴随着电子商务的开展而逐渐推进并完善,往往体现了"地方先行、行业先行"的特点,即立法首先以地方法规的形式出现,或者在行业中通过对相对成熟的规则进行总结,最后上升为国家层次的立法。目前我国电子商务领域立法多为实质意义上的电子商务法,属于广义上的电子商务法,以规制计算机和网络内容管制居多。以下介绍近年来通过的比较重要的法律法规、政策性规定。

（一）涉及电子商务的法律

2018年8月31日,第十三届全国人民代表大会常务委员会第五次会议通过《中华人民共和国电子商务法》,自2019年1月1日起施行。本法保障电子商务各方主体的合法权益,

规范电子商务行为,维护市场秩序,促进电子商务持续健康发展。

2017 年 11 月 4 日,第十二届全国人民代表大会常务委员会第三十次会议修订《中华人民共和国反不正当竞争法》。设置专条规制经营者利用网络从事生产经营活动,将互联网领域的干扰、限制、影响、破坏其他经营者的行为纳入了规制范围。增加对经营者"刷单""刷信誉"等新型不正当竞争行为的规制。

2016 年 11 月 7 日,全国人民代表大会常务委员会正式发布《中华人民共和国网络安全法》,自 2017 年 6 月 1 日起施行。作为我国网络安全治理领域的基础性立法,首次在法律层面规定了个人信息保护的基本原则,明确指出,收集使用信息应经用户明示同意,不得收集无关信息,不得向他人提供个人信息,经过处理无法识别特定个人且不能复原的除外,不得非法出售个人信息。

2013 年 10 月 25 日,第十二届全国人民代表大会常务委员会第五次会议通过《中华人民共和国消费者权益保护法》,自 2014 年 3 月 15 日起施行,该法第 28 条、第 44 条增加了网络消费者权益保护的内容。

2012 年 12 月 28 日,第十一届全国人民代表大会常务委员会第三十次会议通过《关于加强网络信息保护的决定》,此决定旨在保护网络信息安全,保障公民、法人和其他组织的合法权益,维护国家安全和社会公共利益。

2004 年 8 月 28 日,第十届全国人大常委会第十一次会议表决通过了《电子签名法》,并于 2005 年 4 月 1 日起施行。这部法律首次赋予可靠的电子签名与手写签名或盖章同等的法律效力,并明确了电子认证服务的市场准入制度,是我国第一部真正意义上的电子商务法,是我国电子商务发展的里程碑,它的颁布和实施极大地改善了我国电子商务的法制环境,促进了安全可信的电子交易环境的建立,从而大力推动了我国电子商务的发展。

2001 年 10 月 27 日,修正并发布的《著作权法》中的"信息网络传播权",明确了作品通过网络传播在著作权中的基本定位,使得电子商务的三个根本元素——物流、资金流、信息流的法律地位得到了相当程度的确认。

2000 年 12 月 28 日,全国人大常务委员会通过的《维护互联网安全的决定》,旨在促进我国互联网的健康发展,维护国家安全和社会公共利益,保护个人、法人和其他组织的合法权益。

（二）涉及电子商务的行政法规

由国务院发布的涉及电子商务的行政法规主要包括:

《快递暂行条例》(2018 年 2 月 7 日国务院第 198 次常务会议通过,现予公布,自 2018 年 5 月 1 日起施行)。

《信息网络传播权保护条例》(2013 年 1 月 6 日国务院第 231 次常务会议通过并公布,自 2013 年 3 月 1 日起施行)。

《互联网信息服务管理办法》(2000 年 9 月 25 日国务院令第 292 号公布并实施)。

《中华人民共和国电信条例》(2000 年 9 月 25 日第 291 号国务院令发布并实施)。

（三）涉及电子商务的部门规章

由国务院部门制定的涉及电子商务的规章主要有:

《网络预约出租汽车监管信息交互平台运行管理办法》(2018年2月26日,交通运输部)。

《网络产品和服务安全审查办法(试行)》(2017年5月2日,国家互联网信息办公室)。

《网络购买商品七日无理由退货暂行办法》(2017年1月6日,国家工商行政管理总局)。

《互联网直播服务管理规定》(2016年11月4日,国家互联网信息办公室)。

《关于跨境电子商务零售进口税收政策的通知》(2016年4月8日,财政部、海关总署、国家税务总局)。

《侵害消费者权益行为处罚办法》(2015年3月15日,国家工商行政管理总局)。

《互联网危险物品信息发布管理规定》(2015年2月5日,公安部、国家互联网信息办公室、工业和信息化部环境保护部、国家工商行政管理总局、国家安全生产监督管理总局)。

《关于跨境贸易电子商务进出境货物、物品有关监管事宜的公告》(2014年7月23日,海关总署)。

《网络交易平台经营者履行社会责任指引》(国家工商行政管理总局制定,自2014年5月28日起施行)。

《寄递服务用户个人信息安全管理规定》(2014年3月19日,国家邮政局)。

《网络交易管理办法》(国家工商行政管理总局令第60号公布,自2014年3月15日起施行)。

《证券投资基金销售机构通过第三方电子商务平台开展业务管理暂行规定》(2013年3月15日,中国证监会)。

《第三方电子商务交易平台服务规范》(2011年4月1日,商务部)。

《电子商务示范企业创建规范(试行)》(2010年10月27日,商务部)。

《非金融机构支付服务管理办法》(经2010年5月19日第七次中国人民银行行长办公会议通过,自2010年9月1日起施行)。

《商务部关于加快流通领域电子商务发展的意见》(2009年11月30日,商务部)。

《电子认证服务管理办法(2009)》(2009年3月31日,工业和信息化部令第1号)。

《互联网电子邮件服务管理办法》(2005年11月7日,信息产业部)。

《互联网新闻信息服务管理规定》(2005年9月25日,国务院新闻办公室、信息产业部)。

《网络著作权行政保护办法》(2005年4月30日,国家版权局、信息产业部)。

《电子认证服务管理办法》(2005年1月28日,信息产业部)。

《互联网IP地址备案管理办法》(2005年1月28日,信息产业部)。

《非经营性互联网信息服务备案管理办法》(2005年1月28日,信息产业部)。

《中国互联网络域名管理办法》(2004年9月28日,信息产业部)。

《互联网上网服务营业场所管理办法》(2002年8月1日,文化部)。

《电信网间互联争议处理办法》(2002年1月1日,信息产业部)。

《互联网医疗卫生信息服务管理办法》(2001年1月8日,卫生部)。

《网上银行业务管理暂行办法》(中国人民银行令〔2001〕第6号)。

《电信网间互联管理规定》(2001年5月10日,信息产业部)。

《互联网电子公告服务管理规定》(2000年11月7日,信息产业部)。

《互联网站从事登载新闻业务管理暂行规定》(2000年11月6日,国务院新闻办公室、信息产业部）。

《软件产品管理办法》（2000年10月8日，信息产业部）。

《计算机信息系统病毒防治管理办法》（2000年3月30日，公安部）。

《网上证券委托暂行管理办法》（2000年3月30日，中国证监会）。

（四）涉及电子商务的地方性法规

涉及电子商务的地方性法规主要包括：

2017年3月1日，杭州市施行《杭州市跨境电子商务促进条例》，以促进杭州市跨境电子商务健康快速发展。

2015年5月1日，杭州市施行《杭州市网络交易管理暂行办法》（以下简称《办法》）。《办法》所称的网络交易，是指通过互联网销售商品或者提供服务的经营活动以及为上述交易活动提供第三方网络交易平台（如淘宝、天猫等）服务的行为，但通过互联网从事金融服务的经营活动除外。

2013年12月1日，深圳市施行《深圳市网络交易合同规则》，旨在规范网络交易合同行为，保护经营者和消费者的合法权益，保障网络交易安全，促进电子商务的健康发展，此规则有效期为5年。

2013年1月1日，汕头市人民政府施行《汕头经济特区电子商务促进办法》，旨在促进电子商务产业健康快速发展，提高地区经济运行质量和效率。

2012年7月19日，河北省施行《河北省人民政府关于进一步加快电子商务发展的实施意见》，旨在加快本省电子商务发展，充分发挥电子商务在推动经济社会发展、促进产业结构调整和发展方式转变中的重要作用。

2005年8月27日，澳门施行《订定电子签名认证业务行政违法行为处罚制度》（第14/2005号）。

2002年2月1日，广东省开始施行《广东省电子交易条例》，这是我国第一部直接涉及电子商务交易的地方法规。

2001年11月，上海市颁布了《上海市数字认证管理办法》，专门规制电子商务交易中的数字认证行为及认证机构的行为。

2000年5月，北京市工商行政管理局颁布了《关于对网络广告经营资格进行规范的通告》，针对网络广告的现状，对北京市网络广告经营者的经营资格做出规定。

2000年5月，北京市工商行政管理局出台《关于对利用电子邮件发送商务信息的行为进行规范的通告》。

2000年4月，北京市工商行政管理局发布了《北京市工商行政管理局网上经营行为备案的通告》。

三、电子商务的常见法律问题

（一）电子合同的法律问题

1. 电子合同的概念

合同是当事人之间达成的对他们具有法律约束力的协议。我国《合同法》第2条规定：

合同是平等主体的公民、法人、其他组织之间设立、变更、终止民事权利义务关系的协议。

电子合同,也称为电子商务合同,是在电子商务环境下平等主体之间以数据电文的形式达成的,设立、变更、终止民事权利义务关系的协议。数据电文是指以电子、光学、磁或者类似手段生成、发送、接收或者存储的信息。

2. 电子合同的分类

(1) 根据电子合同的标的不同,可以将电子合同分为信息产品合同和非信息产品合同。

信息产品,是指可以被数字化并通过网络来传输的商品,如计算机软件、多媒体交互产品、计算机数据和数据库等。标的物为信息产品的合同,是信息产品合同;反之,为非信息产品合同。

信息产品合同中,根据数字化的信息是否存在实体形式,信息产品可以分为有形信息产品和无形信息产品。有形信息产品是指数字化信息附着在有形载体(如光盘)上的产品,此类信息产品的交付无法在线进行;无形信息产品是指数字化的,不存在有形载体的信息产品,合同当事人可以直接通过网络在线交付,如 E-mail 传输、在线下载等。有形信息产品的交付可以直接适用我国《合同法》的有关规定,而无形信息产品在履行时间、履行方式、检验、退货和风险承担等方面都有其特殊性。

(2) 根据电子合同订立的方式不同,主要可以分为点击合同、以电子数据交换(EDI)方式订立的合同和以电子邮件(E-mail)方式订立的合同。

点击合同是电子形式的格式合同。点击合同在电子商务活动中应用非常广泛,这和互联网技术的高度智能化有关。几乎所有的电子商务企业和网站都会运用点击合同来规定其与消费者或用户之间的一般性权利和义务。

EDI 是指按照一个公认的标准,将商业或行政事务处理转换成结构化的事务处理或报文数据格式,并借助计算机网络实现的一种数据电文传输方法。一个典型的采用 EDI 方式订立合同的过程是:企业收到一份 EDI 订单,则信息系统自动处理该订单,检查订单是否符合要求,然后通知企业内部管理系统组织生产,向零配件供应商自动订购相关配件等。

以 E-mail 方式订立的合同是指当事人以 E-mail 的方式完成要约和承诺过程而订立的合同。E-mail 是互联网上应用最广泛的通信工具,以 E-mail 方式订立的合同能够直观地反映订约双方的意思表示。但是,E-mail 在传输过程中其数据包易被截获、修改,安全性较低。在实践中,当事人以 E-mail 的方式订立合同的,宜采用电子签名来提高真实性和安全性。

3. 电子合同的订立

电子合同的订立是指缔约人做出意思表示并达成合意的行为和过程。任何一个合同的签订都需要当事人双方进行一次或者是多次的协商、谈判,并最终达成一致意见,合同即可成立。电子合同的成立是指当事人之间就合同的主要条款达成一致的意见。电子合同作为合同中的一种特殊形式,其成立与传统的合同一样,同样需要具备相关的要素和条件。世界各国的合同法对合同的成立大都减少不必要的限制,这种做法是适应和鼓励交易行为,增进社会财富的需要,所以说在电子合同的成立上,只要当事人之间就合同的主要条款达成一致的意见即可成立。关于合同中的主要条款,现行的立法是很宽泛的,我国的《合同法》第 12 条做了列举性的规定,但是该列举性规定是指一般条款。笔者认为,就合同的主要本质而言,在合同主要条款方面,如果当事人有约定,要以双方约定为主要条款;如果没有约定,可以根据合同的性质予以确定合同主要条款。

合同的成立与合同的订立是两个不同的概念,两者既有联系又有区别。电子合同的成立需要具备相应的要件:

首先,订约人的主体是双方或者是多方当事人,合同的主体是合同关系的当事人,他们是实际享受合同权利并承担合同义务的人。

其次,订约当事人对主要条款达成合意,合同成立的根本标志在于合同当事人就合同的主要条款达成合意。

最后,合同的成立应该具备要约和承诺两个阶段,《合同法》第13条规定:"当事人订立合同,采取要约、承诺方式。"

4. 电子合同生效

电子合同的成立只是意味着当事人之间已经就合同内容达成了意思表示一致,但合同能否产生法律效力,是否受法律保护还需要看它是否符合法律的要求,即合同是否符合法定的生效要件。电子合同的成立并不等于电子合同的生效。电子合同的生效,是指已经成立的合同符合法律规定的生效要件。虽然我国的《合同法》没有对合同的生效做出具体的规定,但是电子合同是一种典型的民事法律关系。我国的《民法通则》第55条规定,民事法律行为应当具备以下几个要件:行为人具有相应的行为能力;意思表示真实;不违反法律或者社会公共利益。

这些条件是合同生效的一般要件,有的电子合同还需具备特殊要件,如有些特殊的电子合同还需到有关部门办理批准登记手续后才能生效。电子合同的生效需具备以下几个法定要件:行为人具有相应的民事行为能力;意思表示真实;不违反法律或者社会公共利益;合同必须具备法律所要求的形式。

(二)电子商务中知识产权保护的法律问题

1. 域名权保护

域名是互联网络上识别和定位计算机的层次结构式的字符标识,与该计算机的互联网协议(IP)地址相对应。域名的注册遵循先申请先注册为原则,管理认证机构对申请企业提出的域名是否违反了第三方的权利不进行任何实质性审查,每一个域名的注册都是独一无二、不可重复的,因此在网络上域名是一种相对有限的资源。

域名权是合法的域名持有人所享有的、排他性的控制域名解析和分配的权利。域名权是一种与商标权、企业名称权、版权等传统知识产权区别的、独立的新型知识产权类别。

从技术角度讲,域名只是联入网络的计算机"易被人记忆和识别"的特定的标识符,或者说是计算机IP地址的外部代码,但随着互联网的日益普及和商业化,域名已经不再是找到网上计算机的一种技术参数或简单的标识符,其已经成为用户在网上寻找、认知和评价网站及网页的一种重要符号,因而域名本身也就具有一定的商业价值。许多企业利用域名宣传自己的网站来创造新的网上利润。域名的商业价值引起了域名抢注、贩卖牟利等不法行为。

(1)国内域名争议解决程序。

第一,国内域名争议解决适用的规定及受理机构。

目前国内受理域名争议解决的机构主要有两类,一是中国互联网络信息中心认可的争议解决机构;二是有管辖权的司法机关,即人民法院。前者裁决依据主要是《中国互联网络域名管理办法》《中国互联网络信息中心域名争议解决办法》《通用网址争议解决办法》等;后者的裁决依据是《最高人民法院关于审理涉及计算机网络域名民事纠纷案件适用法律若干问题的解释》及其他相关法律法规。

第二,国内域名争议解决机构受理范围及条件。

任何机构或个人认为他人已注册的域名与该机构或个人的合法权益发生冲突的,均可以向争议解决机构提出投诉,也可以向有管辖权的法院提起民事诉讼。

《中国互联网络信息中心域名争议解决办法》规定,域名争议解决机构只受理适用于因互联网络域名的注册或者使用而引发的争议,所争议域名应当同时具备两个条件:

① 所争议的域名限于由中国互联网络信息中心负责管理的 cn 域名和中文域名;

② 所争议域名注册期限未满两年。

若被侵权人向法院提起民事诉讼,应当符合《中华人民共和国民事诉讼法》规定的受理条件。此外,依据《最高人民法院关于审理涉及计算机网络域名民事纠纷案件适用法律若干问题的解释》,只要侵权行为所在地或者被告所在地在中国境内均可以向有管辖权的人民法院提起诉讼,包括在中华人民共和国境内发生的域名侵权纠纷,适用于当事人一方或者双方是外国人、无国籍人、外国企业或组织、国际组织,或者域名注册地在外国的域名纠纷案件。

第三,域名争议处理程序。

依据《中国互联网络信息中心域名争议解决程序规则》,投诉人向域名争议解决机构递交投诉书,一份投诉可以针对同一域名持有人所注册的多个域名提出。域名争议解决机构收到投诉书后,应当对投诉书进行形式审查。域名争议解决机构经审查认为投诉符合受理要求的,应于收到投诉人按规定缴纳的费用后,将投诉书副本送达被投诉的域名持有人;经审查认为投诉文件在形式上存有缺陷的,域名争议解决机构应及时通知投诉人,要求其在规定时限内对投诉文件加以必要的修改。投诉人未在规定的时限内对投诉书予以修改,或修改后的文件仍不符合要求的,经域名争议解决机构书面通知,其投诉被视为撤回。被投诉人应当在域名争议解决程序开始之日起 20 日内向域名争议解决机构提交答辩。如无特殊情形,专家组应于成立后 14 日内就所涉域名争议做出裁决,并将裁决书提交域名争议解决机构。

(2)域名权案例分析。

2010 年,位于常熟的江苏诚展网络科技公司以"羽绒服"的汉语拼音缩写"YRF"注册了"YRF. COM"网站,公司绝大部分销售业务通过这个网络平台完成。2012 年 2 月 8 日,公司突然收到世界知识产权组织仲裁与调解中心的电子邮件通知称,印度雅什拉吉影视公司向该中心递交投诉书,称诚展公司恶意注册使用"YRF. COM"域名,其正在使用的"YRF. COM"国际域名侵犯其知名商标和商号权,请求中心将该域名裁决为影视公司所有。

诚展公司通过网络查询发现:雅什拉吉是印度最大的影视制作公司,英文名称缩写为"YRF",1973 年开始使用"YRF"商标,并在印度、欧盟和美国注册,经营范围涵盖了影视作品、网络信息、服装鞋帽等经营范围。雅什拉吉公司根据美国相关法律法规,共对诚展公司提出三项指控:一是被投诉人的域名与投诉人享有权利的商品商标或服务商标相同或混淆性相似,二是被投诉人对争议域名不享有权利或合法利益,三是被投诉人对争议域名的注册和使用具有恶意。

诚展公司立即聘请律师应诉,对三项指控分别做出答辩。按照国际惯例,谁先注册域名,谁就享有所有权,但若是恶意注册牟利就另当别论。"YRF.COM"域名早在 2000 年就有人注册,2011 年 3 月诚展公司花钱购买了这个域名,看中的就是"YRF"与"羽绒服"汉语拼音的首字母一致。"YFR"在印度是驰名商标,但并非全球著名商标,况且诚展公司使用的是域名,印度公司注册的是商标而不是域名,印度公司也没有开展羽绒服销售业务,双方的经营领域和销售区域完全不同。由此可见,诚展公司既没有恶意注册,也没有恶意使用。

2012 年 4 月 11 日,世界知识产权组织仲裁与调解中心裁定诚展公司对"YRF.COM"国际域名享有权利和合法利益。

域名注册的业内人士介绍,全世界 3 个字母的域名全部被注册了,域名越短,越容易被用户记住,价值肯定越高,知名度一般的三个字域名售价至少在百万元以上。一旦被域名管理中心告知有侵权发生,一定要立即应诉。否则,过了应诉期,别人的侵权行为就得逞了。

2. 著作权保护

著作权也称为版权,是基于特定作品的精神权利以及全面支配该作品并享受其经济利益权利的合称。这里的作品是指文学、艺术和科学领域内具有独创性并能以某种形式复制的智力成果。在网络环境下,作品在网络上的存储和传播都是以二进制数字编码的形式存在,通过数字化技术加以转换而形成。数字化技术为各种形式信息的存储、传输提供了全新的方式,方便了各类作品的传播。这类以二进制数字编码形式表达的作品,不仅包括文字作品、美术作品、摄影作品、音乐作品、电影作品等传统作品数字化后的表达形式,还包括从创作之时就具有数字表达形式的数据库、计算机程序等一系列新型作品。

(1)电子商务中著作权保护的法律问题。

第一,网站上载作品的著作权问题。

网站在互联网的快速发展中扮演着重要的角色,但网络的混乱现状导致对网站的监管成为难题。现今,因网站上载作品侵权引发的诉讼案件日益增多。网站上载作品侵权的问题成了著作权法面临的新挑战。网站存在的侵权行为一般有以下四点:

① 未经许可,上载传统媒介或其他网站的存在版权保护的作品(表演、录音录像制品),侵犯了权利人的信息网络传播权。

② 在上载过程中,没有标识作者(表演者、录音录像制品者)、注明出处,侵犯了权利人的署名权。

③ 在上载过程中,对作品内容进行了删改或使作品受到篡改,令传播的信息具有诽谤内容,侵犯了权利人的修改权、保护作品完整权及名誉权。

④ 上载作品是基于商业目的或存在潜在的间接利益,抑或直接将权利人的作品用于商业用途,而未向权利人支付报酬,侵犯了权利人获得报酬的权利。

第二,计算机软件的著作权保护。

计算机软件,也称为软件,是指计算机系统中的程序及其文档。程序是计算任务的处理对象和处理规则的描述;文档是为了便于了解程序所需的阐明性资料。程序必须装入机器内部才能工作,文档一般是给人看的,不一定装入机器。

在电子商务环境下,计算机软件侵权的常见情形有破坏技术保护措施、在线复制或传播他人作品、实施软件技术限制或者干涉软件功能运行等。当软件著作权人的权利受到侵犯时,侵权人主要承担停止侵害、消除影响、公开赔礼道歉、赔偿损失等民事责任。但是,当侵权行为人违法所得数额较大、巨大或有其他严重情节时,则须以刑法保护软件著作权人的权利。我国在 1994 年就通过了《关于惩治侵犯著作权的犯罪的决定》,对以营利为目的的未经著作权人许可复制发行计算机软件,以及以营利为目的销售明知是侵权软件复制品的行为处以刑罚。1997 年修正后的《中华人民共和国刑法》又专节规定了"侵犯知识产权罪",在第 217 条和第 218 条中对侵犯计算机软件著作权之犯罪行为做出了规定。2002 年发布的《计算机软件著作权登记办法》,规定"国家著作权行政管理部门鼓励软件登记,并对登记的软件予以重点保护"。

第三,数据库的保护问题。

在传统条件下,交通时刻表、电话黄页、百科全书等均是数据库的具体表现形式。而计算机互联网络的发展促进了从事信息收集、加工、整理和传播的数据库产业的发展,电子数据库的法律保护问题日益突出。

我国现行《著作权法》中没有针对数据库规定保护权利,在该法第 14 条对编辑作品的保护中,没有将由不构成作品的材料汇集成的有独创性的汇编作品(数据库)作为保护对象。但是在相关的法律中都有类似的规定:汇编若干作品、作品的片段或者不构成作品的材料,对其内容的选择或者编排应当体现独创性;汇编作品的著作权由汇编人享有;但汇编人行使著作权时,不得侵犯原作品的著作权,不得妨碍他人对汇编作品中不构成作品的材料的使用。

(2)著作权案例分析。

随着自媒体平台功能日益强大,不少商家利用微信点赞集分享来宣传产品,然而苏州一公司却不慎因此被扯上官司。2015 年 4 月 2 日上午,常熟法院对一起利用微信平台实施虚假宣传的不正当竞争案做出一审宣判,判决被告苏州新右脑文化传播有限公司赔偿原告深圳市超脑力信息咨询有限公司损失人民币 15 000 元,同时驳回了原告的其他诉讼请求,该案通过互联网直播平台公开审理。

本案原告超脑力公司成立于 2008 年,是一家从事企业管理咨询、企业形象策划、文化艺术活动策划等业务的有限公司,于 2011 年注册了"金牌状元营"商标。该公司在各地组织开展了多期"超脑力金牌状元营"活动,并由公司员工拍摄了活动照片在网站上对外宣传。

2014 年 8 月,新右脑公司法定代表人周某的儿子赴深圳参加了原告举办的"超脑力金牌状元营"活动。同年 10 月,周某与从原告公司辞职的蒋某设立了新右脑公司。

2014 年 11 月,新右脑公司在利用微信公众号平台进行"集分享赢《最强大脑》常熟冬令营门票"宣传活动时,使用了两张从超脑力公司网站下载的"超脑力金牌状元营"活动时的宣传图片,图片上所附注的图片文字介绍,均来源于对超脑力公司网站宣传资料的相关引用。

2015 年 1 月 21 日,超脑力公司起诉至常熟法院,认为新右脑公司未经原告超脑力公司许可,擅自将原告拥有的金牌状元营活动时的照片通过微信媒体发表在其公众号进行虚假宣传,新右脑公司的行为既侵犯了原告的著作权,又构成事实上的不正当竞争行为。为此,要求停止侵权并赔偿经济损失人民币 20 万元。

不久,新右脑公司在微信公众号平台上删除了相应的争议图片和文字说明。

庭审中,双方就图片的著作权问题以及是否对原告造成严重侵权进行了激烈的辩论。原告方认为"被告使用我们的照片和文字说明构成了对我公司著作权的侵犯,我们要求法院依法公正判决,维护公司的正当权益"。而被告方则认为"接到法院传票后,他们立即在微信公众号平台上删除了相应的争议图片和文字说明,并没有对原告造成恶劣影响,所以不应该赔偿原告那么多经济损失"。

法院审理认为:原、被告公司的经营范围相同,双方均开展了脑力培训教育活动,属于同行业的经营者。经营者不得利用广告或者其他方法,对商品的质量、制作成分、性能、用途、生产者、有效期限、产地等作引人误解的虚假宣传。经营者以歧义性语言或者其他引人误解的方法进行商品宣传,足以造成相关公众误解的,可以认定为引人误解的虚假宣传行为。新右脑公司在微信公众号平台的服务宣传中,使用超脑力公司的"超脑力金牌状元营"活动宣传图片,在随附的宣传文字中不正当地引用超脑力公司的网站宣传资料,足以造成相关公众认为原被告公司之间有品牌授权或业务合作等关联关系,属引人误解的虚假宣传行为,所实施的不正当的竞争行为,侵害了超脑力公司的商业利益。

(三)网络消费者权益保护的法律问题

在现代经济条件下,与生产经营者相比,相对分散的消费者由于力量微弱、知识欠缺、人性弱点、缺乏组织等原因而经常成为被损害的弱者。少数生产经营者为了追求利润而不择手段,使消费者置身于丧失财产乃至生命的危险之中。因此,要对处于弱势的消费者进行保护。

消费者权益是指消费者在有偿获得商品或接受服务时,以及在以后的一定时期内依法享有的权益。相对于线下消费,网络消费者权益的保护主要集中在网络隐私权、知情权、索赔权、后悔权上。

1. 网络隐私权

网络隐私权是隐私权在网络中的延伸,是指自然人在网上享有私人生活安宁、私人信息、私人空间和私人活动依法受到保护,不被他人非法侵犯、知悉、搜集、复制、利用和公开的一种人格权;也指禁止在网上泄露某些个人相关的敏感信息,包括事实、图像以及诽谤的意见等。

我国《消费者权益保护法》第 29 条规定:"经营者及其工作人员对收集的消费者个人信息必须严格保密,不得泄露、出售或者非法向他人提供。经营者应当采取技术措施和其他必要措施,确保信息安全,防止消费者个人信息泄露、丢失。在发生或者可能发生信息泄露、丢失的情况时,应当立即采取补救措施。"

(1)侵权表现。

从行为上来看,侵犯消费者网络隐私权主要表现在以下几个方面:

第一,擅自在网上宣扬、公开他人的隐私。未经他人同意,擅自在网上宣扬、公开他人隐私的途径主要有电子邮件、论坛、博客、微信等形式,严重侵害了消费者的隐私权。

第二,黑客攻击。他们通过非授权的登录(如让特洛伊木马程序打着后门程序的幌子进入电脑)等各种技术手段攻击他人计算机系统,窃取和篡改网络用户的私人信息,而被侵权者很少能发现黑客身份,从而引发了个人数据隐私权保护的法律问题。

第三,专门的网络窥探业务。大批专门从事网上调查业务的公司进行窥探业务非法获取、利用他人隐私。

第四,垃圾邮件泛滥。网络公司为获取广告和经济效益,通过各种途径得到用户个人信息,然后将用户资料大量泄露给广告商,而后者则通过跟踪程序或发放电子邮件广告的形式来关注用户行踪。

(2)案例分析。

陈某在某网店上购买了一辆婴儿车,她在下单付款后,网店发给她一个某快递公司的快递单号。四天后,陈某从快递员手中签收了婴儿车。次日,陈某接到一个来自网店所在城市的电话,对方自称是某网店的客服人员,其准确报出了陈某当时购买婴儿推车时的快递单号,还说该品牌的婴儿车目前在做赠送活动,她上次的购物金额还可以获赠一些婴儿用品,请陈某进行挑选。接着,对方在网上给陈某发来一个链接,陈某点开链接后按照对方的要求进行操作,后来她发现自己银行卡内的 2 000 元被转走了。陈某立即向辖区派出所报警求助。

民警分析称对方能准确报出陈某的快递单号,说明从卖家发货到买家签收的过程中她的快递单个人信息有可能被网店或快递公司泄露。经过民警的深入调查,发现系快递公司以每张 0.8 元的价格"卖单",将客户信息卖给了其他人。在本案中,公安部门对该诈骗案件进行了立案,快递公司被邮政管理部门罚款 20 000 元,并赔偿了陈某的经济损失。

2. 知情权

知情权是指消费者享有知悉其购买、使用的商品或者接受的服务的真实情况的权利。根据《消费者权益保护法》的规定:"消费者有权根据商品或者服务的不同情况,要求经营者提供商品的价格、产地、生产者、用途、性能、规格、等级、主要成分、生产日期、有效期限、检验合格证明、使用方法说明书、售后服务,或者服务的内容、规格、费用等有关情况。"相对应的是经营者的告知义务。

(1)侵权表现。

在电子商务活动中,侵犯消费者知情权主要表现在以下几个方面:

第一,虚假信息。经营者在网站里向消费者提供虚假的产品信息或者夸大产品的功能等。有些电子商务网站宣称产品价格低廉,当消费者把钱支付之后,一直未收到产品;有些消费者在收到产品之后,发现产品的实际功能和经营者描述的功能相去甚远。

第二,网络传销。传销被国家禁止以后,在很多地区仍然有传销活动。有些人甚至利用网络进行传销,先引诱消费者购买产品,然后让其加入传销活动。

第三,误导。由于网络交易对于产品的了解主要来自经营者的宣传以及产品的说明,消费者很容易被误导,尤其是对于一些弱势群体,比如老年人、农村网络消费者。

(2)案例分析。

2014 年 4 月,浦东新区法院一审受理了何先生诉"很棒公司"一案。何先生诉称,自己在下载 QQ 密码防盗专家特别版共享软件时,不知不觉地被强制下载安装了很棒富媒体广告软件,然后电脑就开始不断地弹出广告窗口。

据何先生的代理律师介绍,自从整合富媒体的"很棒小秘书"软件被强制安装后,每当何先生上网时,"小秘书"就会占用电脑 CPU 的使用率和内存空间,导致电脑运行速度缓慢,电脑无法操作。为了修复这个"顽症",何先生不得已请了电脑公司的人来"赶走小秘书",并为此支付了150元。

何先生起诉要求很棒公司立即停止制造和通过网络或其他途径传播"很棒小秘书"软件,公开登报赔礼道歉,赔偿他的修复损失。

很棒公司表示,"很棒小秘书"软件是免费软件,属于赠予行为,该软件的使用不会导致用户的损失,应认为赠予人尽到了基本义务。"下载安装'很棒小秘书'时,都有软件许可协议,用户可以自行决定是否要继续安装。安装后如果不喜欢,还可以彻底卸载。维修费用完全没有必要。"

法院认为,消费者的知情权和选择权是法律规定的,提供方应履行充分的告知义务。被告很棒公司向公众提供免费软件下载,原告接受下载,双方形成软件使用的消费合同关系。在形成这一合同关系的过程中,很棒公司应尽充分告知义务,以利于何先生的知情和选择。但公证证据表明,被告只告知了小秘书软件的功能,而未告知其中含有富媒体软件及该软件的功能,致使原告在不知情的情况下,下载了该软件并受到该软件功能所带来的困扰,故很棒公司的不当行为使消费者的知情权和选择权受到了侵犯。原告何先生发现并不需要而且还会带来困扰的软件后,有权予以删除,作为一名普通上网用户,求助于专业的信息技术公司并为此支付清除软件的费用符合常理,而删除该软件所产生的费用显然是原告的财产损失,被告对此应承担责任。

3. 索赔权

(1)索赔权的含义。

消费者索赔权又叫消费者求偿权,是指消费者因购买、使用商品或者接受服务受到人身、财产损害的,享有依法获得赔偿的权利。

我国《消费者权益保护法》第44条规定:"消费者通过网络交易平台购买商品或者接受服务,其合法权益受到损害的,可以向销售者或者服务者要求赔偿。网络交易平台提供者不能提供销售者或者服务者的真实名称、地址和有效联系方式的,消费者也可以向网络交易平台提供者要求赔偿;网络交易平台提供者做出更有利于消费者的承诺的,应当履行承诺。网络交易平台提供者赔偿后,有权向销售者或者服务者追偿。网络交易平台提供者明知或者应知销售者或者服务者利用其平台侵害消费者合法权益,未采取必要措施的,依法与该销售者或者服务者承担连带责任。"

侵犯消费者求偿权的行为包括:经营者对消费者所受伤害应得到的补偿不予负担;对消费者索取赔偿采取拖延方式,甚至使用暴力或威胁等手段。

(2)案例分析。

王某在某购物网店购买了一台电视机。王某收到该网店快递寄来的货物后,当天进行了安装,电视机正常工作。第二天,王某在看电视时,电视机突然发生爆炸,致使坐在电视机前的王某面部受伤,后经医院抢救,花费了近1万元医药费。事情发生后,王某联系了该购物网店,该网店说是电视机质量问题,让王某找厂家解决。厂家说不了解王某购买电视机的过程,让王某找网店赔偿。王某对网店和厂家的相互推脱责任非常不满,于是向消费者协会投诉。

在本案中,王某购买的电视机在使用过程中发生爆炸,致使其面部受伤,并为此花费了巨额医疗费。王某可以就自己的损害向销售电视机的网店索赔,也可以向生产电视机的厂家要求赔偿,还可以向网络交易平台要求赔偿。本案中购物网店的说法是不正确的。如果该购物网店能够证实电视机爆炸确实是厂家的产品质量不合格,则该网店在向王某承担赔偿责任后,可以向厂家追偿。

4. 后悔权

(1) 后悔权的含义。

后悔权是指消费者购买商品后,如对消费行为产生后悔想法,可以在法律规定的合理期限内根据本人意愿将所购商品退回给经销者,并无须说明理由,也不需承担费用。

我国《消费者权益保护法》第 25 条规定:"经营者采用网络、电视、电话、邮购等方式销售商品,消费者有权自收到商品之日起七日内退货,且无须说明理由,但下列商品除外:消费者定作的;鲜活易腐的;在线下载或者消费者拆封的音像制品、计算机软件等数字化商品;交付的报纸、期刊。除前款所列商品外,其他根据商品性质并经消费者在购买时确认不宜退货的商品,不适用无理由退货。消费者退货的商品应当完好。经营者应当自收到退回商品之日起七日内返还消费者支付的商品价款。退回商品的运费由消费者承担;经营者和消费者另有约定的,按照约定。"

(2) 案例分析。

刘某在本地的一家生活网站上,看见其用弹窗的形式发布的一则广告中宣称某家电商场搞庆典促销,优惠多多,有礼品赠送,还可参加抽奖。刘某看到随即乘车赶往该商场,他为自己的新居以 7 666 元的促销价格购买了一台原价 8 188 元的某品牌冰箱。没想到,冰箱买回家后遭到了全家人的反对,家人认为这么多钱买了台冰箱实在是浪费。两天后,刘某以"七天内享有'后悔权'"为由要求商家退货。商家表示,产品无质量问题,拒绝退货。刘某认为《消费者权益保护法》明确规定,七天内享有"后悔权",商家理应无条件退货。在交涉过程中,双方各执一词,互不相让。无奈之下,商场服务员电话投诉到消费者协会。

经消费者协会工作人员了解,发现这起消费纠纷源于刘某对法律条款的误读。《消费者权益保护法》规定"七日内退货无须说明理由",即人们日常所说的消费者七天的无条件反悔权,但此规定仅限于网络、电视、电话、邮购等远程购物方式购买的商品,其他非远程购物方式所购买商品不适用该规定。虽然刘某看了网站上的广告后去的某家电商场,但购买行为发生在实体店内,不属于"网购"的范围,当然也不适用《消费者权益保护法》第 25 条的规定。

第二节 电子商务企业社会责任

一、企业社会责任的定义与范围

企业社会责任思想发端久远,虽然对企业社会责任概念的研究尚未形成一致的观点,但对企业应该履行社会责任,理论界、企业界、社会公众等方面已经达成共识。电子商务企业都很年轻,发展速度很快,对经济、社会各方面影响越来越大,因此,电子商务企业社会责任引起社会的普遍关注。2016 年 4 月 19 日,习近平总书记在网络安全和信息化工作座谈会讲话中指出,只有积极承担社会责任的企业才是最有竞争力和生命力的企业;希望广大互联网企业坚持经济效益和社会效益统一,在自身发展的同时,饮水思源,回报社会,造福人民。

(一) 电子商务企业社会责任的定义

电子商务企业社会责任是指企业所采取的各种活动和决策行为应遵守法律法规和道德规范的要求,既追求企业的可持续发展,又积极担负对利益相关者和社会所期盼的责任,促进企业和社会的协调发展。

企业利益相关者是指在企业的任何决策或活动中有一项或多项利益的个人或群体,一般包括股东、员工、客户、债权人、合作伙伴、社区、政府、公众等。企业应重视与之生产经营密切相关的利益相关者与社会期望之间的关系,虽然从形式上来看利益相关方应该属于社会的一部分,但是它们对企业的利益诉求还是存在本质上的差异的,利益相关方具有企业法定权利,而社会享有企业道义上的权利。

(二) 企业社会责任的范围

企业社会责任是一个动态概念,随着社会环境的不断变化,企业社会责任的范围不断得到扩展。企业社会责任包括企业个体责任、企业市场责任和企业公共责任。

1. 企业个体责任

(1) 企业对员工的责任。企业对员工的安全、教育、福利等方面承担义务,企业必须为员工提供公平的就业、上岗、调动和晋升的机会,健全劳动保护制度,保证员工有安全、卫生的劳动环境等。

(2) 企业对所有者的责任。这是企业最基本的社会责任,企业对所有者的责任概括起来有三个方面:一是保证所有者资产增值保值和投资者股票升值,为投资者提供较高利润的责任;二是及时准确披露信息的责任;三是公正合理地对待所有者的利润和附加利润分配的责任。

2. 企业市场责任

(1) 企业对消费者的责任。企业有义务为消费者提供质量高、安全有保障、价格公平、无公害的商品,及时为消费者提供各种有关的咨询指导、培训和优质的售后服务。

(2) 企业对合作者的责任。企业对合作者的责任一般来讲主要有三个方面:一是向对方披露真实信息,主动降低对方风险的责任。任何有意隐瞒真实信息,通报虚假信息不仅是对对方不负责任的行为,同时也是自杀行为。二是与对方共同分析市场前景,签订对双方都有利合同的责任。三是严格履行合同的责任。

3. 企业公共责任

(1) 企业对政府的责任。这要求企业应按照有关法律、法规的规定照章纳税并接受政府的监督,不得逃税、偷税和非法避税;同时企业必须生产社会所需的物质产品和精神产品。

(2) 企业对社区的责任。任何一个企业都是在一定的社区中存在和发展的,社区可以是现实社区,也可以是虚拟社区,回馈社区是企业的责任,企业应为社区提供劳动就业机会,为社区的公益慈善事业提供捐助,并应该积极参与社区的建设。

(3) 企业对生态环境的责任。企业的生态责任要求企业一方面应当生产对环境无害或较少危害的绿色产品,倡导绿色生产和绿色消费;另一方面企业应当合理利用资源,减少对环境的污染,并承担污染环境的相关费用。

二、电子商务企业社会责任的标杆实践

电子商务是我国互联网与传统产业融合发展的典型代表,是我国实施"互联网+"的传统优势领域。我国电子商务无论是在交易规模、技术水平、物流体系等支撑能力方面,还是在带动消费增长、创业就业、产业转型等经济发展方面,都展现出了强大的引领优势。

在中国企业评价协会联合清华大学社会科学学院编制的"2015中国企业社会责任500强"榜单中,京东商城电子商务有限公司位列第23位,阿里巴巴集团控股有限公司列第39位,苏宁控股集团列第108位。根据这三家公司最近几年发布的企业社会责任报告,如《苏宁易购集团社会责任报告(2017)》《京东集团企业社会责任报告(2013—2017)》《阿里巴巴集团社会责任报告(2016—2017)》,把我国电子商务企业社会责任的标杆实践概括为六个方面:合规经营,科技引领未来;为客户提供满意产品和服务;关爱员工,和谐劳动关系;绿色电商,重视环境保护;回报社会,为社会创造更多价值;加强社会责任管理,促进企业可持续发展。

(一)合规经营,科技引领未来

1. 依法经营,规范内部运营

合规守法是企业健康运营的基础和保障。苏宁积极承担依法经营、诚实守信的责任,将企业伦理、社会规范和自律守信融入公司运营的每一个环节,致力营造公平竞争的商业环境,促进产业链的健康发展。2017年,苏宁无应披露的重大行政处罚或诉讼。

严格执行《反不正当竞争法》《关于禁止商业贿赂行为的暂行规定》等相关法律法规。苏宁与所有供应商签订"阳光承诺书",竭力创造规范运营、公平公开透明竞争的良好市场环境;同时,加强对员工诚实守信的宣传教育和培训,订立"阳光公约",全面树立员工的商业道德和操守,践行并传递诚实守信、公平竞争的理念。

重视内部控制建设。2017年苏宁根据《企业内部控制基本规范》及指引等相关规范,持续完善公司"三道防线"的内控体系建设,发现风险问题,建立风险图谱,定期主动开展专项检查和公司巡查,全流程参与大额采购和招标项目,加强培训与监督,在公司内部开展内控自评工作,进一步提高各防线人员的内控意识;业务部门持续完善各业务单元的制度规范,提升业务运营的风险合规意识和规章制度执行力;财务部门加强财务管理控制,风险管理部门搭建集团统一的风险监控与预警平台,为三道防线用户提供风险管理的工具与手段,运用大数据开展持续监控,审计/监察部门持续对公司治理、风险和控制进行评估、评价和监控,共同合理保证企业经营管理合法合规、资产安全、财务报告和相关信息真实完整,提高经营效益和效果以及公司整体抗风险能力,保障企业健康发展。

尊重并保护知识产权。2017年,苏宁公司持续加强商标制度和信息平台建设,更新并发布了《专利管理办法》《专利奖酬办法》,在原有《商标管理制度》基础上下发《商标侵权案件上报通知》,积极推进商标的维权保护工作。2017年,公司新增商标注册162件,新增专利申请72件。

阿里巴巴集团在内部建立并不断宣导廉正文化,要求全员每年进行"阿里巴巴集团商业行为准则"认证,要求员工在与外部合作伙伴进行业务往来时体现诚信的价值观,绝不容忍任何不道德或不合法的行为。合作伙伴可随时向阿里巴巴廉政合规部获得关于阿里巴巴集

团业务合规的指引,或报告任何关于阿里巴巴集团员工涉嫌做出不道德或不合法行为的可疑事件。阿里巴巴会谨慎处理所有咨询与举报,并在法律法规许可范围内竭尽全力确保咨询与举报的保密性,所有的调查将以合法合规为基础。阿里巴巴集团严禁他人对任何善意地就涉嫌不道德或不合法行为提供信息或协助调查的人士进行报复或惩罚。同时,把廉洁文化传递到跟阿里巴巴有业务往来的企业。阿里巴巴集团旗下网站的会员规则都对商家提出了诚信的要求,如商家出现不正当谋利的行为,阿里巴巴将永远关闭与之合作的大门。

2. 科技引领未来

在国家创新驱动发展战略的指引下,京东正向技术推动业务发展转变。数字经济与实体经济相互融合的时代,基于大数据的京东零售科技为用户提供优良体验,赋能合作伙伴谋求社会共同发展。

(1) 智慧购物。

京东创造了拍照即可实现商品搜索和购物的应用,在 AR/VR 营造的 3D 场景中边看边买以及自动结账、刷脸付款的便利店,可以语音购物的叮咚智能音箱,能够自动下单订购生鲜食品的智能冰箱,等等,创新技术的应用改变着人们的购物体验。

(2) 智慧供应链。

京东供应链以技术为驱动力,建立涵盖选品、定价、库存、履约、协同的智慧供应链体系,实现供应链管理自动化、智能化。为消费者提供卓越的用户体验,并向供给侧与外部商业体开放智慧供应链能力。

(3) 人工智能。

京东 AI 平台是一个高效的、统一的、强大的人工智能平台,封装了底层计算资源,提供差异化专项算法,以 API 形式提供全方位的开发使用体验,降低人工智能的使用门槛,并支持业务方和开发者取得在特定应用场景中利用 AI 做快速创新的能力,提供最好的端到端的用户体验。AI 研究院以前沿的 AI 研究为核心课题,集中进行持续性算法创新,并把结果沉淀在 AI 平台上,对内外赋能。同时通过 AI＋创新模式,捕捉新风口,点燃商业生态想象力。

(4) 云平台。

京东云计算支撑着从用户下单到商品配送的所有环节。在"6·18""11·11"等流量洪峰到来时,切实保障消费者购物体验。同时,京东还将基础设施、电商平台、大数据存储挖掘分析、人工智能等技术、经验和资源通过京东云等平台开放给社会。

(5) 智能风控。

京东金融没有一个信贷审批人员,所有授信均在线上自动化完成,实时审批,随借随还。京东金融致力于通过人工智能和大数据技术对企业和个人用户的精准洞察,为其匹配便捷、高效、成本低、体验极致的金融服务。

(二)为客户提供满意产品和服务

据中国电子商务投诉与维权公共服务平台监测显示,2014 年、2015 年苏宁、京东在全国零售电商企业中用户满意度连续两年排名前三。自营＋平台类电商企业用户满意度相对较高,与其对产品的直接把控有着密切关系。

1. 提供有温度的消费体验

苏宁认为服务是苏宁的唯一产品,用户体验是服务的唯一标准,通过提升线上线下购物模式、拓展增值服务内容、便捷支付方式,为用户呈现最具温度的消费体验。

(1) 丰富 O2O 购物体验。

① 升级门店购物体验。苏宁积极拓展实体连锁网络新布局,2015 年,苏宁借力门店中的云店和苏宁易购直营店,进一步将 O2O 加码售中体验服务推向全国各级市场,提升用户门店购物体验。在城市核心商圈,苏宁通过云店的不断迭代升级,把 O2O 模式和互联网零售转型真正地固化为实体的业态。云店立足吃喝玩乐购一站式业态布局,集产品展示、咨询评价、大数据采集、互动体验、休闲娱乐、购物服务于一体,在满足用户购物需求的基础上,让购物变得更加轻松、时尚,甚至很酷。云店面向所有群体开放,既有针对儿童的游玩乐园,也有针对年轻人的游戏体验,更有针对摄影发烧友的摄影课堂,以及针对美食达人的餐饮课堂等互动体验区域。2015 年 4 月 28 日苏宁首家云店开业,全年新开云店 10 家,改造升级云店 32 家。在全国三四级城乡市场,苏宁结合自身零售商特色,在短短一年中推动了 1 000 多家苏宁易购直营店的布局,覆盖了超过 5 000 万农村人口。苏宁易购直营店承担虚拟出样销售、物流快递、售后维修、物流揽件的综合职能,店内有专业人员辅导消费者网上购物,并安排专业人员配送,彻底打通"最后一公里",让广大农村消费者从线上到线下都能第一时间享受服务,切身体验"身边的苏宁"。

② 优化在线体验。作为互联网零售商,苏宁重视消费者在线购物体验,并不断优化升级线上购物服务。2015 年苏宁持续开展苏宁易购"用户体验提升计划",通过邀请访谈、线上问卷、上门拜访等多种新方式,全年收集反馈约 6.2 万条,真正深入了解用户需求,为用户提供更愉悦的购物体验。不仅如此,苏宁还通过线上营销工具的丰富化、营销产品的多元化和 O2O 模式的创新化,进一步丰富消费者的购物体验,提升购物乐趣。

(2) 持续深耕会员服务。

苏宁的发展离不开广大新老会员的鼎力支持,苏宁也在持续加大力度,扩充线上线下 2.5 亿会员的权益和福利,全面惠及苏宁会员,提高会员的增值服务体验。

苏宁将每月 17 日设立为专属会员狂欢节日,凭借"互联网化玩法＋精准营销传播"相结合的方式,向会员提供众多线下免费活动及优惠。苏宁积极为会员搭建线上线下互动平台,推出为会员提供定制化服务的专项活动,让会员足不出户即可快速购买到所需要的商品和服务。

(3) 丰富支付方式、场景。

为满足用户对支付方式、场景多元化的需求,苏宁持续拓宽易付宝的业务范围。苏宁易付宝在全国 1 600 多家苏宁门店和 1 000 多家苏宁易购直营店得到全面推广,2015 年年初,苏宁还与南京新百、东方商城两家大型商场合作,首次尝试易付宝移动支付业务的外拓试点;6 月份,苏宁易付宝与全国 500 家线下代理商强强联合,进一步激活苏宁在个人电脑、移动、门店、电视四端布局的渠道价值,为消费者获得全场景无缝购物体验提供有力的保障。截至 2015 年年末,苏宁易付宝注册用户数超过 1.3 亿。

2. 提供有力度的安全保障

(1) 全方位管控产品质量。

苏宁坚持为消费者打造放心、舒心、安心的购物平台。对外强化市场信用管理,承诺销售合格产品。对内以《平台规范》为准则开展各项经营管理工作,让商户有序经营,保障消费者权益,并不断优化现有平台,用完善的内控机制为信用管理保驾护航。

苏宁聚焦正品保障和服务体验,于2015年启动蓝盾行动,通过力推平台首问负责、专项复核商户资质、联合投保正品保险、提供免费鉴定服务、招募民间监督资源等五项举措对标正品行货底线,着力营造便利消费、放心消费的网购氛围。

(2)全维度保障交易安全。

苏宁一直致力于保证互联网交易的安全可靠,注重保护用户隐私,做值得用户信任的企业。苏宁制定了IT系统建设、敏感数据存储、数据使用权限、信息展示处理、相关风险提醒等多个维度的管理办法,设计并实施了缜密的系统方案,责任落实到人,形成常态的信息安全管理机制。

同时,为加强顾客的安全风险意识,苏宁在苏宁易购网站、线下门店的显著位置均有张贴信息安全风险提示,并通过邮件、短信等多种方式对用户进行防骗提示。

3. 提供有速度的物流服务

在讲求效率的消费环境下,有速度有质量的物流是用户体验的重要部分。将产品和服务以最快的速度安全顺利送到消费者手中,是苏宁持续努力的目标。

(1)不断提升物流体验。

为了满足用户对物流的差异化需求,苏宁不断扩大物流配送范围,提高物流配送时效,提升物流服务体验。2015年,苏宁始终是邮政总局每月公布的物流投诉率榜单中排名最低的企业之一,妥投率达到98.97%,及时率达到91.71%。

(2)全面加强运营能力。

为给客户提供高质高效的物流服务,苏宁全线发力提升物流运营能力。在运营支撑上,无缝隙承载从采购预约到顾客销单全流程;在仓储方面使用RF、RFID、电子标签等技术,实现仓储自动化及智能化;在运输配送方面使用GIS、GPS/北斗、RS等技术,实现运输配送智能化。2015年全年,苏宁单件物流配送成本下降32%,大件商品的工作效率提升10%,小件工作效率提升了98%。

4. 提供有风度的售后服务

周到贴心的售后服务是保障客户服务体验的重要环节,也是持续性最长的环节。高效、专业的售后服务一直是苏宁服务品质和消费者口碑的保障。

(1)升级苏宁帮客。

苏宁帮客是苏宁的售后服务品牌,服务连锁网点覆盖中国内地30个省、自治区的300多个城市,以及中国香港地区,拥有5 000多个服务网点、近3万名服务人员,通过多样运作模式,承接全渠道售后业务,满足消费者的个性化服务需求。

(2)精耕贴心客服。

客服是苏宁服务的重要展示窗口,苏宁以提升客户体验、创造惊喜服务为目标,努力打造超出消费者预期的服务体验。苏宁客服中心目前拥有4 000个呼叫中心座席,为消费者提供365天7×24小时全天候电话以及在线、微信、微博等全渠道的客户服务。2014年8月26日苏宁客服中心成功通过4PS国际认证,正式接轨4PS联络中心国际标准体系,成为国内首家获得该标准认证的互联网零售企业和虚拟运营商企业。

2015年苏宁从精简服务流程与系统优化两个大方向进行提升,同时加强现场作业精细化管理,全面提升服务效率和质量。2015年接收到的所有投诉中,仅有0.011%属于重大投诉,同比下降51.92%。

(三)关爱员工,和谐劳动关系

员工是电子商务企业基业长青的基石,也是企业健康运营和发展的重要保障。保障员工的基本权益,健全员工发展体系,畅通职业发展通道,为员工创造良好的工作氛围,关爱员工生活,是企业对员工应尽的责任。

1. 为员工提供良好的薪资待遇

在为员工提供富有竞争力的薪资待遇的同时,阿里、京东、苏宁等企业严格遵守《劳动法》等法律法规,依法与员工签订劳动合同,严格按照规定缴纳社会保险,保护员工个人隐私,不断完善劳动用工的管理基础。

2. 成就员工职业发展

京东重视员工职业生涯成长,逐步完善系统化、规范化的职业发展通道。京东每年的统一晋升比例不低于20%,还有更多的员工通过内部竞聘、内部推荐等方式获得职位晋升和更适合个人发展的岗位。

阿里巴巴公司建立完善的培训制度,培训分为新人培训、专业培训和管理者培训,常规的培训课程体系涉及公司文化、价值观、个人管理、百年责任、专业技术培训以及团队管理等方面。之外,公司还通过在线学习平台为员工提供在线课程,支持在线测试、建立学习档案等个性化功能,实现员工个人与阿里的共同成长。此外,阿里巴巴通过设置各种奖项、举办各种比赛等,鼓励在工作中表现出色的员工,激发员工提升自己的技术水平,培养员工创新意识,以完善的激励机制促进员工不断成长。

3. 职业健康与安全

阿里巴巴倡导"快乐工作,认真生活",为员工提供和谐的办公和休闲空间,营造自由开放的工作环境和温馨的团队氛围。

为了更好地促进员工职业健康与安全工作,京东在该领域不断加大投入,并视此为公司建设与管理的重中之重。全国客服中心的工作人员直接面对客户的咨询与投诉,每天都面临着巨大的心理压力,甚至容易导致心理亚健康的现象出现。为了帮助客服人员正确、有效地减压,提高其心理压力的承受能力,京东设置心理咨询师岗位,并拟定了一系列针对客服人员的心理减压培训项目。相较于其他工作岗位,一线配送员的工作更为特殊,面临着更高的安全风险。为了将风险降到最低,切实保障配送员的人身安全,京东给配送员购买了安全保险、配备了统一防护冲锋衣,并定期举行安全培训,不断提高全员的安全保护意识。

4. 员工安居乐业

阿里巴巴重视对员工的人文关怀,为员工及其家人设立多种关爱制度。阿里为员工购买综合健康管理服务(H-EAP),以咨询热线、培训讲座、电子期刊、内网专栏和关怀短信等方式为员工提供健康管理服务以及重大疾病住院手术安排。阿里的蒲公英计划受益对象包括员工及其配偶和子女,以救病为重点,采取自愿参与原则——员工缴纳80元,公司补贴160元——形成互助基金,参与计划的员工遇到实际困难时可获最高20万元的援助金。彩虹计划旨在帮助那些遭遇重大自然灾害、突发事件或重大疾病等不幸事件,在得到社会和阿里现有保障及援助(包括社会统筹保险、补充商业保险、蒲公英计划等)之后仍有较大生活困难的阿里员工。在 Ihome 置业计划中,阿里巴巴投入 30 亿元人民币,通过提供每人 20 万至 30 万元无息置业贷款,帮助部分员工缓解初次置业时首付上的压力,让员工在工作地安居乐业。阿里巴巴还联合多家房产商,开展置业优惠活动。

(四)绿色电商,重视环境保护

相较传统商务模式,电子商务可以显著减少能耗。电子商务能够减少传统商务活动在广告营销方面带来的能耗,节约实体店和社会仓储面积,从而减少相应能耗。根据中科院中国循环经济与环境评估预测研究中心发布的《电子商务的环境影响报告》,电子商务对于减少能耗具有明显效应,网络零售能耗相当于每亿元销售额减少了能耗 393 吨标准煤。

1. 大力开展电子发票项目

2013 年 5 月,国税总局、北京商委、北京国税启动电子发票项目。京东作为该项目的合作平台,积极攻克政策、流程、技术等难题,成功完成首期试点项目。2013 年 6 月 27 日,京东开出中国电子商务领域第一张电子发票,并宣布面向北京地区的个人图书消费者提供电子发票,标志着中国电子发票的发展进入应用阶段。

截至 2015 年年底,苏宁已经在广州等城市上线了升级版增值税电子发票系统,苏宁易购仅线上就已开具 1 800 万份电子发票,"11·11"当天的开票量突破 20 多万份,以印制和邮寄最低 0.5 元的成本估算,为苏宁节约成本近千万元。

2. 绿色包装

苏宁进行包装材料改革,使用能够循环利用和迅速自然降解的绿色包装材料,提高包装材料的回收利用率,有效控制资源消耗,减少环境污染,同时为企业节约了包装成本,提高作业效率。

(1)回收包装。通过回收包装服务,为客户提供代处理包装服务,同时通过包装回收的循环利用,实现包装环节的绿色环保。

(2)简化包装。对同城出货配送的商品简化包装,在保证商品安全的情况下,直接使用包装袋,避免了过度包装带来的环境污染。在包装过程中,苏宁将包装用的纸箱改成高强度的周转箱,在货物送到快递点后,可以回收二次使用。不仅如此,周转箱还具有轻便、安全、节省存放空间等优点。

(3)减少二次包装。针对小家电与整件出货的商品,因原包装较为牢固,所以采用直接配送方式,不进行二次包装,尽量减少包装材料的使用。

(4)合并包装。物流公司运用技术手段,进行合单规则优化,即同一客户在规定时间内购买的商品,按照一定的规则进行合并打包,有效减少了包装使用。

3. 绿色物流

绿色物流不仅可以降低运营成本,还能减少能源消耗、降低对环境的污染,是苏宁绿色环保战略中的重要一环。

(1)绿色物流平台。苏宁坚持自建物流,形成以信息化、云服务为特色的物流基地,最大限度地降低物流能耗。2015 年,苏宁物流尝试实现社会化开放,并于第四季度正式上线苏宁物流云平台,实现各种信息流在平台上的无缝对接,以此提高物流效率、降低成本。

(2)绿色运输。为了减少运输环节燃油消耗和尾气排放对环境造成的影响,苏宁强化对物流过程中的车辆管理、在途货物管理等运输环节的具体管理。公司制定了物流车百公里油耗使用标准,并严格执行。在允许电动车行驶区域使用电动车配送,减少燃油消耗。采取定人定车、安装 GPS 等现代化监控设备,规范优化运营流程,提升燃油利用率。根据干线运输及部分调拨网络的测算统计,2015 年,苏宁物流车辆合计油耗 3 090 万升,碳排放量 1 753 吨。在物流业务增长的情况下,比 2014 年减少碳排放量 211 吨。

(3)绿色物流中心建设。苏宁每建设一座物流中心,都会考虑实现低碳环保的节能措施,从规划设计、库房建设、运营管理、节能设备的使用等方面重点做好布局规划。

(五)回报社会,为社会创造更多价值

1. 促进社会就业

阿里巴巴电商平台、物流和农村战略在促进社会就业方面发挥了独特优势。截至 2014 年年底,阿里巴巴零售平台带动直接就业人数 1 000 万。与阿里巴巴零售平台相关的间接就业人数约为 347 万,其中,快递人员约为 150 万,淘女郎、代运营、导购、装修、美工、客服、软件开发、培训等各类第三方服务商约为 197 万。

(1)平台支持,提供创业舞台。阿里巴巴依托电子商务平台,向社会各界有志于创业的人们提供技术、服务等支持,为缺乏资金、基础设施等投入的草根创业者提供更开阔的舞台,帮助他们实现梦想。

(2)赋权增能,实现人生价值。电子商务的不断发展,为残障人士创业就业、实践人生价值提供了重要平台。在这个平台上,残障人士可以享有与正常人一样的机会和权利,充分发挥他们的能力,实现人生的价值。根据 2015 年 6 月底的数据显示,共有近 300 万残疾人成为淘宝会员,通过网上购物缓解了线下出行带来的不便,2014 年全年消费累计 130 亿元。同时,共有超过 30 万名残疾人成为淘宝网商,通过网络创业改善生活,2014 年的销售额达 105 亿元。

2. 投身社会公益

阿里巴巴成立 16 年来,始终坚持"互联网+公益"的精神,践行社会责任的同时,鼓励更多的社会公众参与公益事业。2010 年起,阿里巴巴将集团年收入的 0.3% 拨作公益基金。2014 年,阿里巴巴公益基金共捐赠 8 942 万元用于救灾、环境保护、受助群体能力提升、行业发展等领域。

(1)平台公益。阿里巴巴基于自身的商业模式和业务专长,为平台使用者提供公益交流和互动的工具及机会,搭建可信赖的、人人参与的公益平台。2014 年,2.13 亿网友通过阿里巴巴平台公益产品做了超过 11.1 亿次善举,捐款超过 2.8 亿元,而单次捐赠额仅为 2 毛 5 分钱。

(2)员工公益。阿里巴巴倡导员工参与公益。在阿里巴巴集团"百年系列"入职培训里,有一堂课叫作《百年责任》,旨在传递感恩敬畏的公益理念及介绍阿里集团的社会责任实践。课堂上,讲师会向每位新入职员工介绍阿里的社会责任观、公益实践以及如何成为有责任的个体。富含阿里味道的《百年责任》课程倡导社会责任理念与公益实践并行,从细微之处引导公益实践,让公益变成习惯。

(3)全球公益。阿里巴巴全球梦想家旨在寻找隐藏在全球有梦想、正能量的年轻人,通过这个项目他们聚集在一起,用获得的知识和技能去实现梦想。阿里巴巴梦想家计划始于

2013 年,约 90 人参加过该项目。这些梦想家来自中国、美国、英国、加拿大、澳大利亚和新加坡等国家。

(六)加强社会责任管理,促进企业可持续发展

苏宁高度重视社会责任与制度建设。公司管理层定期讨论并部署集团社会责任战略及规划,并对社会责任项目实施统一预算管理。由公司总裁办、集团办、品牌部、工会组成的四位一体社会责任执行机构负责推进战略及规划落实,制订年度社会责任工作计划,发布社会责任工作指导书。各大区总经理办公室协调相关部门,推动社会责任工作计划实施。在规划实施过程中,定期沟通并根据利益相关方的反馈及时调整、改进计划、目标和行动。

阿里巴巴始终坚信企业要实现可持续发展必须建立内生于商业模式的社会责任战略,并与企业发展战略融为一体。只有使社会责任理念成为企业的基因,才能保持创新和活力,实现恒久性和可持续性。2014 年,阿里巴巴集团建立的全球化、农村电商、大数据三大战略都承载着社会责任的基因。为了保障社会责任目标的实现,阿里巴巴建立了系统的社会责任工作体系,由集团社会公益部统筹管理,推动阿里巴巴的社会责任工作。

三、电子商务企业社会责任方面存在的问题与分析

(一)产品质量和服务水平问题突出,消费者权益受到损害

我国电子商务企业对消费者责任的缺失显得尤为突出,成为电子商务企业社会责任的最大问题,具体表现为以下两个方面。

1. 网上购物信息虚假

2015 年网络购物投诉 14.58 万件,同比增长 87.3%,与"十一五"末期相比增长了 77.67 倍,其中,网络购物商品质量和虚假宣传等问题比较突出。在电子商务交易平台上,卖家售假侵犯消费者的权益已是司空见惯,假货的出现引发的危害比比皆是,消费者收到的实物与描述不符,假货的使用导致健康问题,品牌商家因假货名誉受损等等。

在线购物时,用户经常遇到在线商品说明信息(或广告,包括价格等)虚假等问题。其中,有 56.4% 的被调查者曾遇到过在线购物信息不真实。此外调查还显示,有 40.9% 的被调查者遇到过在线服务的承诺不真实或不能兑现等情况,这其中有 36.1% 的人遇到在线投诉渠道不畅问题(如不能找到投诉处理部门或人员,不能联系到网站,投诉电话或邮件没有人理睬等),有 38.97% 的人遇到投诉处理慢或彼此推诿的问题,另有 24.9% 的人遇到不能按照网上的承诺按时发货或退货。

2. 网民购物后私密信息被窃

个人信息被在线商家或网站滥用。据有关调查资料,62.1% 的被调查者声称自己的个人信息曾被在线商家或网站滥用过,其中 41.4% 的人遭遇的滥用行为是个人信息"被用来接收垃圾信息",20.0% 的人是个人信息"被加入其他列表中",26.6% 的人是个人信息"被泄露给其他人或机构",还有 12.0% 的人是个人信息"别人可以随意查到"。网上购物最有可能被窃取的信息包括 QQ 号码、银行卡号、邮箱口令、游戏账号等敏感信息。调查发现,有 40.9% 的被调查者曾经遭遇过自己的个人信息被人窃取过,其中 34.0% 的人是自己在线使用网络或在线提交信息时个人信息被人窃取,34.5% 的人认为自己的个人信息"因为有病毒

（如木马）被窃取"，8.4%的人是在"遇到虚假网页被窃取"。

（二）刷单炒信现象严重

刷单已成为互联网行业内的普遍现象，形成灰色产业链，其中商家、第三方刷单平台、快递等都参与其中，涉及的企业多影响广，淘宝、大众点评、美丽说、糯米等电商以及人人投、借贷宝、翼支付、闪银、百度钱包等互联网金融产品均被 2015 年央视 3·15 点名。

网络交易中，大部分买家在购买一件商品时，都是习惯性先看好评，再购买。有些卖家动起歪脑筋，他们通过制造虚假交易，购买好评，可以让他们短期内快速提升自己网店的排名，从而提升自己的销量。

卖家只需要花费几百元就能买来销量和好评，而消费者轻信"好评"上当，另外那些守信卖家则会因为"失分"而被挤出市场。近年来监管部门和很多网购平台加强了这方面的惩治力度，为了防止刷单扰乱正常的网购秩序，多次打击但仍难杜绝。刷单产生了三大危害：① 对消费者来说，虚假的信誉、交易量，对其购买决策产生误导，使其消费权益无法保障。② 对于同行商家，虚假信誉和交易量是一种不正当竞争，有失市场竞争公正性。③ 对于第三方电商平台，屡屡打击但未能杜绝该现象，成为行业性毒瘤，滋生了一大批不诚信商家活跃在电商平台。

（三）部分电子商务企业逃税漏税，税收责任缺失

部分电商企业为逃税漏税，不主动开具发票，且电商企业经营具有销售平台虚拟化的特殊性，工商和税务部门很难对电商企业的销售收入和利润进行有效监督。

为政府提供税收是企业对政府履行的重要社会责任之一。我国的《税收征收管理法》和《发票管理办法》规定：销售商品、提供服务或者从事其他经营行为，从经营活动中收取款项，收款的时候必须开具发票。但如今，大量电子商务企业主为逃避纳税义务，销售商品或应税劳务时，不主动开具发票，尽可能不开或少开发票，或用收据、白条等代替发票，再加上消费者国民税收意识仍然比较薄弱，很多人因为怕麻烦，觉得要发票没多大用处，要不要都无所谓，因而没有养成索要发票的习惯，这样更合了商家的意，中其下怀。除此之外，由于电子商务企业经营具有特殊性，即很多业务是网上下订单，网下配送产品，甚至是网上下订单，网上配送产品或服务，因而导致工商和税务部门监督困难，也很难让电子商务企业如实纳税。

我国法律明确规定："对违反发票管理法规造成偷税的，按照《中华人民共和国税收征收管理法》处理。对违反发票管理法规情节严重构成犯罪的，税务机关应当书面移送司法机关处理。"为有效规范税务管理，应该加大税务部门对发票的监管力度，加强发票法制化建设、信息化管理，加大对普通发票检查、比对力度，加大对发票违法、违章行为的打击力度，提高税收监控水平，有效制止税收流失。方寸大小的发票，是记录经营活动的原始凭证，也是税务稽查的重要依据，不仅与每个人的合法权益有关，也与国家税收息息相关。商家主动开具发票，是法律赋予商家的法律责任，也是商家必须履行的法律义务，即使消费者不索取，商家也必须主动开具发票。

（四）部分电子商务企业损害劳工权益，员工责任缺失

在目前，中国"强资本、弱劳工"的局面仍然没有得到改变，劳动力的供给远远超过劳动力的需求的状况也依然没有多大改善。因此，在这样的大环境下，部分电子商务企业对员工

的社会责任较为缺失,主要表现在以下几个方面:

(1) 劳动用工不规范,劳资纠纷问题普遍存在。部分电商企业由于临时订单增加,超过了企业服务能力,不得不招聘临时工,但这些员工基本上是季度性的,大多没有签订劳动用工合同。员工一旦遇到工伤、欠薪等问题需要投诉时找不到任何凭据,劳资纠纷问题突出。

(2) 加班现象仍相当严重、加班工资计费不合法。很多电子商务企业在销售旺季都存在加班的情况,而加班的工资并没有严格按照法定要求处理,甚至存在加班不加钱的情况。

(3) 妇女权益保护仍显不足。许多企业在招聘中以工种不适合等理由拒招女员工,部分企业对于女员工的产假并没有严格按法定的天数执行,或者执行了法定假期但克扣工资及奖金等。

(4) 逃避社会保障缴费。有部分电子商务企业在招聘过程中开出条件是提供社会保障,但实际上采取与员工联合,不予办理员工社会保险,而按月或年一次性给予员工现金补偿或以额外工资等,逃避社会保障缴费。

(五)对传统零售市场的冲击

与电子商务持续高速增长相反,传统零售业处境艰难,一些百货商场频频告急,先后宣布关闭。作为中国最大的连锁百货企业之一,万达百货 2016 年上半年陆续关闭了约 10 家百货店,接着又准备关闭 45 家门店。

2016 年上半年,我国传统零售中连锁超市和百货业态的营业额、利润呈双降格局,全国百家重点大型零售企业零售额累计同比下降了 3.2%,下降的原因包括宏观经济增长减速、消费疲软、人工上涨、租金上涨等,但电子商务渠道分流无疑是重要原因之一。

电商的高速发展确实给传统产业带来巨大冲击。其中,包括百货、综超、服装等传统零售业纷纷发力转型线上渠道,甚至是众多上市公司也在公司财务报表中明确表示,公司业绩下滑与电商突飞猛进发展息息相关。互联网使信息的传递、搜集整理更加方便快捷,从而节省搜寻成本。不仅是传统商业,其他一切信息成本比较高的传统产业都会受到影响。网购的选购方便、价格亲民、海量产品为购物提供了全新的体验,这些都是传统百货业难以企及的。

四、电子商务企业社会责任的推进机制

(一)完善电子商务立法,加大执法力度

推进电子商务企业社会责任工作,必须有相关的法律加以约束和保障,近几年陆续颁布的电子商务相关法规及政策主要包括《网络发票管理办法》《网络交易管理办法》《寄递服务用户个人信息安全管理规定》《中华人民共和国消费者权益保护法》《网络零售第三方平台交易规则制定程序规定(试行)》《侵害消费者权益行为处罚办法》《快递条例(征求意见稿)》《关于跨境电子商务零售进口税收政策的通知》。随着电子商务市场的不断发展,在社会商品零售总额中的比例不断提高,与互联网行业其他领域相比,电子商务市场日趋成熟,相关法律体系已经比较健全,但在社会普遍关注的热点、难点问题上还需要进一步完善立法。例如,快递包装物的生产、使用、回收、处理等环节应加强立法,引导企业、消费者使用绿色包装,积极应对越来越多的包装废弃物对环境造成的污染;可以将刷手刷单纳入个人征信系统,一般情况下,参与刷单者法律意识、诚信意识、责任意识淡薄,

将刷单记录到个人信用,加大对刷单处罚力度,能够有效遏制愈演愈烈的刷单炒信现象。

立法是基础,执法是关键。既要加强电子商务企业社会责任规制建设,也要加大执法力度,严格执法、违法必究,构建执法部门与电商企业之间的良性互动机制。对一些平台企业,相关政府部门可以派出监督小组,更好地把相关规制落到实处,比如在遏制刷单炒信方面,平台企业内在动力欠缺,监督小组可以弥补不足。

(二)减缓电子商务市场竞争激烈程度

表面上看,电子商务市场风光无限,造富神话的速度、体量不断被刷新,事实上,电子商务市场的竞争激烈程度远胜于传统市场。无论是售卖假货,还是刷单炒信,都与网络市场竞争过于激烈有关,因此,政府、行业组织、龙头企业有必要共同努力,减缓电子商务市场竞争激烈程度,降低6·18、8·18、11·11、12·12等节日的促销力度,毕竟从根本上讲,线上促销对社会商品零售总额的提升可能没有想象的那么大。而构建良好的电子商务生态系统,让更多的电商企业获得正常利润,让广大网络消费者有更好的购物体验,有助于我国电子商务行业更加稳健地发展;同时也给传统零售业提供了与网络零售竞争的公平环境,避免电子商务对传统零售业带来断崖式冲击,让更多传统零售企业顺利成功转型。

(三)标杆企业实施社会责任管理

电子商务企业承担社会责任已经被社会各界普遍接受,但是,大部分电子商务企业社会责任管理工作仍然处于经验管理阶段,缺乏社会责任管理实现机制,因此,电子商务的龙头企业应实施社会责任管理,在行业内发挥积极履行社会责任的引领作用。有效实施社会责任管理,应该将社会责任管理纳入企业战略管理,融入企业文化,成立专门的社会责任管理部门,构建企业社会责任管理体系,适时评价和改进社会责任管理工作。

(四)落实社会责任系列国家标准

2015年6月2日,国家质量监督检验检疫总局和国家标准化管理委员会发布社会责任系列国家标准:GB/T 36000—2015《社会责任指南》、GB/T 36001—2015《社会责任报告编写指南》和GB/T 36002—2015《社会责任绩效分类指引》,并于2016年1月1日正式实施。系列标准是我国社会责任领域第一份国家层面的标准性文件,系列标准将统一各类组织对社会责任的认识和理解,改变依据不同标准履行社会责任的混乱局面,给组织履行社会责任提供系统、全面的指导,对提升我国社会责任水平起到重要作用。社会责任国家系列标准中,《社会责任指南》是最核心的标准,主要对什么是社会责任、包含哪些内容、如何履行给出指导。《社会责任指南》国家标准是以ISO 26000为蓝本制定的,基本沿袭了ISO 26000的结构和内容,但也根据我国实际情况进行了调整。

在系列标准中,社会责任的内容包括七大核心主题,每个电子商务企业都会涉及这七大主题,各主题没有重要程度的区别,但受人力、资金等资源限制,在落实社会责任系列国家标准时,电商企业应在七大主题中,结合企业实际,找准突破口,比如刷单炒信、售后服务等,用心努力去做,一定能够在履行社会责任方面取得好的效果。

2014年国家工商总局发布了《网络交易平台经营者履行社会责任指引》,引导网络交易平台经营者积极履行社会责任,网络交易平台经营者应结合社会责任系列国家标准认真落实这一指引。

本章小结

电子商务的快速发展滋生了众多的法律问题,需要通过法律形式对电子商务活动进行规范。电子商务法是调整政府、企业和个人等主体以数据电文为交易手段,通过信息网络所产生的,因交易形式所引起的各种商事交易关系,以及与这种商事交易关系密切相关的社会关系、政府管理关系的法律规范的总称。《中华人民共和国电子商务法》自 2019 年 1 月 1 日起施行。

我国电子商务企业发展已经取得巨大成就,但在履行社会责任方面仍然存在不足,如产品质量和服务水平问题突出,消费者权益受到损害;刷单炒信现象严重;部分电子商务企业逃税漏税;冲击传统市场。推进电子商务企业履行社会责任的对策主要包括完善电子商务立法,加大执法力度;减缓电子商务市场竞争激烈程度;标杆企业实施社会责任管理;落实社会责任系列国家标准。

思考练习

一、单选题

1. 2017 年修订的《中华人民共和国反不正当竞争法》增加了对经营者( )等新型不正当竞争行为的规制。

A. 域名　　　　B. 刷单　　　　C. 格式合同　　　　D. 红包

2. 本企业制作的图片在未经授权的情况下被其他网商使用,则对方侵犯了本企业的( )。

A. 著作权　　　　B. 隐私权　　　　C. 知情权　　　　D. 索赔权

3. 企业社会责任包括企业个体责任、( )和企业公共责任。

A. 企业市场责任　　B. 员工责任　　C. 所有者责任　　D. 生态责任

4. 社会责任国家系列标准中( )是最核心的标准。

A. 社会责任报告编写指南

B. 社会责任绩效分类指引

C. 网络交易平台经营者履行社会责任指引

D. 社会责任指南

二、多选题

1. 我国电子商务的立法体系包括( )。

A. 法律　　　　B. 行政法规　　　　C. 部门规章　　　　D. 地方性法规

2. 相对于线下消费,网络消费者权益的保护主要集中在( )。

A. 网络隐私权　　B. 知情权　　C. 索赔权　　D. 后悔权

3. 企业利益相关者是指在企业的任何决策或活动中有一项或多项利益的个人或群体,一般包括股东、员工、( )、合作伙伴、政府、公众等。

A. 债权人　　　　B. 客户　　　　C. 社区　　　　D. 学校

4. 电子商务企业社会责任方面存在的主要问题涉及(　　)。

A. 消费者权益受损　　　　　　　B. 逃税漏税

C. 损害劳工权益　　　　　　　　D. 冲击传统零售市场

三、思考题

1. 广义的电子商务法主要调整哪些内容?

2. 电子商务常见法律问题有哪些?

3. 我国电子商务企业应怎样积极履行社会责任?

实训项目

1. 制定电子合同。

小明在网上开了一家专门销售电子产品的网店,生意蒸蒸日上。某电子厂生产的充电宝质量很好,但网络直接销售占比较小。经过双方多次磋商,小明拿下了这家电子厂充电宝的全国网络销售权。

现在请你参考电子合同的范本为小明制定一份电子合同。

2. 调研电商企业履行社会责任的状况。

选择一家熟悉的电商企业,分析该企业履行社会责任的现状及存在问题,尝试提出积极履行社会责任的建议。提交调研报告。

第二篇
di er pian

电子商务之商务篇

电子商务归根结底是一种商业活动,是基于信息技术从事的商业活动。电子商务商业的社会性没有发生变化,反而表现得更加明显。从事电子商务的企业要选择适合自己的电子商务模式,在电子商务支付、物流和网络营销方面有独特的见解。

学习目标

● 知识目标:掌握电子商务模式的概念;掌握 B2C、B2B、C2C 电子商务模式的主要概念及分类;掌握现阶段电子支付的类型及电子货币种类;熟悉物流的基本功能;掌握网络营销的含义及网络营销的职能;熟悉网络营销策略的应用。

● 能力目标:能够比较分析不同电子商务模式的运作模式、盈利模式等的差异;能够实现网上支付和移动支付的操作;能够比较分析电子商务企业的物流模式;能够运用网络营销方法为企业做产品或网站推广。

● 素质目标:利用互联网不断学习新知识、新技术,有一定的创新意识;具有电子商务行业敏感度,善于捕捉相关电商行业、企业的最新信息;遵纪守法,保证网上支付过程的安全与合法;有一定的团队合作精神。

本篇重点:

● B2C、B2B、C2C 电子商务模式的概念及分类;电子支付的概念及类型;电子商务物流配送;网络营销的方法;树立创新意识。

本篇难点:

● B2B 电子商务模式的分类及新型电子商务模式的体验与应用;电子支付类型;电子商务逆向物流;搜索引擎营销的流程。

第三章　电子商务模式

引导案例

携程旅行网

携程旅行网(www. ctrip. com)创立于1999年,首页如图3-1所示。总部设在中国上海,员工超过30 000人,目前公司已在北京、广州、深圳、成都、杭州、南京、厦门、重庆、青岛、武汉、三亚、南通等95个境内城市,新加坡、首尔、中国香港等22个境外城市设立分支机构,在中国南通、苏格兰爱丁堡设立服务联络中心。携程在全球200个国家和地区与近80万家酒店建立了长期稳定的合作关系,其机票预订网络已覆盖国际国内绝大多数航线。

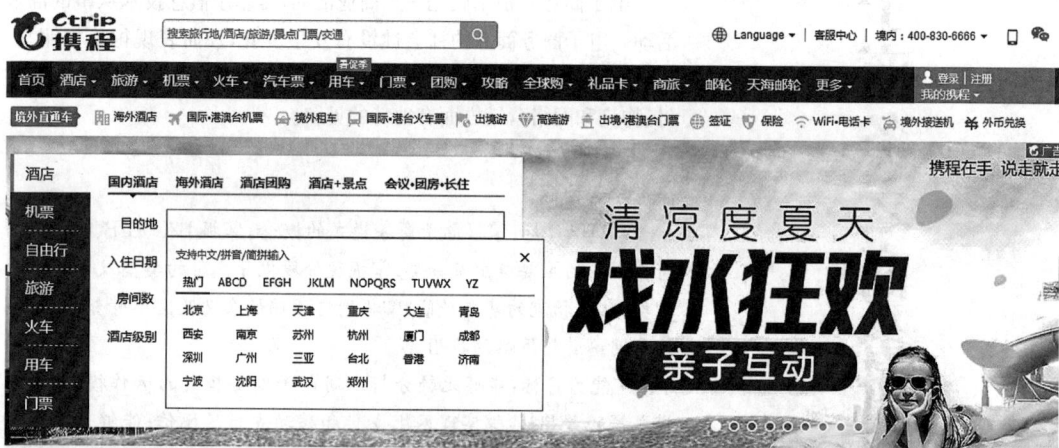

图 3-1　携程旅行网

2010年,携程旅行网战略投资台湾易游网和香港永安旅游,实现海峡两岸的互通。2014年,投资途风旅行网,将触角延伸至北美洲。

2015年,携程战略投资艺龙旅行网,并与百度达成股权置换交易完成对去哪儿网的控股,同年,携程首次被评为中国最大旅游集团,并跻身中国互联网企业十强。

2016年1月,携程战略投资印度最大旅游企业MakeMyTrip,并在新加坡成立了东南亚区域总部。同年10月,携程加大对北美洲地区的投入,与纵横、海鸥、途风达成合作。11月,携程投资英国机票搜索平台Skyscanner(天巡),完成了对海外机票市场的布局。自此,携程完成全球化的相关业务布局。

作为中国领先的综合性旅行服务公司,携程成功整合了高科技产业与传统旅行业,向超过

3 亿会员提供集无线应用、酒店预订、机票预订、旅游度假、商旅管理及旅游资讯在内的全方位旅行服务,被誉为互联网和传统旅游无缝结合的典范。

凭借稳定的业务发展和优异的盈利能力,携程于 2003 年 12 月在美国纳斯达克成功上市,上市当天创纳市 3 年来开盘当日涨幅最高纪录,目前市值超过 230 亿美元。

今日的携程,在线旅行服务市场居领先地位,连续 4 年被评为中国第一旅游集团,目前是全球市值第二的在线旅行服务公司。

思考:携程旅行网为我们带来了哪些便利? 你知道携程是什么电子商务模式吗?

第一节　商务模式

一、商务模式概述

商务模式指做生意的方法,是一个公司赖以生存的模式,一种能够为企业带来收益的模式。商务模式规定了公司在价值链中的位置,并指导其如何赚钱。随着市场经济的发展,消费者的需求越来越成为生产和商业的导向,商务模式反映的是市场经济的时代特性。

商务模式没有对与错的分别,凡是符合时代特点和用户需求的模式都是成功的。在分析商务模式的过程中,主要关注企业在市场中与用户、供应商、其他合作方的关系,尤其是彼此间的物流、信息流、资金流等问题。

二、电子商务模式分类

电子商务出现后,人们更关心其商务模式。电子商务模式是指通过互联网进行销售商品、提供服务的体系,是指在网络环境和大数据环境中基于一定技术基础的商务运作方式和盈利模式。

电子商务模式的定义中强调了电子商务模式的几个特性:

(1)信息时代的基本特征。网络环境和信息技术限定的是电子商务模式的作用范围和基础,即只有信息社会和网络时代,才会有真正意义的电子商务模式。

(2)供需双方的无缝对接。企业满足消费者需求是一项系统工程,企业满足消费者需求的核心要求是所有商务模式追求的中心思想。

(3)商务模式是动态的。没有一成不变的商务模式,它需要不断地完善和创新,"一招鲜,吃遍天"的提法不适用于电子商务模式。

网络时代,消费者的需求不断地发生变化,内外部环境也是动态的,电子商务模式作为企业满足消费者需求的系统也必须随之进行动态调整。所以,电子商务本身是商务模式在网络时代的动态创新。分析电子商务的模式创新,不仅仅要分析已经出现的模式创新现象,更重要的是要透过商务的本质,结合信息社会的发展趋势,分析电子商务发展和模式创新所处的时代环境、与实体经济结合的意义、影响和创新动力。

按照业内一致认同的分类方法,电子商务可以按照交易双方对象的不同,划分为以下几种典型模式：企业与消费者之间的电子商务模式（Business to Consumer，即 B2C）、企业与企业之间的电子商务模式（Business to Business，即 B2B）、消费者与消费者之间的电子商务模式（Consumer to Consumer，即 C2C）等。

第二节　B2C 电子商务模式

一、B2C 电子商务的定义

B2C 是企业与消费者之间的电子商务模式，是企业通过互联网向个人网络消费者直接销售商品的经营方式。该模式一般以网络零售业为主，企业通过互联网为消费者提供一种新型的购物环境——网上商城，消费者在商城平台上购物、支付。

B2C 模式下，交易主体中的卖方身份正规化，需要在工商部门注册，以企业的形象为消费者提供商品和服务，以这种方式参与市场交易，可信度高。随着消费水平提升，消费者会更加关注产品的质量和内涵，拥有公司经营身份、自己品牌的 B2C 企业应该更有市场。

据电子商务研究中心（www.100ec.cn）研究显示，在消费升级、新模式、新技术的驱动下，2017 年网上零售 B2C 市场交易规模达 38 284.3 亿，经历了爆发式高速发展的网络零售进入稳健发展期，如图 3-2 所示。

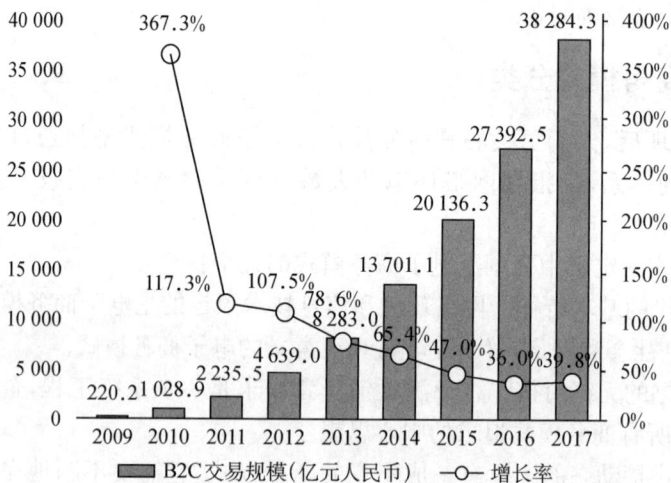

图 3-2　2009—2017 年中国网上零售 B2C 市场交易规模

总之，计算机和互联网在全世界的普及给电子商务带来了飞速的发展，B2C 网站是网络深入人们生活的必然趋势。随着 B2C 电子商务的进一步发展，网上可选购的商品将会越来越丰富，网上支付方式也将越来越灵活，网络物流配送体系也将越来越完善。

二、B2C 电子商务的分类

(一) 按交易客体分类

1. 无形商品的电子商务模式

无形商品是指对一切有形资源通过物化和非物化转化形式使其具有价值和使用价值属性的非物质的劳动产品以及有偿经济言行等。无形商品包括软件、电影、音乐、电子读物、信息服务等可以数字化的商品。无形商品无须实际的物流配送,它可以以信息的形式通过互联网传输。无形商品的电子商务模式主要有以下四种:

(1) 网上订阅模式。网上订阅模式是指企业通过网页安排向消费者提供网上直接订阅,消费者直接浏览信息的电子商务模式。

(2) 广告支持模式。广告支持模式是指在线服务商免费向消费者或用户提供信息在线服务,而营业活动全部用广告收入支持,比如新浪、网易。

(3) 网上赠予模式。网上赠予模式是一种非传统的商业运作模式,是企业借助于强大的互联网优势,向互联网用户赠送软件、试用机会等方式扩大企业的知名度和市场份额。

(4) 付费浏览模式。付费浏览模式是指企业通过网页安排向消费者提供计次收费性网上信息浏览和信息下载的电子商务模式。付费浏览模式让消费者根据自己的需要,在网址上有选择地购买一篇文章、一章书的内容或者具体的某一页。

2. 有形商品的电子商务模式

有形商品是指传统的实物商品,这种商品的交付不是通过计算机的信息载体,而是需要传统的方式来实现,商品通过物流运送到消费者手中。

企业实现有形商品的在线销售目前主要分平台式和自营式两种基本模式。在现阶段的网络零售 B2C 市场中,平台和自营两种模式广泛存在于各个平台,京东、唯品会、苏宁易购、当当等电商均采用"自营＋平台"混合的模式,天猫则完全由第三方商家组成。以下是我国零售市场 B2C 市场模式分析,如表 3-1 所示。

表 3-1　我国零售市场 B2C 市场模式

分　类	定　　义	特　　征	代表企业
第三方自营式	零售商建立网络平台,对其经营产品进行统一采购、产品展示、在线交易,并通过物流配送将产品投放到最终消费群体的行为	第三方自营式电商品牌力强、产品质量可控、全交易流程管理体系完备	京东、唯品会
第三方平台式	为商家提供电商接入交易平台,并提供交易支持的企业	依托巨大客户流量,促成商家与消费者达成交易,通过信息交付收费是主要的盈利来源	天猫、淘宝

自营 B2C 在产品方面相对比较重要,一般都会有自己的 ERP(企业资源计划)系统、仓储管理、采购、出库等一系列的管理。平台 B2C 在产品方面相对没有那么重要,一般注重公司的运营能力及应对商家、买家的交易关系。

（二）按商家所经营的范围分类

按照企业经营电子商务的范围可以把 B2C 分为综合零售、垂直零售、进口跨境、生活服务、互联网金融。

1. 综合零售 B2C

综合零售 B2C 相当于电子商务企业什么都卖，什么产品都有，消费者可以按照类别或者搜索关键词的方式选择合适的商品。相关商城网站有：天猫、京东、苏宁易购、唯品会、当当、网易严选、国美等。

2. 垂直零售 B2C

垂直零售 B2C 表示电子商务企业的行业特征明显，并且商品和服务具有更强的专业性，是某一领域的佼佼者。相关商城网站有：贝贝网、绿森数码、途虎养车、华为商城、优购网、可得眼镜、明星衣橱、好乐买、易视网、小米商城。

3. 进口跨境 B2C

进口跨境 B2C 表示电子商务企业经营范围是跨境领域，商城提供给消费者更多的海外产品，提升了消费者购买海外产品的体验值。做得专业的相关商城有：丰趣海淘、网易考拉、蜜芽、寺库、小红书、洋码头、英超海淘、西集网、别样、天猫国际。

4. 生活服务 B2C

生活服务 B2C 表示电子商务企业提供给消费者更接地气的产品和服务，和消费者的生活息息相关。相关商城有：携程、58同城、百度糯米、阿卡索外教网、摩拜单车、美团点评、去哪儿、马蜂窝、小猪短租、发现旅行、艺龙、飞猪、走着瞧旅行、途牛、带我飞、布拉旅行、来人到家、大麦网、饿了么、贝贝养车。

5. 互联网金融 B2C

互联网金融 B2C 表示电子商务企业提供给消费者的是金融理财方面的相关产品和服务。做得比较活跃的有以下商城：拍拍贷、中行聪明购、分期乐、优分期、工行融e购、来分期、国付宝、支付宝、微信支付、建行善融商务。

三、B2C 电子商务的企业类型

目前已建立或准备建立 B2C 模式的电子商务的企业大致可分为：经营着离线商店的零售商、没有离线商店的虚拟零售企业、商品制造商。

（一）经营着离线商店的零售商

这些企业有实实在在的商店或商场，网上商城只是它们拓展业务的一个新渠道。目前经营着离线商店的零售商大多从传统企业发展而来，如苏宁电器、国美、大润发等都是既有实体商场，又在网站上宣传、销售商品。以苏宁易购（www.suning.com）为例，实体店如图3-3 所示，网站商城如图3-4 所示。

图 3-3 苏宁电器

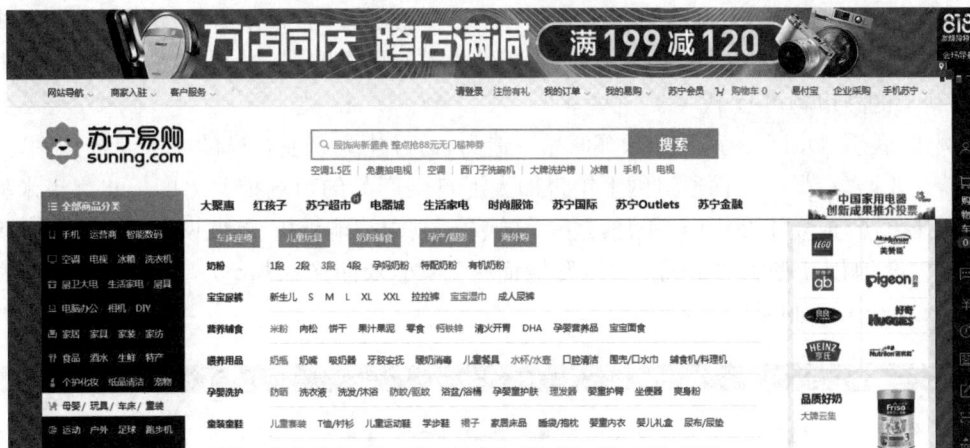

图 3-4 苏宁易购

（二）没有离线商店的虚拟零售企业

这类企业是互联网的产物，它们从诞生就在网上，网上销售是它们唯一的销售方式，它们靠网上销售生存。我国相关的网站有当当网、一号店等。以当当网（www. dangdang. com）为例，当当网是北京当当网信息技术有限公司营运的一家中文购物网站，以销售图书、音像制品为主，兼营小家电、服饰、家居等其他多种商品。

> **思考：**
> 你还能举例，哪些网站平台是没有离线商店的虚拟零售企业吗？

从 1999 年开通至今，当当网已成为全球最大的中文网上图书音像商城，网站商城如图 3-5 所示。

图 3-5　当当网

（三）商品制造商

商品制造商采取网上直销的方式销售其产品，不仅给顾客带来价格优势而且还减少了商品库存的积压，企业还可以更直观地监测消费者的反馈情况，做到商品和策略的及时调整，有利于提高市场占有率。

例如，联想、DELL、海尔、小米等商品制造商，通过建立企业自己的电子商务网站，一方面宣传企业形象，另一方面通过网上销售加大了自己产品的市场推荐力度。北京小米科技有限责任公司，成立于2010年4月，是一家专注于高端智能手机、互联网电视以及智能家居生态链建设的创新型科技企业。"为发烧而生"是小米的产品概念。小米公司网站商城（www.mi.com），如图3-6所示。

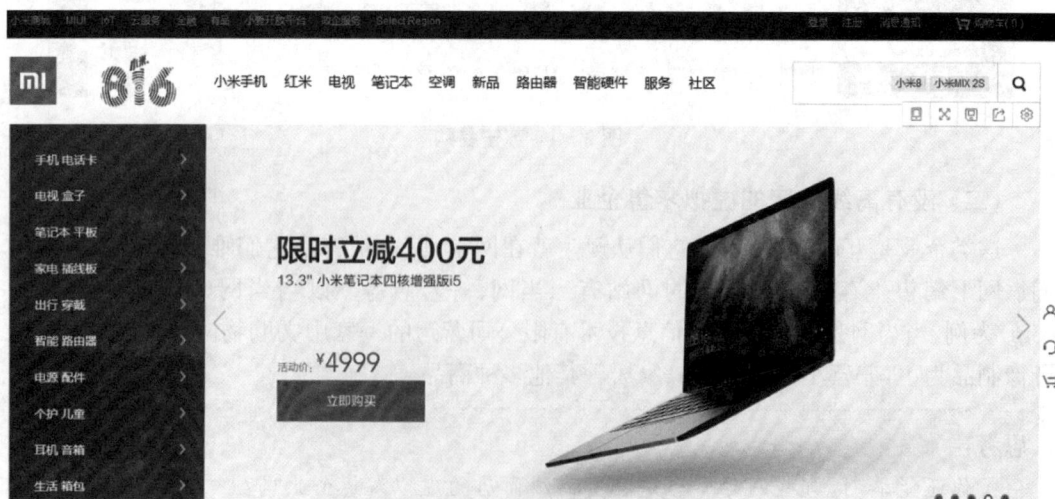

图 3-6　小米商城

四、B2C 经典案例——唯品会

广州唯品会信息科技有限公司成立于 2008 年 8 月,总部设在广州,旗下网站于同年 12 月 8 日上线。唯品会(www.vip.com)主营业务为互联网在线销售品牌折扣商品,涵盖名品服饰鞋包、美妆、母婴、居家等各大品类。2012 年 3 月 23 日,唯品会在美国纽约证券交易所(NYSE)上市。唯品会商城网站如图 3-7 所示。

图 3-7　唯品会

唯品会在中国开创了"名牌折扣＋限时抢购＋正品保障"的创新电商模式,并持续深化为"精选品牌＋深度折扣＋限时抢购"的正品特卖模式。唯品会率先在国内开创了特卖这一独特的商业模式,加上其"零库存"的物流管理以及与电子商务的无缝对接模式,唯品会得以在短时间内在电子商务领域生根发芽。

唯品会创立之初,即推崇精致优雅的生活理念,倡导时尚唯美的生活格调,主张有品位的生活态度,致力于提升中国乃至全球消费者的时尚品位。唯品会与知名国内外品牌代理商及厂家合作,向中国消费者提供低价优质、受欢迎的品牌正品。每天数百个品牌授权特卖,商品囊括服饰、鞋包、美妆、母婴、居家、3C 等。

在美国权威财经杂志《财富》发布的 2017 中国 500 强榜单中,唯品会位列第 115 名,并位列 B2C 电商第三。《财富》杂志同期发布的"2017 年中国 500 强净资产收益率最高 40 家公司"榜单中,唯品会凭借 35.53％的资产收益率位列第三名,稳居互联网行业第一。唯品会在美国零售行业杂志 Stores 联合德勤发布的《2017 全球 250 强零售商排行榜》中,蝉联"全球增速最快的顶尖零售商"。

2017 年 12 月 18 日,腾讯和京东以现金形式向唯品会投资总计约 8.63 亿美元。

(一)发展规模

唯品会现有 45 000 名员工,累积合作品牌近 20 000 多个,其中全网独家合作品牌达 2 200 多个。目前,唯品会注册会员 3 亿;2016 年唯品会年订单量 2.7 亿单,同比增长 40％,

重复购买率高达 80％以上。

公司总部设立在广州荔湾区,占地面积 10 000 平方米。2016 年,唯品会全球总部大厦在广州最具吸引力的区域——海珠区琶洲互联网创新集聚区内奠基,毗邻珠江,占地面积约 1.3 万平方米,总建筑面积约 16 万平方米,可容纳超过 10 000 名员工,总投资额约人民币 41 亿元,预计 2018 年竣工并投入使用。

(二)市场表现

唯品会 2016 年第三季度净营收同比增长 38.4％,超过 120 亿元人民币,移动端销售占比高达 89％,物流自有配送订单占比达 90％。TustData 发布《2016 年第三季度中国移动互联网行业发展分析报告》,唯品会位列服饰美妆电商 MAU(月度活跃用户)排行榜榜首。在猎豹全球智库发布的"2016 第三季度购物类 APP 排行榜"中,唯品会以 1.84％的活跃渗透率与 21.77 的人均周打开次数居于行业第三。

2016 年全年总营收 565.9 亿元人民币,同比大涨 40.8％;毛利润 136 亿元,较上年同期增长 37.4％,年度运营利润较上年增长 32.4％至 34.9 亿元。除了各项指标的强劲增长外,全年活跃用户数同比劲增 42％,达到 5 210 万;全年总订单量同比增长 40％,达到 2.698 亿单。

2016 年第四季度,净营收达到 189.8 亿元人民币,同比增长 36.5％,远超过预期水平,连续 17 个季度盈利。2016 年第四季度,唯品会活跃用户总数同比增长 39％,达到 2 750 万人;第四季度总订单量达到 8 200 万单,同比增长 26％。

唯品会不仅连续多个季度在包括易观智库、Talking Data、Trustdata、猎豹智库等第三方数据机构发布的各类 APP 活跃用户数量排行榜里稳居前三,也被凯度零售咨询(Kantar Retail)评为"未来三年最具影响力的三大电商之一",并连续三次登上《财富》中国 500 强榜单。

2017 年第一季度净营收增至 159.5 亿元,同比涨幅 31.1％。活跃用户在一季度内实现同比 32％的涨幅,增至 2 600 万;总订单量同比增长 23％,增至 7 210 万。

2017 年第二季度净营收增至 175.2 亿元,同比涨幅 30.3％。活跃用户在二季度内实现 22％的涨幅,增至 2 810 万;总订单量同比增长 23％,增至 8 480 万。

(三)正品保障

唯品会所销售的商品均从品牌方、代理商、品牌分支机构、国际品牌驻中国办事处等正规渠道采购,并与之签订战略正品采购协议。不仅如此,唯品会对供应商的资质都进行严格审查,营业执照等五证、产品检验报告及品牌授权许可文件,缺一不可。对于进口的商品,还必须要供货商提供进关单据等进关文件。对于 3C、化妆品、食品等产品,均依据国家规定要求供应商提供相应商品特殊资质证书。在唯品会上售卖的品牌均为正品,并由中国太平洋财产保险股份有限公司对用户购买的每一件商品进行承保。在母婴产品方面,唯品会联合国际权威的百年质检机构瑞士 SGS 对唯品母婴销售的产品进行独立第三方滚动抽检,确保品质。网站发布的商品售卖信息,也是产品实拍,详尽描述确保真实展示,给消费者透明的真实介绍。

(四)自建物流

目前,唯品会拥有五大物流仓储中心,分布在天津、广东、江苏、四川、湖北,分别服务于华北、华南、华东、西南及华中的顾客,全国仓储面积达 220 万平方米,覆盖 100 多条公路的干线运输,并与各大航空公司战略合作、拥有专属舱位的航空货运,已建立覆盖全国县、乡镇的 3 500 多个自营配送点为一体的仓储、运输配送体系及仓库、运输团队,现有自有配送员近 27 000 名。

> **思考:**
>
> 　　为什么唯品会的这种新电商模式能够获得成功? 你在唯品会有过购物体验吗?

第三节　B2B 电子商务模式

一、B2B 电子商务的定义

B2B 是企业与企业之间的电子商务模式,是指企业间通过互联网、外联网、内联网或者私有网络,进行的产品、服务及信息的交换。B2B 交易的双方均是企业,历经寻求贸易伙伴、谈判、订购到结算整个贸易过程。B2B 电子商务模式是当前电子商务模式中份额最大、最具操作性的模式。

参与 B2B 的企业种类有很多,无论是原料采购中的供货商对采购商,半成品的供货商对中间商或中间商对制造商,还是制成品贸易中的制造商对批发商、批发商对批发商、批发商对零售商,主体双方均是合法注册的企业,交易额一般比 B2C 要大。B2B 不仅是建立了一个网上买卖者群体,它也为企业之间的战略合作提供了基础。目前采用 B2B 模式的主要以阿里巴巴(www.1688.com)、慧聪网(www.hc360.com)等为代表,如图 3-8 和图 3-9 所示。

图 3-8　阿里巴巴

图 3－9　慧聪网

近年来,我国 B2B 电子商务的发展十分迅猛。围绕"互联网＋""一带一路"推出的相关政策,为 B2B 电子商务市场提供更大的发展空间。云计算、大数据、物联网和移动终端等技术的应用提升了 B2B 电子商务企业的运营效率,拓展了企业的商务渠道。

小知识　　　　　　　　　什么是"互联网＋"

2015 年 3 月 5 日十二届全国人大三次会议上,李克强总理在政府工作报告中首次提出"互联网＋"行动计划。

"互联网＋"代表一种新的经济形态,即充分发挥互联网在生产要素配置中的优化和集成作用,将互联网的创新成果深度融合于经济社会各领域之中,提升实体经济的创新力和生产力,形成更广泛的以互联网为基础设施和实现工具的经济发展新形态。

二、B2B 电子商务的类型

B2B 电子商务的类型主要分自营、撮合/平台两种模式,同时也有两种模式的叠加。两种模式的运营示意图如图 3－10 所示。

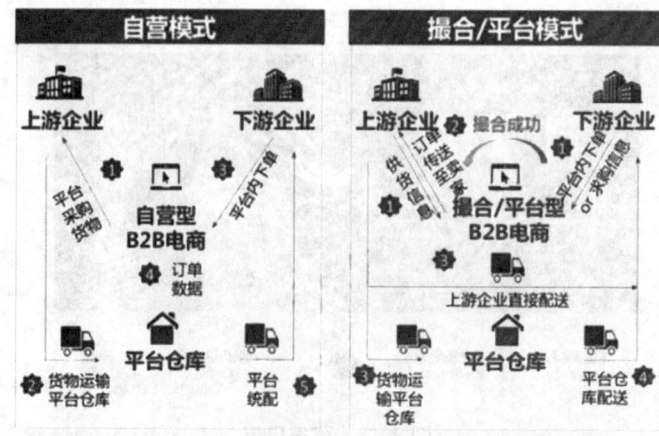

来源:易观智库　　　　　　　　编选:电子商务研究中心

图 3－10　B2B 两种模式

思考　B2B电子商务模式对比

B2B的自营模式和撮合/平台模式各自的优势体现在哪里?

(一) 自营模式

企业自营模式是企业基于自身的信息化建设程度,搭建以自身产品供应链为核心的行业化电子商务平台。企业通过自身平台,把上游企业和下游企业串联起来,上下游企业通过该平台实现资讯、沟通、交易。它们建立平台网站的目的主要是自用,即利用这一网站实现供应链管理和客户关系管理的优化,以实现本企业采购、营销和企业形象宣传等商务目的,其盈利来源主要是本企业产品的销售。

目前国内自营网站运作B2B模式的大型企业有海尔、联想等,网站商城如图3-11和图3-12所示。

图3-11　海尔官网

图3-12　联想官网

(二) 撮合/平台模式

撮合/平台模式按照网站经营范围的行业性不同划分成综合 B2B 模式和垂直 B2B 模式。

1. 综合 B2B 模式

综合 B2B 模式又称水平 B2B 模式，是基于第三方中介网站的 B2B 交易，交易双方只要注册成为该网站的会员就可以借助该网站平台进行交易，网站平台的提供者并不参与交易，而是发挥中介服务作用。网站平台上有各行各业的大量客户，供求信息来源广泛，该网站平台为企业的采购方和供应方提供一个交易的机会，网站平台上的商品种类琳琅满目，应有尽有。网站平台上行业分布范围很广，很多行业都可以在同一网站平台上开展商务活动。

综合 B2B 追求的是"全"，潜在的用户群落较大。典型的综合 B2B 网站平台如阿里巴巴、慧聪网等。2016 年综合 B2B 电子商务市场规模达 248.2 亿，阿里巴巴 B2B 业务市场份额居首，市场份额占比如图 3-13 所示。

图 3-13　2016 年综合 B2B 电商市场份额占比

据易观的《2017 中国电子商务 B2B 市场年度综合分析报告》显示，截止到 2017 年上半年，综合 B2B 电商市场营业规模达到 141.2 亿。

2. 垂直 B2B 模式

垂直 B2B 模式也称行业性 B2B，此类网站的特点是针对一个行业做深、做透，有着较强的专业性。此类模式的创办者大多是该行业的从业者，拥有丰富的行业背景资源。垂直 B2B 电子商务市场吸引的都是针对性较强的客户，所以更容易集中行业资源，吸引行业内多数成员的参与，潜在购买力比较强，并易于建立起忠实的用户群，吸引着固定的回头客。典型的国内垂直 B2B 网站主要以找钢网(www. zhaogang. com)、中国化工网(china. chemnet. com)等为代表，如图 3-14 和图 3-15 所示。

图 3-14 找钢网

图 3-15 中国化工网

垂直 B2B 电子商务交易可以分为两个方向,即上游和下游。生产商或零售商可以和上游的供应商之间形成供货关系,而生产商和下游的经销商可以形成销货关系。

综上所述,综合 B2B 电子商务和垂直 B2B 电子商务发展各有特点,不能简单地评判哪种模式更好。目前,综合 B2B 电子商务利用自身流量优势布局垂直领域,如阿里巴巴布局快消品 B2B,推出零售通。垂直 B2B 电子商务发挥自身领域专家的优势,深度挖掘所属行业用户的痛点,如链尚网在线下开设验布坊门店,为上下游企业提供布料认证和布料检验服务。

三、B2B 电子商务的盈利模式

目前,B2B 盈利模式主要包括会员服务费、广告费、竞价排名和增值服务。

(一)会员服务费

企业通过第三方电子商务网站平台参与 B2B 电子商务交易,必须注册为网站的会员,每年要交纳一定的会员费才能享受网站提供的各种服务,目前,会员服务费已成为我国 B2B 网站最主要的收入来源。例如,阿里巴巴的诚信通会员服务费用和国际站会员服务费用;中国制造网旨在利用互联网将中国制造的产品介绍给全球采购商,已稳定运营十多年,会员有数百万,高级会员年费是 32 800 元/年。

(二)广告费

网络广告是门户网站的主要盈利来源,同时也是 B2B 电子商务网站的主要收入来源。例如,阿里巴巴网站的广告根据其在首页位置及广告类型来收费。中国化工网有旗帜广告、漂浮广告、按钮广告和文字广告等多种表现形式可供用户选择。

(三)竞价排名

企业为了促进产品的销售,都希望在 B2B 网站的信息搜索中将自己的排名靠前,而网站在确保信息准确的基础上,根据会员交费的不同对排名顺序做相应的调整。例如,阿里巴巴的竞价排名是诚信通会员专享的搜索排名服务,当买家在阿里巴巴搜索供应信息时,竞价企业的信息将排在搜索结果的前三位,被买家第一时间找到。中国化工网的化工搜索是建立在全球最大的化工网站上的化工专业搜索平台,对全球近 20 万个化工及化工相关网站进行搜索,搜录的网页总数达 5 000 万,同时采用搜索竞价排名方式确定企业排名顺序。

(四)增值服务

B2B 网站通过增值服务来扩大收入,如提供展位定制、企业建站服务、产品行情资讯服务、企业认证、在线支付结算、流量快车、培训等。增值服务将成为在线 B2B 市场主要增长动力,能向客户提供展会服务、进出口服务、金融服务、法律服务等相关的延伸服务,为客户解决难题、帮助企业节约成本、提高效率将成为 B2B 电子商务网站的发展趋势。

四、B2B 经典案例——阿里巴巴

阿里巴巴网络技术有限公司(简称阿里巴巴集团)于 1999 年在浙江杭州创立。阿里巴巴集团经营多项业务,另外也从关联公司的业务和服务中取得经营商业生态系统上的支援。业务和关联公司的业务包括:淘宝网、天猫、聚划算、全球速卖通、阿里巴巴国际交易市场、1688、阿里妈妈、阿里云、蚂蚁金服、菜鸟网络等。

2014 年 9 月 19 日,阿里巴巴集团在纽约证券交易所正式挂牌上市,股票代码"BABA",创始人和董事局主席为马云。2016 年 8 月,阿里巴巴集团在"2016 中国企业500 强"中排名第 148 位。2017 年 1 月 19 日,国际奥林匹克委员会与阿里巴巴集团在瑞

士达沃斯联合宣布,双方达成期限直至 2028 年的长期合作。阿里巴巴将加入奥林匹克全球合作伙伴赞助计划,成为"云服务"及"电子商务平台服务"的官方合作伙伴,以及奥林匹克频道的创始合作伙伴。2018 年 7 月 19 日,全球同步《财富》世界 500 强排行榜发布,阿里巴巴集团排名 300 位。

（一）主要业务

1. 淘宝网

淘宝网创立于 2003 年 5 月,是注重多元化选择、价值和便利的中国消费者首选的网上购物平台。淘宝网展示数以亿计的产品与服务信息,为消费者提供多个种类的产品和服务。

2. 天猫

天猫创立于 2008 年 4 月,致力为日益成熟的中国消费者提供选购顶级品牌产品的优质网购体验。

3. 聚划算

聚划算于 2010 年 3 月推出,主要通过限时促销活动,结合众多消费者的需求,以优惠的价格提供优质的商品。

4. 全球速卖通

全球速卖通创立于 2010 年 4 月,是为全球消费者而设的零售市场,其用户主要来自俄罗斯、美国和巴西。世界各地的消费者可以通过全球速卖通,直接以批发价从中国批发商和制造商那里购买多种不同的产品。

5. 阿里巴巴国际交易市场

阿里巴巴国际交易市场是阿里巴巴集团最先创立的业务,是领先的跨界批发贸易平台,服务全球数以百万计的买家和供应商。小企业可以通过阿里巴巴国际交易市场,将产品销售到其他国家。阿里巴巴国际交易市场上的卖家一般是来自中国以及印度、巴基斯坦、美国和日本等其他生产国的制造商和分销商。

6. 1688

1688（前称"阿里巴巴中国交易市场"）创立于 1999 年,是中国领先的网上批发平台。1688 为在阿里巴巴集团旗下零售市场经营业务的商家提供了从本地批发商采购产品的渠道。

7. 阿里妈妈

阿里妈妈创立于 2007 年 11 月,是为阿里巴巴集团旗下交易市场的卖家提供 PC 及移动营销服务的网上营销技术平台。此外,阿里妈妈也通过淘宝联盟,向这些卖家提供同类型而又适用于第三方网站的营销服务。

8. 阿里云计算

阿里云计算创立于 2009 年 9 月,致力于开发具有高度可扩展性的云计算与数据管理平台。阿里云计算提供一整套云计算服务,以支持阿里巴巴集团网上及移动商业生态系统的参与者,当中包括卖家及其他第三方客户和企业。

9. 支付宝

支付宝创立于 2004 年 12 月,是阿里巴巴集团的关联公司,主要为个人及企业用户提供方便快捷、安全可靠的网上及移动支付和收款服务。支付宝为阿里巴巴集团旗下平台所产生的交易以及面向第三方的交易提供中国境内的支付及担保交易服务。此外,支付宝是淘宝网及天猫的买家和卖家的主要结算方式。

10. 菜鸟网络

中国智能物流骨干网(或称"浙江菜鸟供应链管理有限公司")是阿里巴巴集团的一家关联公司的全资子公司,致力于满足未来中国网上和移动商务业在物流方面的需求。中国智能物流骨干网经营的物流信息平台,一方面为买家及卖家提供实时信息,另一方面向物流服务供应商提供有助于其改善服务效率和效益的信息。

(二)业务模式

阿里巴巴已经形成了一个通过自有电商平台沉积以及 UC、高德地图、企业微博等端口导流,围绕电商核心业务及支撑电商体系的金融业务,以及配套的本地生活服务、健康医疗等,囊括游戏、视频、音乐等泛娱乐业务和智能终端业务的完整商业生态圈。这一商业生态圈的核心是数据及流量共享,基础是营销服务及云服务,有效数据的整合抓手是支付宝。

> **思考:**
>
> 为什么阿里巴巴能获得成功?你在生活中接触过阿里巴巴的哪些业务?

第四节　C2C 及其他电子商务模式

一、C2C 电子商务的定义

C2C 是消费者与消费者之间的电子商务模式,即消费者与消费者之间通过互联网进行的个人交易。买卖双方在第三方交易平台上交易,由第三方交易平台负责技术支持及相关服务。在该平台的支持下,卖方可以自行提供商品上网展示销售;买方可以自行选择商品,拍下付款或以竞价方式在线完成交易支付。目前,C2C 电子商务平台主要是我国的淘宝网(www. taobao. com)和美国的易贝(www. ebay. com),淘宝已成为我国最大的 C2C 电子商务交易平台。

C2C,实际上是传统的"地摊"模式的电子商务化,即以免费或者较低的摊位介入成本,不需工商部门颁发执照,让个体以卖方的身份介入交易市场,买方也多为个体,在税收方面予以充分的优惠。因议价空间较大,商品品类繁多,且进出自由度较高,因此有着广泛的群众基础;但因鱼龙混杂,很多商品真假难辨,不法商贩步入其中,浑水摸鱼的现象时有发生。C2C 电商单笔交易额小,个人网店平均寿命较短。

C2C 电商除了让消费者在平台上开网店卖全新商品这种方式外,闲置物品交易也是消费者接触 C2C 电商的方法之一。国内闲置物品交易以闲鱼、空空狐、转转、闲值转让、麦萌妈咪等为代表。基于我国海量的移动互联网用户基础,我国C2C二手交易蕴含巨大的市场空间。

二、C2C 电子商务模式的分类

按交易的平台运作模式分类,C2C可以分为店铺平台运作模式和拍卖平台运作模式,淘宝网是我国最大的C2C交易平台,其既是店铺平台,又是拍卖平台。

(一)店铺平台运作模式

这种模式下,C2C电子商务企业提供平台,以方便个人在其上面开设店铺。我国C2C领域曾经三足鼎立的淘宝网、易趣网、拍拍网,目前仅存淘宝网,易趣网转型,拍拍网关闭。淘宝网低审核门槛的免费开店策略吸引了大批的创业者在淘宝网上开店,上手容易,解决了很多人的就业问题,不过相比自营模式电商平台,C2C平台方商品把控度较低,入驻淘宝平台的卖家多数为未经工商注册的自然人网店,商品质量参差不齐。

1. C2C 的购买流程

(1)会员注册。如果是C2C平台的新用户,首先要进行平台的会员注册,填写资料,最后通过接收邮件激活会员账号。

(2)浏览搜索商品。可以利用C2C平台的搜索引擎,也可以按照网站的商品分类来选择购买商品。

(3)与卖家沟通。可以通过平台支持的软件或者网页方式和网店进行实时联络或者留言。淘宝支持旺旺软件,利用旺旺能够直接找到卖家并进行沟通。

(4)出价和付款。平台显示的商品价格一般都是一口价,看清优惠政策和邮费情况。如果想谈价可以和卖家协商洽谈,等待改价,如果不需要价格变动可以直接点击购买,然后选择合适的支付方式进行付款。

(5)收货和评价。一般实体商品需要物流的帮助寄送到顾客的所在地,收货后买家应该确认包裹的完好情况,有问题及时和卖家联系,如果对商品不满意可以选择退货或者和商家协商弥补的办法。确认收货后要对商品进行客观、公正的评价。

2. C2C 开店流程

(1)会员注册。如果已经注册成买方会员了,卖方也可以共用买方会员账号成为卖家。

(2)开通C2C平台的支付工具。淘宝卖家和买家一样都是开通支付宝功能。

(3)实名认证。实名认证分为支付宝实名认证和淘宝身份信息认证。支付宝实名认证需使用身份证号码和银行卡信息,淘宝身份信息认证需上传手持身份证正面头部照片和上半身照片。

(4)发布商品。实名认证之后,卖家就可以去后台发布商品了,提交商品图和视频,在详情页里介绍商品和一些其他说明。在淘宝上开设店铺是不收取中介费的,如果想购买平台的增值服务则需要付费,比如淘宝的直通车等。

(5)和买家沟通。在开店过程中,随时会有买家来留言提问,一定要及时回复买家,耐心回答。

(6)发货和评价。买家确认收货之后,货款就到了卖家的支付宝账号,然后买家给卖家评价,卖家也可以对买家进行客观公正的评价。买卖双方互评之后,都会得到一定的信用等级积分。

淘宝网开设店铺的流程,如图 3－16 所示。

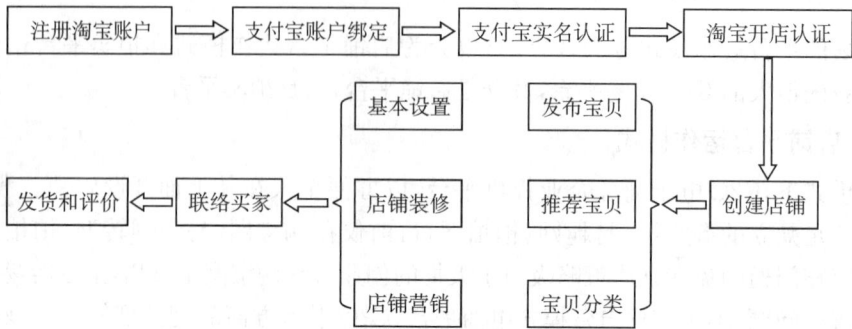

图 3－16　淘宝网开设店铺的流程

(二) 拍卖平台运作模式

这种模式下,电子商务企业为买卖双方搭建网络拍卖平台,按比例收取交易费用。在拍卖平台上,商品所有者或某些利益所有人可以独立开展竞价、议价、在线交易等。

1. 网络拍卖的概念

网络拍卖是指网络服务商利用互联网通信传输技术,向商品所有者或某些权益所有人提供有偿或无偿使用的互联网技术平台,让所有者或者某些权益所有人在其平台上独立开展以竞价、议价方式为主的在线交易模式。

网络拍卖的基本运作方式是:卖家在拍卖网站上展示欲出售物品的图片及资料,供人挑选。买家可以随时登录到拍卖网站上,挑选自己想购买的物品,出价竞价,实时查看整个拍卖过程。这种以竞拍方式进行的网上交易,能让卖家争取到公平的市场价格,让买家找到相对廉价的所需物品。

2. 网络拍卖网站的主体

关于网络拍卖网站的主体,大多数观点认为大致分为以下两种:

(1) 传统拍卖公司。

传统拍卖公司的网站一般多用于宣传和发布信息,也有的支持在线拍卖,这类网站一般是传统拍卖公司传统业务的网上延伸,有了拍卖网站,可以实现一年 365 天信息不间断,成为永不下班的拍卖行。此类网站可以是某个拍卖公司单独建立,也可以是几个拍卖公司联合建立。

专业拍卖网站对于企业来说不仅提高了效率、拓展了销售渠道、节省了时间和销售成本,更重要的是,它开辟了一种全新的经营模式。传统拍卖公司最大的优势在于其有实体门面,消费者更加信赖。比较知名的拍卖公司网站如嘉德在线(www.artrade.com),如图 3－17 所示。

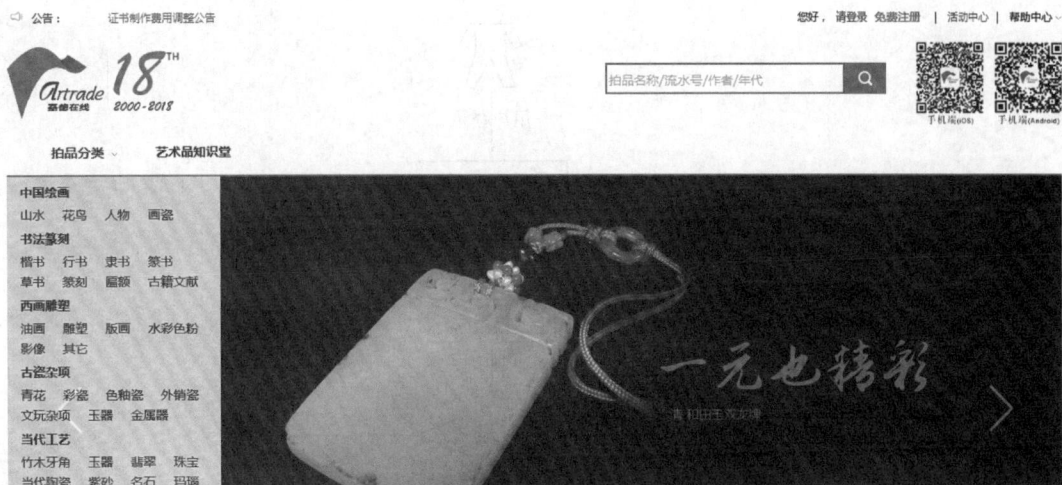

图 3-17 嘉德在线

（2）平台式拍卖网站。

平台式拍卖网站在网络拍卖中提供交易平台服务和交易程序，为众多买家和卖家构筑了一个网络交易市场，网站本身并不介入买卖双方的交易中，它只提醒用户应该通过自己的谨慎判断确定登录物品及相关信息的真实性、合法性和有效性。用户登录到网站后，即可通过页面进行商品的上传和交易或跟踪拍卖的进程。

平台式拍卖典型网站有淘宝的司法拍卖（sf. taobao. com），如图 3-18 所示。C2C 平台拍卖运作流程，如图 3-19 所示。

图 3-18 淘宝司法拍卖

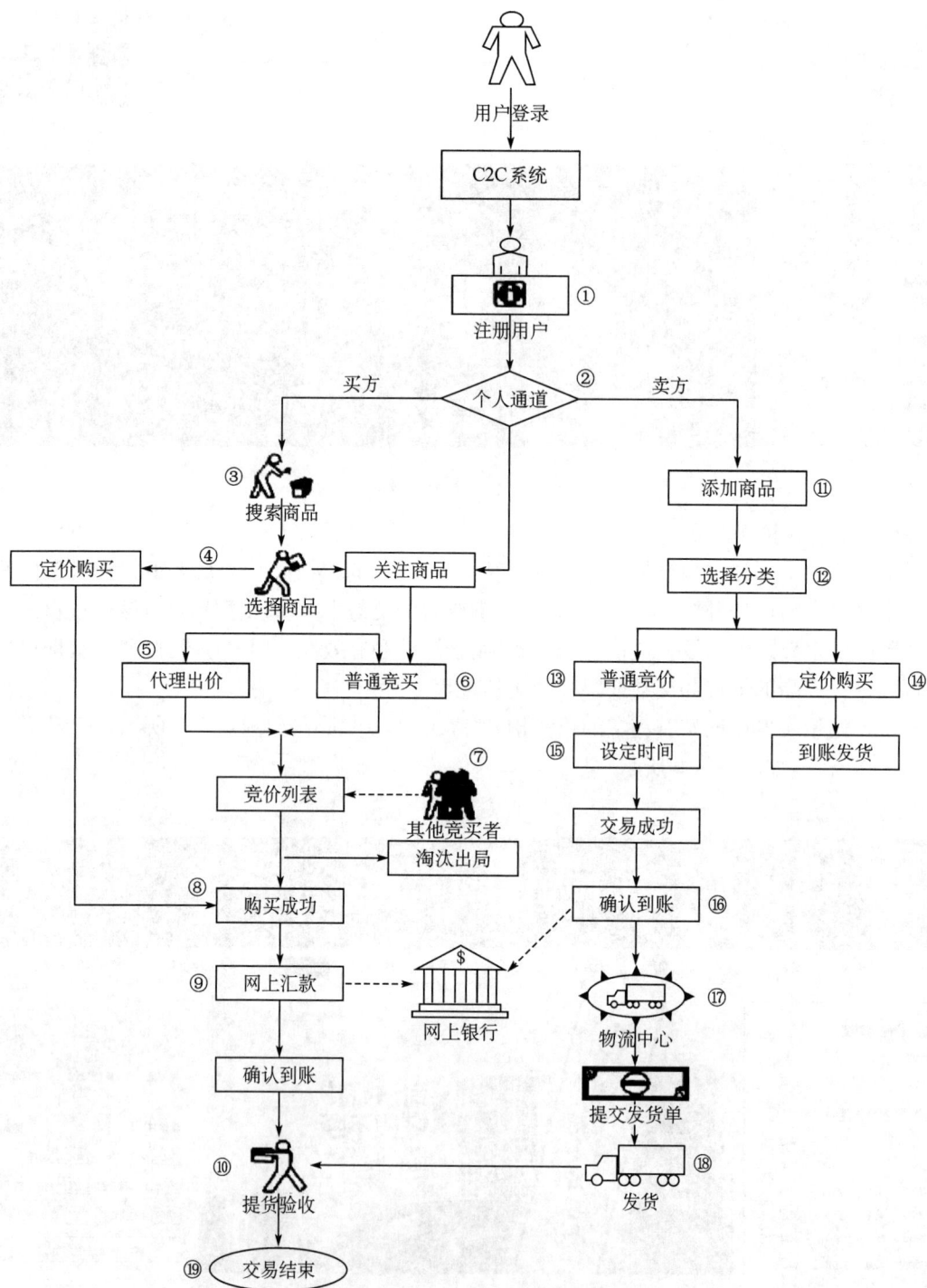

图 3‑19　C2C 平台拍卖运作流程

三、其他电子商务模式

（一）O2O

O2O电子商务模式即 Online to Offline，是指线上营销和线上购买带动线下经营和线下消费，让互联网成为线下交易的平台。这样线下服务就可以用线上来揽客，消费者可以用线上来筛选服务，实现在线结算。

O2O通过打折、提供信息、服务预订等方式，把线下商店的消息推送出去，后期网上消费者自然就转化成商家的线下客户，这就特别适合必须到店消费的商品和服务，包括餐饮、电影、美容、SPA、旅游、健身、租车、租房等。O2O与B2C都是一种服务形式，但O2O更侧重服务性消费。2013年O2O进入高速发展阶段，开始了本地化及移动设备的整合和完善，于是O2O商业模式横空出世。

对于用户而言，通过O2O电子商务模式可以获取更丰富、全面的商家及其服务的内容信息，更加便捷地向商家在线咨询并进行预定，获得相比线下直接消费较为便宜的价格。对于商家而言，O2O模式能够让他们获得更多的宣传、展示机会以吸引更多新客户到店消费；通过在线有效预订等方式可以合理安排经营，节约成本；降低线下实体店对于黄金地段旺铺的依赖，大大减少租金支出。O2O模式上做得很成功的如美团网，美团从团购起家，经外卖业务壮大，带给人们美好的生活。美团网站（www. meituan. com）首页，如图 3－20 所示。

图 3－20　美团网

（二）C2B

C2B(Customer to Business)即消费者到企业，是指先有消费者需求产生而后有企业生产，生产企业进行定制化生产，产品、价格等彰显消费者的个性化需求。C2B模式和我们熟知的供需模式恰恰相反。

阿里巴巴集团董事局主席马云出席2017世界物联网无锡峰会，在主旨演讲中，马云提到:新零售以后,巨大的变革是新制造。过去的制造业基本上以 B2C 为主,企业自己制定标准,营销市场,而未来的制造业必须是 C2B,根据市场、根据客户进行大规模、柔性化、个性化定制,这才是真正的未来。也就是说,传统的"推动式"生产方式将逐渐转向 C2B 模式的需求"拉动型"生产方式。

新一代电商模式代表——拼多多(www. pinduoduo. com),如图 3-21 所示。社交、拼团、反向定制成就新一代电商模式,拼多多的核心竞争力在于创新的模式和优质低价的商品,拼单意味着用户和订单大量且迅速地涌入,而丰厚的订单使拼多多可以直接与供货厂商合作对话,省掉诸多中间环节,实现 C2B 模式,价格优势由此体现。

图 3-21　拼多多

四、C2C 经典案例——淘宝

淘宝网是亚太地区较大的网络零售商圈,由阿里巴巴集团在 2003 年 5 月创立。淘宝网是中国深受欢迎的网购零售平台,拥有近 5 亿的注册用户数,每天有超过 6 000 万的固定访客,同时每天的在线商品数已经超过了 8 亿件,平均每分钟售出 4.8 万件商品。

(一)主要产品

1. 阿里旺旺

阿里旺旺,是一种即时通信软件,供网上注册的用户之间通信,阿里旺旺是淘宝网官方推荐的沟通工具。淘宝网同时支持用户以网站聊天室的形式通信,淘宝网交易认可淘宝旺旺交易聊天内容并保存为电子证据。

2. 淘宝店铺

淘宝店铺是指所有淘宝卖家在淘宝所使用的旺铺或者店铺,淘宝旺铺是相对普通店铺而诞生的,每个在淘宝新开的店都是系统默认产生的店铺界面,就是常说的普通店铺。而淘宝旺铺(个性化店铺)服务是由淘宝提供给淘宝卖家,允许卖家使用淘宝提供的计算机和网络技术服务。

3. 淘宝指数

淘宝指数是一款基于淘宝的免费数据查询平台,可通过输入关键词搜索的方式,查看淘宝市场搜索热点、成交走势、定位消费人群在细分市场的趋势变化的工具。

4. 淘宝基金

2013 年 11 月 1 日,淘宝基金理财频道上线,泰达瑞利、国泰、鹏华、富国等多只基金也成为首批上线的基金淘宝店。

5. 淘点点

淘宝推出"淘点点",希望重新定义"吃"。2013 年 12 月 20 日,淘宝宣布正式推出移动餐饮服务平台——淘点点。用手机下载"淘点点"体验发现,只需进入外卖频道,就可以方便地搜索到附近的盒饭、水果、饮料、蛋糕等外卖信息。通过淘点点,消费者可以随时随地自助下单、付款,留下送货地址和电话,十几分钟后,外卖商户就会把新鲜出炉的美食送上门。

(二)网站特色

1. 免费优势

淘宝网从 2003 年 7 月成功推出之时,就以 3 年"免费"牌迅速打开中国 C2C 市场,并在短短 3 年时间内,替代 eBay. 易趣登上中国 C2C 老大的交椅。2005 年 10 月 19 日,阿里巴巴宣布"淘宝网将再免费 3 年"。2008 年 10 月 8 日,淘宝在新闻发布会上宣布继续免费。

2. 信用体系

淘宝网实行实名认证。一旦淘宝发现用户注册资料中主要内容是虚假的,淘宝可以随时终止与该用户的服务协议。利用网络信息共享优势,建立公开透明的信用评价系统。淘宝网的信用评价系统的基本原则是:成功交易一笔买卖,双方对对方做一次信用评价。

3. 安全制度

淘宝网也注重诚信安全方面的建设,引入了实名认证制,并区分了个人用户与商家用户认证,两种认证需要提交的资料不一样,个人用户认证只需提供身份证明,商家认证还需提供营业执照,一个人不能同时申请两种认证。

(三)发展战略

2016 年 3 月 29 日,在杭州召开 2016 年度卖家大会,阿里巴巴集团 CEO 张勇在会上为淘宝的未来明确了战略:社区化、内容化和本地生活化是三大方向。

淘宝充分赋予大数据个性化、粉丝工具、视频、社区等工具,搭台让卖家唱戏。利用优酷、微博、阿里妈妈、阿里影业等阿里生态圈的内容平台,紧密打造从内容生产到内容传播、内容消费的生态体系。

根据用户的需求,除了进行中心化供给和需求匹配,并形成自运营的内容生产和消费传播机制以外,还会基于地理位置,让用户商品和服务的供给需求能够获得更好的匹配。

> **思考:**
> 为什么淘宝能获得成功? 淘宝网与天猫的区别体现在哪些方面?

本章小结

电子商务模式是指在网络环境中基于一定技术基础的商务运作方式和盈利模式,按照交易双方对象的不同可分为 B2B、B2C、C2C 三种典型模式。除了三种典型模式之外,近几年还出现了一些新的模式,如O2O、C2B等模式,这些模式的发展也很迅速。

B2B交易的双方均是企业,B2B电子商务模式在当前电子商务模式中份额最大,代表企业有阿里巴巴、慧聪网、环球资源网。B2C是企业通过互联网向个人网络消费者直接销售商品的经营方式,代表企业有天猫、京东、唯品会、苏宁易购;C2C是消费者与消费者之间通过互联网进行的个人交易,代表企业有淘宝网。B2C和C2C通常被合称为网络零售。

思考练习

一、单选题

1. 线上营销和线上购买带动线下经营和线下消费,让互联网成为线下交易的平台,这种电子商务模式是( )。

A. B2C   B. B2B   C. C2C   D. O2O

2. 淘宝商城是一个( )购物平台。

A. B2C   B. B2B   C. C2C   D. B2G

3. 以下B2B网站,( )不是综合B2B模式。

A. 阿里巴巴   B. 敦煌网   C. 中国制造网   D. 慧聪网

4. B2B电子商务有( )种交易模式。

A. 1   B. 2   C. 3   D. 4

二、多选题

1. B2C模式的电子商务企业大致可以分为( )。

A. 经营着离线商店的零售商   B. 没有离线商店的虚拟零售企业
C. 商品制造商   D. 产品代理商

2. 以下商品是无形商品的有( )。

A. 电子书   B. PPT   C. 软件   D. 邮箱

3. 网络拍卖的主体主要有( )。

A. 传统拍卖公司   B. 平台式拍卖网站
C. 个人   D. 法人

4. 以下网站平台是B2B模式的有( )。

A. 敦煌网   B. 找钢网   C. 环球资源网   D. 阿里巴巴

三、思考题

1. B2C中无形商品的电子商务模式主要有哪几种?
2. 简述B2B中,自营、撮合/平台两种模式各自的优点。
3. 常见的拍卖类型主要有哪些?

实训项目

1. 找到并浏览国内知名的4家B2B电子商务网站,了解其网站特点、经营范围、面向对象和收入来源等,对B2B电子商务网站形成感性认识,完成表3-2。

表 3－2　**B2B 电子商务网站对比**

序　号	网站名称	域　名	特　点	经营范围	面向对象	收入来源
1						
2						
3						
4						
结　论						

2. 利用互联网资源寻找电子商务的新模式以及其典型代表网站。

访问中国互联网络信息中心（www. cnnic. com. cn）、阿里研究院（www. aliresearch. com）、中国电子商务研究中心（www. 100ec. cn），收集整理电子商务相关新模式的内容，完成表 3－3。

表 3－3　**电子商务新模式**

序　号	网站名称	域　名	模式特点	经营范围	面向对象
1					
2					
3					
4					

第四章　电子商务支付

央行报告：全国 76.9% 的成人使用电子支付

2018 年 8 月 13 日,中国人民银行金融消费权益保护局发布了《2017 年中国普惠金融指标分析报告》(以下简称《报告》),《报告》显示,我国基础金融服务已基本实现行政村全覆盖,银行结算账户和银行卡使用已广泛普及,电子支付迅速发展,保险产品和服务使用稳步增长,信用建设稳步推进,消费者金融素养有所提升,金融消费纠纷非诉解决机制建设取得进展,信贷对普惠金融的支持力度平稳增长,信贷障碍有所改善,但部分领域信贷支持有待加强。

具体来看,银行结算账户和银行卡广泛普及,全国及农村地区人均持有量平稳增长,总体上实现了"人人有户"。截至 2017 年年末,全国人均拥有 6.6 个账户,人均持有 4.81 张银行卡(其中信用卡 0.39 张),较上年末小幅增加,增速有所下滑;农村地区个人银行结算账户 39.66 亿户,人均 4.08 户;当年新增 4.05 亿户,同比增长 11.37%。农村地区银行卡数量余额 28.81 亿张,人均持卡量 2.97 张。

《报告》指出,电子支付发展迅速,使用普及率较高,农村地区 60% 以上的成年人使用过电子支付。调查显示,2017 年,全国使用电子支付成年人占比为 76.9%,农村地区使用电子支付成年人占比为 66.51%。

此外,非现金支付业务量平稳增长,移动支付业务量继续较快增长。2017 年,全国共办理非现金支付业务 1 608.78 亿笔,金额 3 759.94 万亿元,同比分别增长 28.59% 和 1.97%。在理财产品方面,近半数成年人购买过投资理财产品,农村地区投资理财意识相对较低。调查显示,2017 年全国平均有 45.97% 的成年人购买过投资理财产品,农村地区这一比例为 32.79%。

思考:我国目前电子商务支付的主流方式是什么? 你参与了哪些电子商务支付过程?

第一节　电子支付概述

电子支付是电子商务活动不可缺少的环节,随着移动支付的出现,电子支付的发展前景也变得越来越诱人。

电子支付是指消费者、商家和金融机构之间使用安全电子手段把支付信息通过信息网络安全地传送到银行或相应的处理机构，用来实现货币支付或资金流转的行为。电子支付的业务类型按电子支付指令发起方式分为网上支付、移动支付、销售点终端交易（POS）、自动柜员机交易（ATM）、电话支付和其他电子支付。

2018 年 8 月 20 日，中国互联网络信息中心（CNNIC）在京发布第 42 次《中国互联网络发展状况统计报告》指出，截至 2018 年 6 月 30 日，我国网民规模达 8.02 亿，互联网普及率为 57.7%。我国网络购物用户和使用网上支付的用户占总体网民的比例均为 71%，网络购物与互联网支付已成为网民使用比例较高的应用。

本节主要讲述电子支付方式中比较主流的网上支付和移动支付。

一、网上支付

（一）网上支付的定义

网上支付又称为网络在线支付，是电子支付的主要形式，是指通过互联网实现的用户与商户、商户与商户之间的在线电子货币支付、资金清算、查询统计等过程。通常情况下，网上支付系统仍然需要银行作为中介。网上支付既包括直接使用网上银行进行的互联网在线支付，也包括通过第三方支付网站平台进行的支付。

（二）网上支付的特点

1. 数字传输

网上支付是采用先进的技术通过数字流转来完成信息传输的，其各种支付方式都是采用数字化的方式进行款项支付的；而传统支付方式则是通过现金的流转、票据的转让及银行的汇兑等物理实体的流转来完成款项支付的。

2. 开放平台

网上支付的工作环境是基于一个开放的系统平台（互联网），而传统支付则是在较为封闭的系统中运作。

3. 现代通信

网上支付使用的是社会最先进的通信手段，网络支付对软件、硬件设施的要求很高，一般要求有联网的计算机、相关的软件及其他一些配套设施，而传统支付则没有那么高的要求。

4. 方便高效

用户只要拥有一台上网的电脑或智能手机，便可以足不出户，在很短的时间内完成整个支付过程。网上支付可以完全突破时间和空间的限制，满足 24×7 的工作模式，效率极高，整个支付的过程所产生的费用也只是传统支付的几十分之一，甚至几百分之一。

（三）网上支付的类型

常见的网上支付类型有网银转账支付模式、商户直连网银支付模式和第三方支付模式。

（1）网银转账支付模式。网银转账支付模式依据转入账户和转出账户的不同，可以细分为同行转账模式和跨行转账模式。

（2）商户直连网银支付模式。这种模式是指网上商户直接将银行网上支付网关连接到自己的电子商务交易平台,为用户提供支付功能。

(3) 第三方支付模式。第三方支付模式是具备一定实力和信誉保障的非银行独立机构,采用与各大银行签约的方式,提供与银行支付结算系统接口的支付平台模式。

(四) 网上支付的体系组成

网上交易支付系统由客户、商家、认证中心、支付网关、客户银行、商家银行和金融专用网络7个部分组成。支撑网上支付的体系可以说是一个综合性系统,融合了购物流程、支付与结算工具、安全技术、认证体系、信用体系及金融体系,网上支付系统的基本结构如图4-1所示。

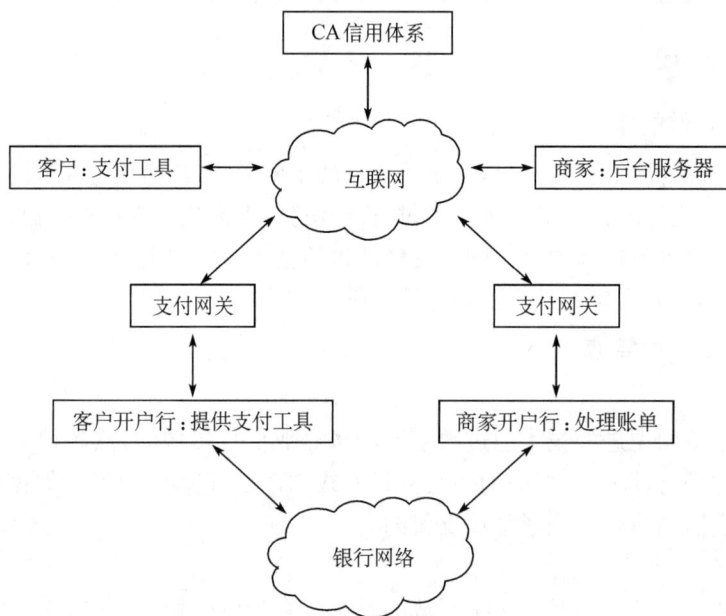

图4-1 网上支付系统基本结构

(1) 客户一般是指利用电子交易手段与企业或商家进行电子交易活动的单位或个人。它们通过电子交易平台与商家交流信息,签订交易合同,用自己的网络支付工具进行支付。

(2) 商家是指向客户提供商品或服务的单位或个人。在网络支付系统中,它必须能够根据客户发出的支付指令向金融机构请求结算,这一过程一般由商家设置的一台专门的服务器来处理。

(3) 认证中心是交易各方都信任的公正的第三方中介机构,它主要负责为参与电子交易活动的各方发放和维护数字证书,以确认各方的真实身份,保证电子交易整个过程安全稳定地进行。

(4) 支付网关是银行金融网络系统和 Internet 网络之间的接口,是由银行操作的将 Internet 上传输的数据转换为金融机构内部数据的一组服务器设备,或由指派的第三方处理商家支付信息和顾客的支付指令。它是连接公共网络和银行专用网络的安全接口,电子支付的信息必须通过支付网关进行处理后才能进入银行内部的支付结算系统。

(5) 客户银行是指为客户提供资金账户和网络支付工具的银行,又被称为发卡银行。

客户银行根据不同的政策和规定,保证支付工具的真实性。

（6）商家银行是为商家提供资金账户的银行,又称为收单银行。客户向商家发送订单和支付指令,商家将客户的支付指令提交给商家银行,然后商家银行向客户银行发出支付授权请求,并进行它们之间的清算工作。

（7）银行和金融专用网络是银行内部及各银行之间交流信息的封闭的专用网络,通常具有较高的稳定性和安全性。

二、移动支付

历史总是惊人的相似,早在600多年的北宋就发行了世界上最早的纸币交子,率先使用纸币取代沉重的铜钱白银,第一次在支付领域领先全球。到了21世纪,随着智能手机、4G网络和WiFi的普及,中国再次掀起了"支付革命",这次的主角是移动支付。2011年,支付宝推出条码付业务,标志着线下扫码支付时代的开启。2013年8月9日,微信5.0版本发布,新增了微信支付功能,正式向支付宝发起挑战。随后便是大家记忆深刻的2014年的春节红包大战。

2017年是中国移动支付"出海元年",许多人如此评价2017年的移动支付。支付宝和微信支付在2017年加大马力,拓展海外支付市场。支付宝拿下了33个国家和地区,微信支付也拿下了20多个国家和地区。

艾媒咨询数据显示,2017年网上支付交易规模达2 075.1万亿元,较2016年小幅下降0.5%。2017年移动支付规模达202.9万亿元,较2016年增长28.8%。2011—2017年中国网上支付交易规模统计,如图4-2所示;2011—2017年中国移动支付交易规模统计,如图4-3所示。

图4-2　2011—2017年中国网上支付交易规模统计

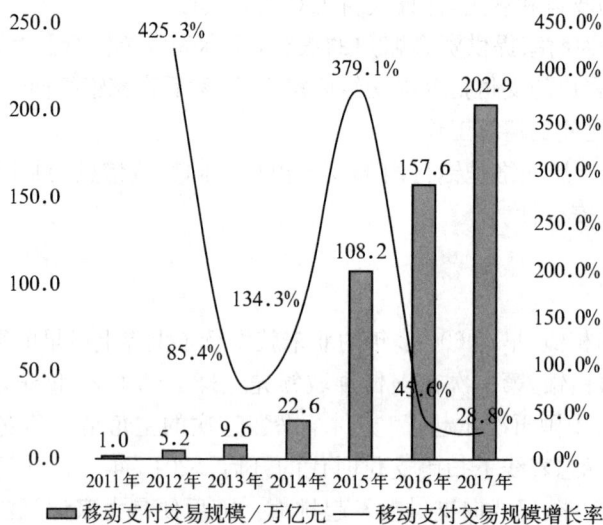

图 4-3 2011—2017 年中国移动支付交易规模统计

艾媒咨询分析师认为,近年来网上支付交易规模趋于稳定,移动支付增长速度有所下滑但保持增长。随着中国第三方移动支付产品的完善以及消费者支付观念的转变,移动支付将会进一步普及,短期内移动支付交易规模将保持稳定增长。

(一)移动支付的定义

移动支付也称为手机支付,就是用户使用移动终端(通常是手机)对所消费的商品或服务进行账务支付的一种服务方式。我国用户上网习惯已经从 PC 端逐渐迁移至移动端,同时支付场景的不断拓展也使用户已经开始习惯使用移动支付工具,移动支付市场发展前景良好。二维码成了连接线上和线下消费的纽带,如今,二维码支付在餐饮门店、超市、便利店等线下小额支付场景得到广泛应用。

小知识　　　　　　什么是二维码

二维码,又称二维条码,是用某种特定的几何图形按一定规律在平面(二维方向上)分布的黑白相间的图形记录数据符号信息的一种编码方式。用户通过"扫一扫"功能就能完成付款操作。

移动支付最典型特点就是采用手机作为支付介质,而银行卡虚拟化到手机中。在支付发起时不再需要银联卡,直接通过手机来完成安全认证,完成支付过程。

(二)移动支付的类型

随着移动终端的不断创新,以及电子商务的爆发性增长,对移动支付的需求已经越来越大。按完成支付所依托的技术条件,手机支付主要分为两种形式:一种是线上支付,如用手机淘宝、京东在线购物等;另一种是线下通过智能手机终端支付,这种情况最常见的就是平时在超市买东西然后扫二维码付款。这两种方式也被称为远程支付和近场支付。

（1）远程支付。远程支付指通过移动网络,利用短信、GPRS(通用分组无线服务技术)等空中接口,和后台支付系统建立连接,实现各种转账、消费等支付功能。

（2）近场支付。近场支付是指通过具有近距离无线通信技术的移动终端实现本地化通信,从而进行资金转移的支付方式,主要的技术包括 NFC、RFID、FeliCaIC、红外、蓝牙等近距离通信技术。

下面从产品技术、使用流程等几个方面,对 Apple Pay、支付宝、银联云闪付进行比较,从而对近场支付的类型有个完整清晰的了解,详见表4-1。

表4-1　近场移动支付类型的比较

	Apple Pay	支付宝	云闪付
介质	手机	APP	云闪付卡
机构	苹果	阿里巴巴	中国银联
技术	NFC＋Tokenization	二维码/条码＋Tokenization	NFC＋Tokenization
使用方法	靠近支持 NFC 的 POS	手机扫描	靠近具有"闪付"标志的 POS,亮屏即可
流程	绑定银行卡 支持 NFC 的 POS	绑定银行 支持扫码的 POS	绑定银行卡 具有"闪付"标志的 POS
收费对象	银行	商户	商户

（三）移动支付的特征

1. 账户管理的方便性

这是移动支付区别于传统的银行卡支付很重要的特点。智能手机逐渐成为业界的主流,用户可以方便地通过手机使用移动互联网,随时随地查询账户余额、交易记录、实时转账、修改密码等,管理自己的移动支付账户,还可以进行空中充值,减少了去营业厅或者充值点的麻烦,充分体现了移动支付的方便时尚的特点。

2. 资金账户的安全性

移动设备用户对隐私性的要求远高于 PC 用户,这就不同于互联网公开、透明、开放的特点。在互联网上,PC 用户信息是可以被搜集的,而移动设备用户显然不希望让他人知道甚至共享自己设备上的信息,移动设备的隐私性保障了支付的安全。用户设置的密码类型比 PC 机更复杂,有人脸识别、指纹识别等。

3. 可移动性

除了用户睡眠时间,移动设备一般伴随在用户身边,其使用时间远高于 PC。用户只要申请了移动支付功能,便可足不出户随时随地完成整个支付与结算过程。交易时间成本低,减少往返银行的交通时间和支付处理时间。

4. 服务的综合性

移动支付为用户提供了移动电子商务的远程支付功能,同时也可以满足用户对公交、食堂等小额支付的需要,还可以提供门禁、考勤等服务。

（四）移动支付的安全问题

1. 软件病毒感染

大量手机支付类病毒猖獗爆发，包括伪装淘宝客户端窃取用户账号密码隐私的"伪淘宝"病毒、盗取20多家手机银行账号隐私的"银行窃贼"以及感染首家建设银行APP的"洛克蛔虫"等系列高危风险的手机支付病毒。病毒还会通过联网功能将用户手机上的隐私信息，包括手机网银、支付相关账号密码等内容上传至指定位置，导致用户隐私泄露和财产风险。移动支付类软件主要典型病毒分为电商类App典型病毒、第三方支付类App典型病毒、理财类App典型病毒、团购类App典型病毒及银行类App典型病毒。

2. 手机漏洞

手机由于root和不正规刷机导致出现系统漏洞，也是移动支付出现安全问题的根源。

3. 诈骗电话及短信

诈骗短信、骚扰电话也造成了一定的手机支付风险。诈骗分子除了通过诈骗骚扰电话诱导手机用户进行银行转账之外，主要还是通过发送带钓鱼网址或恶意木马程序下载链接的诈骗短信，这些恶意钓鱼网址往往会诱导用户登录诈骗网址等，引导用户进行购物支付，中奖钓鱼类诈骗已呈现多发趋势。其中重点案例有三类：网银升级、U盾失效类诈骗、社保诈骗及热门节目中奖诈骗。

> **小知识　　　　　手机支付应该如何确保安全**
>
> （1）密码设置要详细。
>
> 设置手机支付软件账户密码时，不要让密码和账户名称相同，尽量使用数字、字母、符号组合。设置支付密码时勿使用简单连续、有规律、易联想的数字，如生日、手机号等，可选择指纹或手势密码进行单独加密。
>
> （2）免密支付应关闭。
>
> 一旦手机开通了小额免密支付功能，只要消费金额小于免密数额，无须支付密码就可以支付，犯罪分子常常利用小额免密、商家扫码支付等方式进行盗刷。应尽量关闭手机免密支付功能，并对微信钱包设定钱包锁。
>
> （3）点击链接须谨慎。
>
> 手机在连接使用公共充电宝、WiFi时，不要点击任何提示的"信任"选项。对于收到的中奖、换购、积分兑换等信息，不轻易点击手机短信链接。不随意扫描陌生没有经过认证的二维码。下载软件时最好选择大型、正规的应用商店下载，谨防木马病毒入侵手机，窃取手机上的银行卡账户信息。
>
> （4）短信验证要保密。
>
> 木马病毒侵入手机后，即使获取了银行卡网银的账号和登录密码，但银行还有U盾和手机短信验证码这两道"大门"保护，对方无法动用账户里的存款，可是一旦骗走手机收到的验证码，账户里的钱就会"不翼而飞"。所以，验证码这最后一道安全屏障，任何时候都要保密。

（5）手机处理要妥善。

　　更换手机 SIM 卡后，要及时注销废弃的 SIM 卡，并将与其关联的银行卡、第三方支付软件等进行解绑；淘汰手机要选择正规回收点回收，使用专门软件彻底清理所有存储信息；一旦手机或 SIM 卡丢失，应迅速打电话给银行和第三方支付供应商冻结相关业务，及时挂失补办手机号。

　　移动支付这几年迅速成为新的基础设施之后，通过与人工智能、人脸识别、大数据和小程序等新技术的结合构成行业闭环，很多行业都会发生变化。移动支付便利性、快捷性的优势正在加快覆盖用户生活的各个场景，给个体带来的不仅是不用钱包的便利，也撬动着更多社会潜能。比如积累信用，让更多用户能借此获得信贷、保险等金融服务，减少数字鸿沟。

第二节　电子货币

一、电子货币的定义

　　电子货币，是用一定金额的现金或存款从发行者处兑换并获得代表相同金额的数据，通过使用某些电子化方法将该数据直接转移给支付对象，从而能够清偿债务的信用货币。电子货币是实物货币（纸币、硬币等）的电子化，是发行者把与传统货币相等价值的法币，以电子形式储存在相关媒介中。

　　电子货币的出现是新技术革命和网络经济发展的必然结果，电子货币具有方便性、通用性和高效性等特点，电子货币在使用和结算过程中，简化了以往使用传统货币的复杂程序。电子货币的出现加快了市场全球化，加强了全球经济的联系，人们通过网络和电子货币可以更快、更省地处理经济事务。

> **小知识**　　　　　　　**什么是虚拟货币和数字货币**
>
> 　　虚拟货币和数字货币是两个与电子货币相关的概念。
> 　　虚拟货币，是一些虚拟世界中流通的货币，是互联网游戏、互联网社区发展的产物，只限定在特定网络环境中使用。最典型的就是游戏币、Q 币，还有在不同的社区网站的专属货币，比如百度文库的财富值、盛大公司的点券等。
> 　　数字货币，是基于区块链技术的可交易、流通、收藏的货币形式，是货币的数字化。代表性的数字货币有比特币、以太坊、莱特币等。

二、电子货币的种类

　　按支付方式不同可将电子货币分为银行卡型电子货币、储值卡型电子货币、电子支票、电子现金、电子钱包。

（一）银行卡型电子货币

银行卡是由银行发行的，是银行提供电子支付服务的一种手段。银行卡具有购物消费、转账结算等多种功能，可采用刷卡记账、POS 结账、ATM 提取现金等多种支付方式。持卡人在网上可以利用银行卡直接进行购物和享受服务。按照银行卡的信用性质与功能，可以把银行卡分为借记卡和信用卡。银行卡样例如图 4-4 所示。

图 4-4　银行卡

借记卡的特征是"先存款，后支用"，持卡人必须先在发卡机构存款，支用款项时以余额为限，不允许透支。信用卡的特征是"先消费，后还款"，持卡人支付的金额是发卡银行垫付的，银行与持卡人之间发生了贷款关系，事后持卡人按照约定给信用卡还款。

（二）储值卡型电子货币

储值卡型电子货币就是功能得到进一步提高的储值卡。储值卡是指某一行业或公司发行的可代替现金和银行卡使用的 IC 卡或磁卡。例如，超市购物卡、石油公司发行的加油卡、交通部门发行的公交卡等，储值卡样例如图 4-5 所示。

图 4-5　储值卡

（三）电子支票

电子支票是采用电子技术完成纸质支票功能的电子货币。它基本包含了纸质支票的全部信息，包括收款方名称、收款方账号、付款方名称、付款方账号、付款金额、日期。电子支票采取特别的安全技术，使用数字证书验证付款人身份、开户行和账号，利用数字签名作为背书，以保证电子支票的真实性、保密性、完整性和不可抵赖性。另外，收款人、收款银行和付款银行都可以使用公开密钥来验证支票。

电子支票具有易于接收、易于沟通、周转更快的特点，提高了银行客户的资金利用率。电子支票应用过程，如图 4-6 所示。

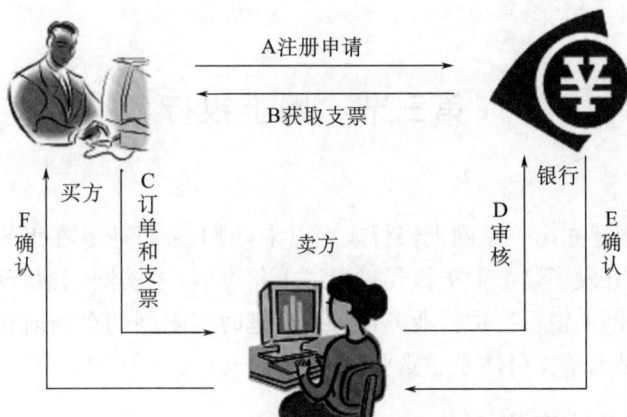

图 4-6　电子支票应用过程

（四）电子现金

电子现金（E-cash）也称为数字现金，是一种以数据形式流通的货币，它把现金数值转换成为一系列的加密序列数，通过这些序列数来表示现实中各种金额的币值。

电子现金的使用依赖于电子现金支付体系，该体系中包括三方参与者：消费者、商家和银行。电子现金的正常使用对三方的硬件、软件环境都有一定的要求，需要他们使用同一种电子现金软件，同时，银行和商家之间应有协议和授权的关系。

电子现金带来了纸币在安全性和隐私性方面所没有的计算机化的便利，总部设在荷兰的 Digicash 公司是目前唯一一家在商业上提供真正的电子现金系统的公司。电子现金支付过程，如图 4-7 所示。

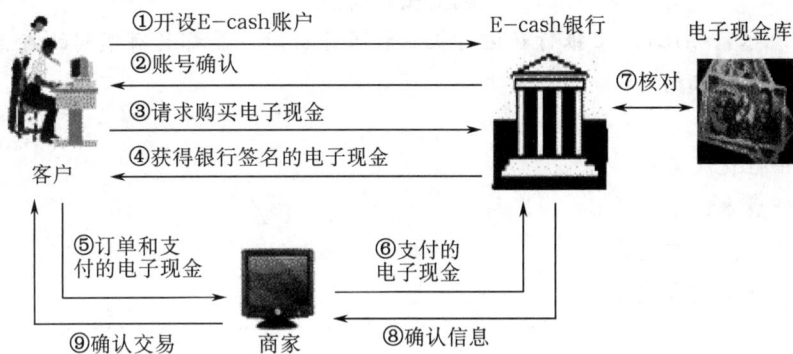

图 4-7　电子现金支付过程

小知识　　　什么是电子钱包

电子钱包是一种网上购物的支付工具，是一个让消费者在网络上进行交易及记录交易的计算机软件。

在移动支付盛行的现代，电子钱包的含义不再那么确切了，手机可以说是你的电子钱包，一个账号也可以说成是一个电子钱包，比如你的支付宝账户。

第三节 网上银行

自 20 世纪美国建立第一家网上银行成立以来,网上银行业务在世界范围内迅速发展,中国银行业也迅速开发了这一业务。经过近二十年发展,中国网上银行的交易规模与用户规模均大幅增长。网上银行把银行业务带入了超越时空限制的全新时代,是网络经济最重要的特征之一,也是电子支付体系中重要的组成部分。

一、网上银行的定义

网上银行(Internet Bank)又称网络银行、在线银行,它通过互联网向用户提供全方位、全天候、实时的金融服务,使客户可以足不出户就能够安全便捷地管理各种银行业务的新型银行。

网上银行又被称为"3A 银行",因为它不受时间、空间限制,能够在任何时间(Anytime)、任何地点(Anywhere),以任何方式(Anyway)为客户提供金融服务。客户通过网上银行的网址就可以进入每个银行的网上银行界面,网上银行通过互联网的提交渠道接受客户办理业务的申请,打破了传统商业银行的结构和运行模式。网上银行提供的金融业务几乎囊括了传统银行的所有金融业务并且在传统业务的基础上进行创新,可以说,网上银行是传统银行柜台在互联网上的延伸和拓展。

小知识　　　　　　　**网上银行特点**

与传统银行相比,网上银行在运行机制和服务功能方面都具有不同的特点:

(1) 无分支机构;

(2) 方便性;

(3) 个性化服务;

(4) 低成本;

(5) 业务范围广阔;

(6) 盈利结构多元化。

二、网上银行的分类

按照不同的标准,网上银行可以分为不同的类型。

(一) 按服务对象分类

按服务对象不同,网上银行可以分为企业网上银行和个人网上银行。

1. 企业网上银行

企业网上银行主要针对企业与政府部门等企事业组织客户。企事业组织可以通过企业网上银行服务实时了解企业财务运作情况,及时在组织内部调配资金,轻松处理大批量的网上支付和工资发放业务,并可处理信用证相关业务。

易观分析认为,受益于企业网银客群增长的积极影响,目前工行、建行、农行企业网银客户均超 500 万户,以及企业网银客户体验及服务能力的提升,企业网银交易规模稳步增长,带动整体网上银行交易规模增长。2018 年第 1 季度,工商银行、建设银行、交通银行分别以27.8%、17.4%、10.4%的市场份额位列前三。2018 年第 1 季度中国网上银行市场交易份额,如图 4-8 所示。

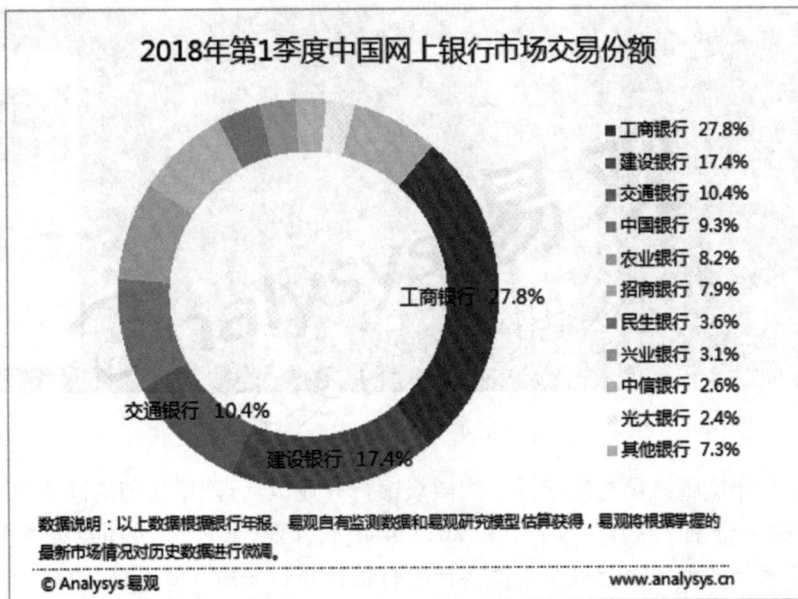

图 4-8　2018 年第 1 季度中国网上银行市场交易份额

2. 个人网上银行

个人网上银行主要适用于个人与家庭消费支付与转账。客户可以通过个人网上银行服务,完成实时查询、转账、网络支付和汇款功能。

（二）按经营组织形式分类

按经营组织形式不同,网上银行可以分为传统银行建立的网上银行和纯网上银行。

1. 传统银行建立的网上银行

这是指现有的传统银行将互联网作为新的服务手段,建立银行站点、提供在线服务而设立的网上银行,又被称为网上柜台。现在传统银行建立的网上银行已经能够独立开展除现金存取以外的其他各类银行业务,包括网上开户、网上贷款、证券交易等。我国的网上银行绝大部分都是从传统银行建立起来的。

中国银行是第一个在网上建立网站的银行,但当时仅仅是将银行信息发布到互联网,没有业务处理能力。真正意义上的第一家功能性网上银行是由招商银行建立的。

2. 互联网银行

互联网银行又称为纯网上银行,起源于美国 1985 年开业的安全第一网上银行。纯网上银行是专门提供在线银行服务而成立的独立银行,仅向用户提供虚拟银行网址,没有实体营業場所。

2014年12月12日，中国银监会表示，国内互联网巨头腾讯公司旗下民营银行——深圳前海微众银行（以下简称微众银行）已正式获准开业，是中国首家互联网银行。以微众银行为例，通过"微粒贷"一招鲜已经打造了国民级消费信贷产品，仅用不到3年时间，就发展了用信客户超过3 000万，相当于半个英国的人口。微众银行（www.webank.com）网站首页如图4-9所示。

图4-9 微众银行

从2014年年底腾讯参与发起设立的微众银行开业以后，阿里参与的网商银行以及小米参与的新网银行分别于2015年年中和2016年年底开业，2017年美团点评参与的亿联银行、苏宁云商参与的苏宁银行以及百度参与的百信银行也先后正式开业，这些银行都属于互联网银行。

三、网上银行的功能

近年来，随着网上银行业务的增加，网上银行在银行业中的地位与日俱增，对社会发展起到了积极作用。

网上银行提供的服务可以分为三大类：第一，即时资讯，如查询结存的余额，外币的买卖价格、贵金属交易价格、存款的利率资料等；第二，办理银行一般业务，如客户往来、储蓄、定期账户间的转账、定期存款及更改存款的到期时间、申请支票簿等；第三，为网上交易的买卖双方办理交割手续。具体的服务项目有以下几种：

（1）个人账户管理。网上银行为个人提供的服务包括在线查询账户余额、交易记录、下载数据、投资理财、信用卡还款、电子转账和网上支付等。

（2）企业账户管理，也称为对公业务。包括查询本企业或下属企业的账户余额和历史业务记录、代发员工工资、划转企业内部各单位之间的资金、为企业提供金融报告和报表、企业资金托管等。

（3）信用卡服务。信用卡业务是目前各大银行争夺的焦点，网上银行的信用卡业务包括通过互联网申办、开启、挂失信用卡，信用卡账户查询、清算等功能。例如，美国安全第一网络银行发行的维萨（Visa）卡，分为普通卡与金卡两种。

（4）投资理财业务。银行为客户提供全面的金融分析服务，及时向客户提供各种市场信息和新闻，包括股票、基金、外汇、黄金、期货、保险等金融产品的即时信息发布，以便使客户了解外汇汇率的变动情况和股票、期货、黄金市场的行情。

（5）网上商城。银行在电子商务迅猛发展的今天，不再局限于担当支付的角色，也开始积极拓展自己的业务领域，最常见的做法是在电子支付下建立网上商城。工商银行融 e 购网上商城入口，如图 4 - 10 所示；工商银行融 e 购网上商城，如图 4 - 11 所示。

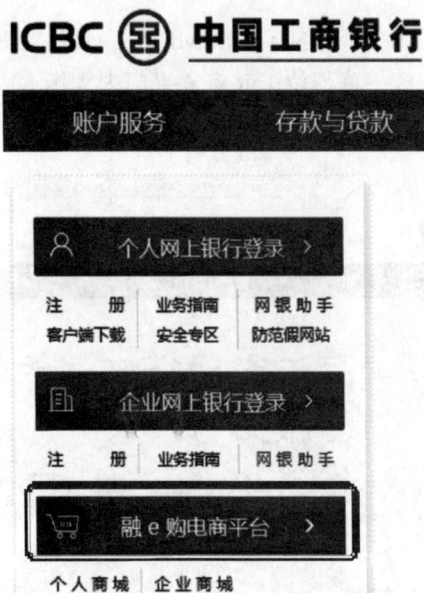

图 4 - 10　工商银行融 e 购网上商城入口

图 4 - 11　工商银行融 e 购网上商城

（6）各种支付。支付是银行的基本业务，包括电子支票、信用卡等网上支付方式，还包括代收水费、电费、手机费、上网费等服务。

面对移动支付的浪潮,银行同样不甘落后。一方面部分银行的 App 有自己的二维码支付产品,如招行、建行等;另一方面银联在经过初期通过 Apple Pay 尝试 NFC 支付,以及在 2016 年年底发布二维码支付标准之后推广自家"银联钱包",而后又在 2017 年 5 月 27 日联合包括工、农、中、建、交等在内的 40 余家银行共同推出基于银联云闪付的扫码支付。

四、网上银行经典案例——中国工商银行公司金融业务

中国工商银行(INDUSTRIAL AND COMMERCIAL BANK OF CHINA,简称 ICBC,工行)成立于 1984 年 1 月 1 日。总行位于北京复兴门内大街 55 号,是中央管理的大型国有银行,也是中国四大银行之一。中国工商银行(www.icbc.com.cn)网站如图 4 - 12 所示。

图 4 - 12 中国工商银行

2005 年 10 月 28 日,整体改制为股份有限公司。2006 年 10 月 27 日,成功在上交所和香港联交所同日挂牌上市。2017 年 2 月,Brand Finance 发布 2017 年度全球 500 强品牌榜单,中国工商银行排名第 10 位。2018 年 6 月 20 日,《中国 500 最具价值品牌》分析报告发布,中国工商银行排名第 4 位。2018 年 7 月,英国《银行家》杂志发布 2018 年全球银行 1 000 强排名榜单,中国工商银行排名第 1 位。2018 年 7 月,《财富》世界 500 强,中国工商银行排名第 26 位。

中国工商银行由自助银行、电话银行、手机银行和网上银行构成的电子银行立体服务体系日益成熟,电子银行业务交易额迅速增长,是中国国内最大的电子商务在线支付服务提供商。

2017 年年末,公司客户 627.1 万户,比上年年末增加 48.7 万户。连续八年获评《环球金融》"中国最佳公司银行",首次获评《环球金融》"中国最佳可再生能源银行"。

(一)公司存贷款业务

2017 年年末,公司类贷款余额 89 368.64 亿元,比上年末增加 7 961.80 亿元,增长 9.8%;公司存款余额 105 576.89 亿元,增加 11 091.69 亿元,增长 11.7%。

(二)中小企业业务

推广小微金融业务中心专营模式,成立小微金融业务中心 234 家,采用批量化、标准化、

一站式服务方式,依托互联网加强产品创新,丰富基于场景的风控和授信模式,实现信贷审批的线上化、智能化,研发推出网上质押贷款、网上小额贷款产品。获评《中国经营报》"2017卓越竞争力中小企业服务银行"。

(三)机构金融业务

在 26 个地区实现省级账户开立,地区覆盖率达 68%,收入支出户、财政专户和职业年金归集账户新开户居同业首位,代理财政收支业务量同业第一,跨省异地缴罚业务覆盖面最广、业务量最大,地方债投资金额排名市场第一,金融债承销业务量继续保持银行类机构市场第一地位。

(四)结算与现金管理业务

借助工商企业通、小微企业平台、工银 e 缴费以及大额资金监控等平台扩大客户规模,创新全球现金管理服务,积极为客户提供涵盖账户信息、收付款、流动性管理、投融资和风险管理六大产品线的综合金融解决方案。2017 年年末,对公结算账户数量 748.9 万户,比上年年末增长 7.6%,实现结算业务量 2 563 万亿元,比上年增长 5.5%,业务规模保持市场领先。

(五)国际结算与贸易融资业务

加快线上化转型创新,推进国际业务与"互联网+"的深度融合。加快国际业务电子化系统建设,推进企业网银跨境汇款项目开发投产;为重点客户投产银企直联异地交单、SWIFT 直联等功能,提升集约化业务处理效率和个性化客户服务能力。2017 年,境内国际贸易融资累计发放 667.30 亿美元。国际结算量 2.8 万亿美元,其中境外机构办理 1.1 万亿美元。

(六)投资银行业务

拓展并购顾问业务,创新债务融资顾问业务模式,开展股权融资顾问业务,积极发展债券承销业务。全年主承销各类境内外债券 1 497 支,主承销规模 12 937.78 亿元。境内主承销规模继续保持市场排名第一,市场份额高达 13.26%。

第四节　第三方支付

一、第三方支付的定义

第三方支付是指具备一定实力和信誉保障的独立机构,采用与各大银行签约的方式,提供与银行支付结算系统接口的交易支付平台的网络支付模式。

第三方是除了银行以外的具有良好信誉和技术支持能力的某个机构,支付也通过第三方在持卡人或者客户和银行之间进行。持卡人首先和第三方以替代银行账号的某种电子数据的形式(如邮件)传递账户信息,避免了持卡人将银行信息直接透露给商家,另外也可以不必登录不同的网上银行界面,取而代之的是每次登录时,都能看到相对熟悉和简单的第三方机构的界面。

小知识   什么是第三方支付平台(机构)

第三方支付平台是指平台提供商通过通信、计算机和信息安全技术,在商家和银行之间建立连接,从而实现消费者、金融机构以及商家之间货币支付、现金流转、资金清算、查询统计的一个平台。

第三方支付是一种支付方式,或者说是一种支付渠道。第三方支付平台是第三方支付得以实现所必需的媒介。在互联网金融的发展中,第三方支付平台和银行等金融机构是有一定的竞争和替代关系的,双方根据各自的优势,进行业务扩展和竞争,同时,二者之间互补的效果可能更好。

根据易观资料显示,2018 年第 1 季度中国第三方支付机构综合支付市场交易份额占比统计,支付宝、腾讯金融和银联商务分别以 45.58%、29.47%和 11.82%的市场份额位居前三位。三者市场份额总和达到 86.87%。2018 年第 1 季度中国第三方支付综合支付市场交易份额,如图 4-13 所示。

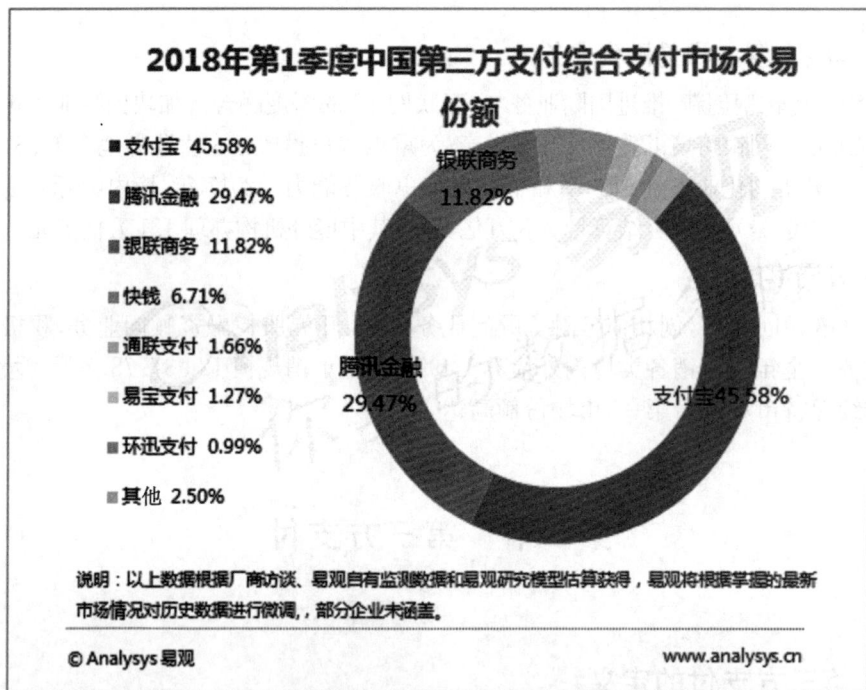

2018年第1季度中国第三方支付综合支付市场交易份额

- ■支付宝 45.58%
- ■腾讯金融 29.47%
- ■银联商务 11.82%
- ■快钱 6.71%
- ■通联支付 1.66%
- ■易宝支付 1.27%
- ■环迅支付 0.99%
- ■其他 2.50%

银联商务 11.82%
腾讯金融 29.47%
支付宝 45.58%

说明:以上数据根据厂商访谈、易观自有监测数据和易观研究模型估算获得,易观将根据掌握的最新市场情况对历史数据进行微调,部分企业未涵盖。

© Analysys 易观   www.analysys.cn

图 4-13 2018 年第 1 季度中国第三方支付综合支付交易份额

第三方支付方式在支付体系内影响越来越大。调研机构益普索发布的《2018 上半年中国第三方移动支付用户研究报告》显示,我国移动支付用户规模约 8.9 亿人,第三方移动支付在网民中的渗透率达到 92.4%。在人们的日常开销中,由第三方支付完成的比例已达 48%,包括占 35%的移动支付,以及 13%的互联网支付。

随着移动支付的深化,无现金的模式普及,整个上下游业态将会发生翻天覆地的变化。第三方移动支付对于金融行业的影响不但体现在银行业电子支付业务的相对萎缩,也体现在为银行存取款提供支持的 ATM 机行业受到越来越大的冲击。

二、第三方支付的特点

（一）在线支付更快捷、方便

第三方支付平台提供一系列的应用接口程序,将多种银行卡支付方式整合到一个界面上,负责交易结算中与银行的对接,使网上购物更加快捷、便利。消费者和商家不需要在不同的银行开设不同的账户,可以帮助消费者降低网上购物的成本,帮助商家降低运营成本;同时,还可以帮助银行节省网关开发费用,并为银行带来一定的潜在利润。

第三方支付解决了终端设备的制约性,从设备上解放了消费者,客户可以随时、随地、用多种方式完成支付,不但节约了时间成本,也免去了 U 盾等安全设备遗失带来的不便。

（二）在线支付更安全

在第三方支付交易流程中,商家看不到客户的信用卡信息,同时又避免了信用卡信息在网络上多次公开传输而导致信用卡信息被窃,保障了用卡人的账号安全。

（三）较高的公信度

第三方支付平台作为中立的一方,具有较高的公信度。一旦发生纠纷,会对商户和消费者采取双向保护政策,在交易双方之间进行公平、公正的协调处理。

三、第三方支付的经营模式

（一）支付网关模式

支付网关模式是指第三方支付平台完全独立于电子商务网站,不负有担保功能,与银行密切合作实现多家银行数十种银行卡的直通服务,仅仅为用户提供支付产品和支付系统解决方案,只是充当消费者和商户之间第三方的银行支付网关。以快钱、易宝支付、汇付天下、拉卡拉等为典型代表。

> **小知识　　　　　　什么是支付网关**
>
> 支付网关是银行金融网络系统和 Internet 网络之间的接口,是由银行操作的将 Internet 上传输的数据转换为金融机构内部数据的一组服务器设备,或由指派的第三方处理商家支付信息和顾客的支付指令。

（二）信用中介模式

信用中介模式是以支付宝、财付通为首的依托于自有 B2C、C2C 电子商务网站提供担保功能的第三方支付模式,货款暂由平台托管并由平台通知卖家货款已到、进行发货。在此类支付模式中,买方在电商网站选购商品后,使用第三方平台提供的账户进行货款支付,待买方检验物品进行确认后,就可以通知平台付款给卖家,这时第三方支付平台再将款项转至卖方账户。

不管是哪种模式,用户的体验才是最高标准。现列举十大品牌网对于我国第三方支付平台的排名情况,如表 4-2 所示。

表 4-2　国内十大第三方支付平台

序　号	第三方支付平台名称	第三方支付平台简介
1	支付宝 ALIPAY	阿里巴巴旗下,集支付和生活应用为一体的电子支付软件,国内领先的第三方支付平台,支付宝(中国)网络技术有限公司。http://www.alipay.com
2	微信支付	腾讯旗下,微信联合知名第三方支付平台财付通推出的极具成长力的移动端支付服务,财付通支付科技有限公司。http://pay.weixin.qq.com
3	银联商务 China ums	国内非金融支付行业综合支付的知名企业,国内较大的银行卡收单专业化服务机构,中国银联旗下银联商务有限公司。http://www.chinaums.com
4	UnionPay 银联在线	中国银联打造的互联网业务综合商务平台,第三方支付的领先者,中国银联控股上海银联电子支付服务有限公司。http://www.chinapay.com
5	快钱 99Bill.com	万达集团旗下,国内首家基于 E-mail 和手机号码的大型综合支付平台,领先的互联网金融平台,快钱支付清算信息有限公司。http://www.99bill.com
6	壹钱包	中国平安旗下平安付推出的移动支付客户端,提供互联网支付、移动支付等多元化的第三方支付,中国平安保险(集团)股份有限公司。http://www.yqb.com
7	拉卡拉	第三方移动支付的知名企业,国内率先开发出电子账单服务平台,知名便民金融服务平台,拉卡拉支付股份有限公司。http://www.lakala.com
8	汇付天下	国内第三方支付行业领先企业,首家获得证监会批准开展网上基金销售支付结算业务的企业汇付天下有限公司。http://www.chinapnr.com
9	易宝支付 YEEPAY.COM	中国行业支付的开创者,国内互联网金融行业领先型企业,中国较具成长价值的电子支付品牌,易宝支付有限公司。http://www.yeepay.com
10	京东支付	京东金融旗下网银在线开发,专注于提供综合电子支付服务,国内知名电子支付解决方案提供商,网银在线(北京)科技有限公司。http://www.jdpay.com

　　目前第三方支付市场已经进入成熟期,支付宝和财付通双巨头的市场格局已经形成。自 2011 年到 2015 年央行一共发放 271 张第三方支付牌照,且继 2015 年仅发放 2 张之后,2016 年没有再新发牌照。与此同时,2016 年 4 月央行下发文件对支付机构分级分类监管,8

月给首批支付牌照续展时称"一段时期内原则上不再批设新机构,重点做好对现有机构的规范引导和风险化解工作",标志着第三方支付牌照进入存量时代。

近些年,第三方支付方式在支付体系内影响越来越大,2018年以来,监管机构针对第三方支付监管趋严,已有9家机构被罚逾百万,其中5家被罚逾千万。在支付牌照方面,随着牌照暂停审批以及对部分不合规机构不予续展牌照,据《中国支付清算行业运行报告(2018)》显示,截至2017年年底,第三方支付牌照减少到218张。

四、第三方支付平台经典案例——支付宝

支付宝(中国)网络技术有限公司是国内的第三方支付平台,致力于提供"简单、安全、快速"的支付解决方案。蚂蚁金服旗下的支付宝是以每个人为中心,以实名和信任为基础的一站式场景平台。自2004年成立以来,支付宝已经与超过200家金融机构达成合作,为近千万小微商户提供支付服务,拓展的服务场景不断增加,包括餐饮、超市、便利店、出租车、公共交通等。自2014年第二季度开始成为当前全球最大的移动支付厂商。支付宝(www.alipay.com)网站首页如图4-14所示。

图4-14 支付宝

除提供便捷的支付、转账、收款等基础功能外,还能快速完成信用卡还款、充话费、缴水电煤费。通过智能语音机器人一步触达上百种生活服务,不仅能享受消费打折,跟好友建群互动,还能轻松理财,累积信用。

(一)钱包

支付宝也可以在智能手机上使用,该手机客户端为支付宝钱包。支付宝钱包具备了电脑版支付宝的功能,也因为手机的特性,内含更多创新服务,如"当面付""二维码支付"等。还可以通过添加"服务"来让支付宝钱包成为自己的个性化手机应用。

（二）还款

2009 年 1 月 15 日起支付宝推出信用卡还款服务，是最受欢迎的第三方还款平台。其主要优势：免费查信用卡账单、免费还款，还有自动还款、还款提醒等增值服务。

（三）转账

通过支付宝转账分为两种：第一，转账到支付宝账号，资金瞬间到达对方支付宝账户；第二，转账到银行卡，用户可以转账到自己或他人的银行卡，支持百余家银行，最快 2 小时到账。

（四）缴费

2008 年年底开始，支付宝推进公共事业缴费服务，已经覆盖了全国 300 多个城市，支持 1 200 多个合作机构。除了水电煤等基础生活缴费外，还扩展到交通罚款、物业费、有线电视费等更多与老百姓生活息息相关的缴费领域。常用的在线缴费服务有水电煤缴费、教育缴费、交通罚款、有线电视费。

（五）服务窗

在支付宝钱包的"服务"中添加相关服务账号，就能在钱包内获得更多服务，包括银行服务、缴费服务、保险理财、手机通信服务、交通旅行、零售百货、医疗健康、休闲娱乐、美食吃喝等 10 余个类目。区别于其他公众服务平台，服务窗具有天然的支付基因、超亿的支付用户群体以及严格审核的商户服务，这使得服务窗产生更大的生态价值。

（六）余额

支付宝账户内的资金被称为余额。充值到余额、支付时使用余额以及余额转出都是当前最常见的服务。银行卡中的资金可以通过网银和快捷支付进入支付宝账户。20 多家银行网银和 170 多家银行的快捷支付都能充值到支付宝余额。使用余额支付时基本没有额度限制，用户可以先多次充值再付款。

支付宝余额支持随时提现，用户可以将余额提现至自己绑定的银行卡。因综合经营成本上升，自 2016 年 10 月 12 日起，支付宝将对个人用户超出免费额度的提现收取 0.1％的服务费，个人用户每人累计享有 2 万元基础免费提现额度。在用完基础免费额度后，用户可以使用蚂蚁积分兑换更多免费提现额度。

（七）余额宝

余额宝是支付宝推出的理财服务，但也能用于日常的购物、还信用卡等支付。在用于支付时，余额宝的优势在于额度较大、支付成功率非常高，未用于支付时余额宝还能获得理财收益，所以余额宝占支付宝支付的比例正在逐步升高。2017 年，余额宝规模突破 1.43 万亿元人民币。

（八）充值

支付宝卡是由支付宝发行的自有预付卡，卡内资金可以在所有支付宝支持的商家购买商品时使用，暂支持天猫商城及淘宝平台。支付宝卡卡面值为：100、200，该卡需要在有效期内使用，有效期为 36 个月。逾期可进行付费延期，延期后可继续使用。支付宝卡不记名，不挂失，发生退货时，使用支付宝卡支付部分的资金退回卡账户，不予提现。

（九）付款

支付宝用户也可以去身边的便利店、邮局、药店等支付宝合作网点完成付款。无须开通网上银行,线下解决付款问题,刷卡现金均可。

(十) 找人代付

支付宝支持"找人代付"功能,可选择一位愿意代付的支付宝用户,就可通知代付人代为付款。

(十一) 淘宝保险

小微金融服务集团(筹)搭建的综合开放式保障平台,由小微金服保险事业部运作。淘宝保险平台依托淘宝网搭建,以向互联网网民传递风险保障和特色保障产品为宗旨,并实现全程互联网化的保险购买、管理以及理赔流程。国内主流的保险公司均已入驻淘宝保险,在平台上呈现的保险产品亦包含车险、健康险、寿险、意外险、旅行险等种类。

淘宝保险是连接互联网创新业务的保障需求与保险公司产品创新的纽带。携手保险公司推出运费险、春运险等等创新险种。此外,根据不同保障群体的特性,淘宝保险搭建了国内首个以服务小微企业员工、创业者群体为主的保障平台——乐业保。通过向这一群体输送定制化、低成本的商业保险,以改善他们缺少保障的状况。

(十二) 透支消费

2014年12月16日,阿里金融计划推出信用支付服务:用户使用支付宝付款不用再捆绑信用卡或储蓄卡,能够直接透支消费,额度最高5 000元,38天免息期。如果出现逾期,阿里金融会短信通知,然后语音催收,最后是人工催收直至注销账户。

贷款资金全部由合作银行提供,阿里巴巴旗下重庆商诚担保公司提供全额担保并承担全部风险,支付手续费由商户或客户自行承担,费用在0.8%～1%之间,信用支付拥有38天的免息期,逾期后实行基准利率50%的罚金。

(十三) 共享单车

2017年4月29日,支付宝宣布用支付宝扫一扫便可打开6家共享单车,覆盖面达50个城市。而且,"通过支付宝扫码骑车的用户都有保险保障",享受保险的有ofo、永安行、小蓝、优拜和Funbike单车,其中身故或伤残保额50万,意外医疗报销上限5 000元。

(十四) 支付宝小程序

2017年9月20日,支付宝小程序正式面向C端用户开放公测,2018年9月12日,蚂蚁金服宣布支付宝小程序结束公测,正式上线。这一年公测结果证明,小程序有7大入口,指的是扫一扫、搜索、朋友tab主入口、支付成功页、小程序收藏、生活号及卡包。

(十五) 医疗服务

2017年5月9日,蚂蚁旗下支付宝宣布面向个人用户推出一站式的"医疗服务"平台。除了整合支付宝已有的挂号就诊等服务,用户通过该平台还可以获取健康咨询、健康资讯、母婴服务、健康金融等15项健康管理服务。据悉这些服务是由超过1 500家公立医院、15家医疗健康创业公司提供的。

5月4日,阿里巴巴公布2018财年业绩。财报显示,在截至2018年3月31日的财年中,蚂蚁金服旗下支付宝和其合作方服务用户数达到8.7亿/年,这是支付宝首次公布全球活跃用户数量。

2017 年年末,已有 36 个境外国家和地区"扫码即可付款"。对于海外用户,已有 7 个国家和地区开始打造本地人的支付宝钱包,其中菲律宾 GCash、韩国 Kakao Pay,还有即将上线的印尼和马来西亚电子钱包,都是蚂蚁金服的最新布局。据最新消息,从 2018 年开始蚂蚁金服将携手印度尼西亚 Emtek 集团在该国推广电子支付服务。

> **思考:**
> 为什么支付宝能获得那么多用户的青睐? 你平时使用支付宝的场景多吗?

本章小结

电子支付是通过信息网络安全实现货币支付或资金流转的行为。电子支付的业务类型包括网上支付、移动支付、销售点终端交易、自动柜员机交易、电话支付和其他电子支付,其中以网上支付、移动支付为主。电子货币分为储值卡型电子货币、银行卡型电子货币、电子支票、电子现金、电子钱包。

网上银行又称网络银行、在线银行,网上银行可以分为企业网上银行和个人网上银行,也可分为传统银行建立的网上银行和纯网上银行(如微众银行)。第三方支付是指具备一定实力和信誉保障的独立机构,采用与各大银行签约的方式,提供与银行支付结算系统接口的交易支付平台的网络支付模式,支付宝、腾讯金融、银联商务是知名的第三方支付平台。

思考练习

一、单选题

1. 校园卡属于( )电子货币。

A. 储值卡型   B. 银行卡型   C. 电子支票   D. 电子现金

2. 我国真正意义上的第一家功能性网上银行是由( )建立的。

A. 中国银行   B. 招商银行   C. 建设银行   D. 交通银行

3. ( )不属于第三方支付平台。

A. 京东支付   B. 微信支付   C. 淘宝   D. 支付宝

4. 目前国内第三方支付公司中,下述( )的用户规模最大。

A. 支付宝   B. 银联   C. 翼支付   D. 易宝

二、多选题

1. 网上支付具有( )特征。

A. 数字传输   B. 开放平台   C. 现代通信   D. 方便高效

2. 网上银行又被称为"3A 银行",因为它不受时间、空间限制,能够在( )方式下为客户提供金融服务。

A. Anytime   B. Anywhere   C. Anyway   D. Anyone

3. 网上交易支付系统由以下(　　)部分组成。

A. 商家　　　　　　　B. 认证中心　　　　　C. 客户银行　　　　　D. 支付网关

4. 第三方支付的经营模式分为(　　)。

A. 支付网关模式　　　B. 信用中介模式　　　C. 电子钱包模式　　　D. 信用卡模式

三、思考题

1. 什么是电子支付? 我国目前主流的电子支付方式是什么?

2. 网上银行是怎么分类的?

3. 什么是第三方支付?

实训项目

1. 选择一个银行,办理银行卡并开通网上银行、手机银行功能,然后再完成一次网上支付和移动支付操作,并记录其过程。

2. 对以下几个第三方支付平台进行比较,认真填写表4-3。

表4-3　第三方支付平台对比表

平台 项目	支付宝	微信支付	京东支付	银联在线
公司背景				
成立时间				
用户类型				
转账费用				
合作银行				

第五章 电子商务物流

引导案例

2020年中国的网络零售总额预计将超过10万亿,新零售、新电子商务的发展要求打破原有物流格局,建设和发展以定制化生产为主要特征,以商品高效运转为目标,物流、商流、信息流、资金流有机结合的高效社会化物流体系。从2012年开始,我国快递业连续6年保持50%左右的高速增长,有力支撑起国内消费领域物流需求的增长。2017年快递支撑网络零售额超过4万亿元,占社会零售总额比重已经达到了12.5%,快递量稳居世界首位。近年来,国家相继出台一系列政策促进电子商务和物流快递业发展。"一带一路"的全球化格局将促进电子商务快递物流的大融合、大发展,届时将上演一场围绕新零售、新电子商务、新物流、新技术、新蓝图的大时代大发展大变革。

第四届中国(广州)国际电子商务物流核心竞争力峰会为新零售、新电子商务、新物流、新制造、新技术应用企业,为电子商务物流中心、快递业、仓配3PL、全网营销企业物流部、电子商务平台等提供全方位的物流解决方案,活动深度解析了电子商务物流系统集成解决方案,互联网、物联网、大数据、云计算、AI等科技构建智慧物流体系,仓配一体化科技创新驱动,电子商务、快递物流共享经济模式推进,智慧物流供应链建设,电子商务、快递物流配送解决方案等。本次峰会也是企业展示新技术、新模式、新应用的最佳平台和机会,各企业乘势而上,顺势而为,合作共建多联互通电子商务物流生态圈。

思考:网购节日都有哪些? 你对快递满意吗?

第一节 电子商务物流概述

一、物流的概念

(一)物流的定义

物流的产生源于20世纪30年代"二战"时期美国对于军火的供应、运输及囤积等活动的后勤管理。60年代"物流"的概念被日本访美考察团引进日本,"物流"一词便是由"logistics"翻译而来。80年代,"物流"正式进入中国。虽然在我国古代时期早已有诸如"丝绸之路""茶马古道""积草屯粮"等物流活动,但传统的物流仅考虑环节本身,缺乏系统性、连接性与整体性。而物流是一个不断发展，不断进行整体优化的概念。

　　根据国家标准《物流术语》（GB/T 18354—2006），物流是物品从供应地向接受地的实体流动过程。在物流过程中，从实际需要出发，将运输、储存、装卸、搬运、包装、流通加工、配送、信息处理等物流的基本功能实施有机结合。苏宁物流中心的仓库如图5-1所示。

图5-1　苏宁物流中心的仓库高位货架

　　例如，粮食物流是指粮食从生产、收购、储存、运输、加工到销售整个过程中的实体运动以及在流通环节的一切增值活动。液态奶物流过程包括牛奶生产基地取奶、原奶储存、运输、液态奶加工、包装、流通加工、卸车、配送中心入库、配送、交货等环节。家电物流过程包括家电零件、材料采购，集中加工，制造与装配，包装，搬运，装车，运输，配送中心入库，配送，交货等环节。

（二）物流在电子商务中的地位

1. 物流是电子商务的支点

电子商务是撬动新经济快速发展、商品流通中间环节扁平化的杠杆，而物流便是支撑电子商务整体环节顺利运行的支点。亚马逊在全球电子商务领域占有绝对领先的地位,其中,亚马逊的物流系统起到了极大的支持作用,在亚马逊的物流系统中不但涵盖了如仓储和运输等传统环节,更在物流高科技创新技术中颇有研究。随着电子商务行业的蓬勃发展,配套物流服务变得越来越关键,现代物流效率与电子商务收益的关联度也越来越高。

2. 物流是电子商务完成的关键

大多数电子商务订单的完成需要信息流、资金流、商流和物流的配合才能完成。信息流负责订单信息的处理及反馈,资金流负责货款的收付,而其中关键的商品发生物理空间转移的过程则是由物流来负责完成的。通常来说,只有物流环节中客户货物验收环节的完成才标志着电子商务订单的完成。因此,物流系统的运行效率及完善程度是直接影响每一笔电子商务订单的完成周期长短的关键。只有高效的物流系统,才能带来高效的电子商务。

(三) 物流在电子商务中的作用

(1) 物流是电子商务的线下保障。

物流是电子商务"四流"中商品线下实物流最典型的体现,也是实现电子商务顺利完成的重要线下保障。无论在传统商业还是在现代电子商务中,物流都扮演着不可缺失的角色。物流贯穿了商品供应链从原材料到最终产品销售整个过程,其中涵盖了采购、运输、仓储、包装等多个物流环节。

> **小知识　　　　　　　供应链**
>
> 供应链是由供应商、制造商、仓库、配送中心和渠道商等构成的物流网络。在供应链各成员单位间流动的原材料、在制品库存和产成品等就构成了供应链上的货物流。供应链管理就是协调企业内外资源来共同满足消费者需求,当我们把供应链上各环节的企业看作为一个虚拟企业同盟,而把任一个企业看作为这个虚拟企业同盟中的一个部门时,同盟的内部管理就是供应链管理。只不过同盟的组成是动态的,根据市场需要随时发生变化。
>
> 有效的供应链管理可以帮助实现四项目标:缩短现金周转时间;降低企业面临的风险;实现盈利增长;提供可预测收入。
>
> 供应链上各企业之间的关系与生物学中的食物链类似。在"草—兔子—狼—狮子"这样一个简单的食物链中,如果把兔子全部杀掉,那么草就会疯长起来,狼也会因兔子的灭绝而饿死,连最厉害的狮子也会因狼的死亡而慢慢饿死。可见,食物链中的每一种生物之间是相互依存的,破坏食物链中的任何一种生物,势必导致这条食物链失去平衡,最终破坏人类赖以生存的生态环境。

在电子商务中商流可以通过电子订单系统完成,信息流可以通过供应链中各个环节的信息接收与反馈及时建立,资金流可以随着网络支付完成,以上所有环节仅通过网络就可以顺利完成,而在电子商务中有形商品的时空转移只有通过线下的物流才能实现。因此,只有物流环节得到切实的优化,整个电子商务服务才能得到提升。

(2) 物流是电子商务的核心竞争力。

电子商务发展初期,各企业普遍存在重线上轻线下的观念,随着电子商务发展的愈发迅速和成熟,物流在电子商务中的地位也愈发突出。近年来,诸多大型外资物流企业的涌入也刺激了国内物流的专业化发展。2017 年中国物流总费用占 GDP 比重为 14.6%,虽然同比前一年有所下降,但与美国、日本的 8% 相比仍有较大提升空间。物流成本的压缩使电子商务企业有更大的盈利空间和竞争力。

（3）物流划定了电子商务的边界。

电子商务的发展促进了区域间商品的流通,建立在互联网基础上的 B2B、B2C、C2C 等平台为来自全国的生产、销售企业及客户提供了畅通的交易场所。在国内电子商务企业日渐成熟的同时,跨境电子商务成为电子商务企业不约而同瞄准的更广阔的市场。随着电子商务业务版图的不断扩张,相对于其他部分的技术、政策的对接,物流活动更起到了关键的作用。尤其是运输和仓储环节是否能够顺利进行,直接决定了商务活动的成功与否,物流无法到达的区域,电子商务也就无法进行,因此物流的边界也就是电子商务的边界。

二、物流的分类

物流分类如图 5-2 所示。

（一）企业自营物流

企业自营物流主要指企业自建运营的物流,但物流并不是该企业的主营业务。有许多企业拥有自己的企业自营物流系统,如海尔集团是一个典型的制造企业,企业主要收入来自产品销售,但与此同时海尔也拥有自己的独立物流系统。

企业自营物流的特点:

（1）控制力强。同属一个企业,物流部门能为整条供应链提供服务。

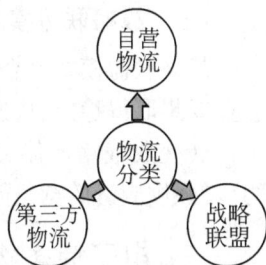

图 5-2　物流分类

（2）支持性强。企业物流部门的设立就是为生产、经营提供服务及物流支持。

（3）协调性强。可根据企业的生产、经营特点设计配套物流系统。

与企业自营物流非常相近一个物流概念是子公司物流,子公司物流是指将企业物流从企业运作中剥离出来,作为一个独立公司成立的专业物流企业,它与母公司的关系是服务与被服务的关系。2017 年京东集团宣布京东物流独立运营,成立物流子公司。虽然京东物流的主要服务对象仍是京东集团,但作为独立物流企业参与到物流行业的竞争将会成为京东物流不可避免的趋势。

子公司物流的特点:

（1）物流费中除运费、保管费以及包装材料外,其他由此产生的如生产费、销售费和一般经费等均可归纳为物流费支付,可以明确这些费用的明细。

（2）由于物流费是母公司与子公司共同协商设定的,可逐渐趋于合理。

（3）因子公司系专业公司,可致力于物流技术的提高。

（4）专业公司不仅受理母公司的货物,也可受理其他用户的货物,故可以维持一定的操作水平。

（5）因只有在物流业务中提高效益,故必须努力于物流的合理化。

(6) 可以分别采用适宜于物流母公司和物流子公司的不同劳务管理的体制。

（二）第三方物流

第三方物流(3PL)是指商务中的物流活动由除买卖双方以外的第三方专业物流企业承担,即买卖双方将物流业务外包给第三方公司。当前人们熟知的中国邮政速递物流公司、德邦物流、中国远洋海运集团有限公司等就是国内典型的第三方物流公司,而世界知名的第三方物流公司有敦豪物流(DHL)、联邦快递(FedEx)、TNT 国际快递公司等。

第三方物流的特点:

(1) 核心资源配置。由于企业资源有限,物流业务的外包有利于企业放弃自身并不擅长的物流业务,将优势资源集中在核心业务上,从而谋取更大发展。

(2) 降低成本。企业将物流业务外包,取消物流部门,减少了物流投资,增加了资金流转,提高了客户服务水平,从而提高了企业形象。

(3) 灵活服务客户。第三方物流公司可以为不同类型的顾客提供符合客户需求的如仓储、运输、装卸、配送等个性化定制物流服务,从而减少顾客因购买、建设物流设施花费的精力、时间和费用,为客户带来更多的附加价值,使客户满意度提高。

（三）战略联盟模式

战略联盟模式是企业与第三方物流企业,由业务伙伴关系向战略伙伴关系转换的模式。企业要想取得稳定、快速的发展,必须把同第三方配送企业的关系,从目前普遍存在的业务关系转变成战略伙伴关系,建立起适合自己的供应链渠道,并通过供应链上各方的共同努力,增强供应链的竞争能力。

三、电子商务物流

（一）电子商务物流的概念

电子商务物流是伴随电子商务技术和社会需求不断提高产生的现代物流的一个部分,是指电子化、网络化后的信息流、商流、资金流下的物资或服务的配送活动,包括无形商品的网络传送和有形商品的物理传送。它包括一系列机械化、自动化工具的应用,利用准确及时的物流信息对物流过程进行监控,使得电子商务中物流的速度加快、准确率提高,从而有效减少库存,缩短生产周期,提高工作效率,满足电子商务企业及顾客的要求。

（二）电子商务物流的特点

1. 物流信息化

物流信息化是电子商务物流的必然要求。电子商务操作运营使用多种技术,如条码技术(Bar Code)、数据库技术(Database)、无线射频识别技术(RFID)、地理信息系统技术(GIS)、全球定位系统技术(GPS)、电子订货系统(EOS)、电子数据交换(EDI)、有效客户反映(RCR)、企业资源计划(ERP)等。物流技术的普遍运用反映了电子商务物流的信息化发展,物流的信息化满足了当前社会对电子商务快速、准确、集约和高效的要求。

2. 物流网络化

物流网络化是基于物流信息化产生的,电子商务物流通过网络化实现了物流配送系统和组织的网络化。物流配送系统网络化是指网络将供应商、制造商、销售商、物流企业、顾客联系起来。例如,电子订货系统就将销售商的需求订单信息录入信息系统,通过网络中心传至供应商、制造商,使其可以迅速安排供货。

3. 物流智能化

随着物流信息化、网络化的发展,物流智能化得到了有力的推动。物流智能化通过集成化智能技术,使物流系统能模仿人的智能,具有思维、感知、学习、推理判断和自行解决物流中某些问题的能力。智能物流的未来发展将会体现出四个特点:智能化,一体化和层次化,柔性化,社会化。在物流作业过程中大量运筹与决策的智能化;以物流管理为核心,实现物流过程中运输、存储、包装、装卸等环节的一体化和智能物流系统的层次化;智能物流的发展会更加突出"以顾客为中心"的理念,根据消费者需求变化来灵活调节生产工艺;智能物流的发展将会促进区域经济的发展和世界资源优化配置,实现社会化。

4. 物流柔性化

当前需求市场不断变化,产品更新迭代不断加速,产品生命周期不断缩短,生产企业只有不断提高生产的柔性化才能适应市场的需求,与此同时相应的柔性化需求也传导到了配套的物流企业。柔性化的实质是通过企业高度的灵活性、适应性、主动性去满足顾客不断变化的个性化、定制化需求。而物流系统的柔性化是通过物流组织、人员、设备的动态化,快速满足顾客提出的不同物流作业需求,降低消耗,提高收益。

(三) 电子商务物流的趋势

1. 市场整合成长

当前电子商务配套物流企业繁多,市场上存在市场准入门槛较低、各企业规模大小不一、专业水平参差不齐、运营管理能力差别较大等问题。随着物流行业标准、监管制度不断完善,以及市场的自我调节功能不断强化,物流行业必然会迎来市场整合阶段,使整个行业更加健康、茁壮地成长,从而为顾客带来更专业、完善、高效的物流服务。

2. 区域市场拓展

我国具有人口多、面积大的特点,不同区域之间无论是在人口、基础设施建设、经济发展程度、地方政策还是在人民收入、消费水平上都有较大差异。因此,对于物流企业而言,了解目标市场状况,找到精准的市场切入点,并制订出有效的发展计划,对企业的区域市场拓展有举足轻重的意义。

3. 物流技术开发

随着科技的发展,物流行业的变化与革新到了前所未有的高速阶段。人们已经明显地感知,物流行业的发展需要技术的支持和推动。科学技术是第一生产力,随着技术的提升,管理方法的完善,人们能够有效地降低物流成本,提升物流效率。近年来,物流信息技术的发展给行业的运行及顾客带来了极大的便利。行业标准化的不断推行加速了不同区域间的链接与行业的整合。同时技术装备的投入明显增加,机械化、自动化进程加快,使人力得到了较大的释放,也提高了工作效率,降低了运行成本。

四、电子商务物流技术

一般认为,物流技术包括条形码技术、射频识别技术、全球定位系统、地理信息系统等技术。

（一）条形码技术

根据电子商务物流的功能以及特点,在电子商务物流中使用的信息技术主要有条形码技术、射频识别技术、传感技术、地理信息系统、全球卫星定位系统、网络技术、EDI、数据库技术 POS 系统等。电子商务物流信息系统往往以多种技术为基础,实现对物流信息的智能化识别、定位、跟踪、传递、监控和管理。

条形码(Bar Code)是将宽度不等的多个黑条和空白,按照一定的编码规则排列,用以表达一组信息的图形标识符。常见的条形码是由反射率相差很大的黑条(简称条)和白条(简称空)排成的平行线图案。条形码可以标出物品的生产国、制造厂家、商品名称、生产日期、图书分类号、邮件起止地点、类别、日期等许多信息,如商品条形码中的前缀码 69 代表中国大陆,471 代表中国台湾地区,489 代表香港特区。

1. 条形码的识别原理

要将按照一定规则编译出来的条形码转换成有意义的信息,需要经历扫描和译码两个过程。物体的颜色是由其反射光的类型决定的,白色物体能反射各种波长的可见光,黑色物体则吸收各种波长的可见光,所以当条形码扫描器光源发出的光在条形码上反射后,反射光照射到条码扫描器内部的光电转换器上,光电转换器根据强弱不同的反射光信号,转换成相应的电信号。根据原理的差异,扫描器可以分为光笔、CCD、激光三种。电信号通过条码扫描器的信号放大装置增强信号之后,再送到整形电路将模拟信号转换成数字信号。白条、黑条的宽度不同,相应的电信号持续时间长短也不同。然后译码器通过测量脉冲数字电信号 0、1 的数目来判别条和空的数目,通过测量 0、1 信号持续的时间来判别条和空的宽度。此时所得到的数据仍然是杂乱无章的,要知道条形码所包含的信息,则需根据对应的编码规则(如 EAN-8 码),将条形符号换成相应的数字、字符信息。最后,由计算机系统进行数据处理与管理,物品的详细信息便被识别了。

2. 条形码的扫描

条形码的扫描需要扫描器,如图 5-3 所示,扫描器利用自身光源照射条形码,再利用光电转换器接受反射的光线,如图 5-4 所示,将反射光线的明暗转换成数字信号。不论是采取何种规则印制的条形码,都由静区、起始字符、数据字符与终止字符组成。有些条码在数据字符与终止字符之间还有校验字符。

图 5-3　条形码扫描仪　　　　图 5-4　扫描中的条形码

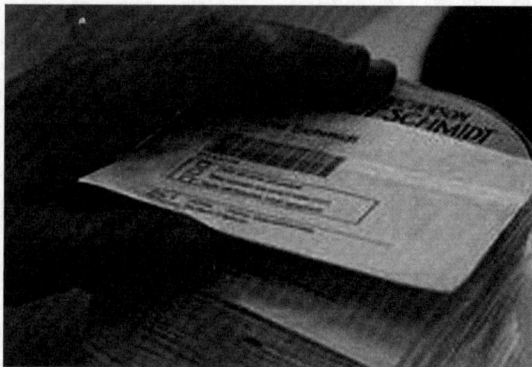

条码扫描器有光笔、CCD、激光、影像四种。

（1）光笔扫描器。用光笔扫描是最原始的扫描方式，需要手动移动光笔，并且还要与条形码接触。

（2）CCD扫描器是以CCD作为光电转换器，LED作为发光光源的扫描器，在一定范围内，可以实现自动扫描，并且可以阅读各种材料、不平表面上的条码，成本也较为低廉。但是与激光式相比，扫描距离较短。

（3）激光扫描器。以激光作为发光源的扫描器。

（4）影像扫描器。以光源拍照，利用自带硬解码板解码，通常影像扫描可以同时扫描一维及二维条码，如Honeywell引擎。

3. 条形码的优点

条形码是迄今为止最经济、实用的一种自动识别技术。条形码技术具有以下几个方面的优点：

（1）输入速度快。与键盘输入相比，条形码输入的速度是键盘输入的5倍，并且能实现"即时数据输入"。

（2）可靠性高。键盘输入数据出错率为三百分之一，利用光学字符识别技术出错率为万分之一，而采用条形码技术误码率低于百万分之一。

（3）采集信息量大。利用传统的一维条形码一次可采集几十位字符的信息，如图5-5所示。二维条形码更可以携带数千个字符的信息，并有一定的自动纠错能力，如图5-6所示。

图5-5　一维条形码

（4）灵活实用。条形码标识既可以作为一种识别手段单独使用，也可以和有关识别设备组成一个系统实现自动化识别，还可以和其他控制设备连接起来实现自动化管理。

（5）设备简单、成本低。条码符号、标签的制作容易，对印刷设备和材料无特殊要求。扫描识读设备结构简单，操作简便，几乎不需要进行专门的训练。与其他信息录入和自动识别技术相比，条码系统的构建、使用和升级所需的费用比较低。

图5-6　二维条形码

4. 条形码技术在物流中的应用

（1）销售信息系统（Point of Sales，POS）。在商品上贴上条形码就能快速、准确地利用计算机进行销售和配送管理。其过程为：对销售商品进行结算时，通过扫描器读取并将信息输入计算机，然后输进收款机，收款后开出收据，同时通过计算机处理，掌握进、销、存的数据。

（2）库存系统。在库存物资上应用条形码技术，尤其是规格包装、集装、托盘货物上，入库时自动扫描并输入计算机，由计算机处理后形成库存的信息，并输出入库区位、货架、货位的指令,出库程序则和 POS 系统条形码应用一样。

(3) 分货拣选系统。在配送和仓库出货时,采用分货、拣选方式,需要快速处理大量的货物,利用条形码技术便可自动进行分货拣选,并实现有关的管理。其过程如下:一个配送中心接到若干个配送订货要求,将若干订货信息汇总。每一品种汇总成批后,按批发出所在条形码的拣货标签,拣货人员到库中将标签贴于每件商品上并取出,用自动分拣机分货。分货机始端的扫描器对处于运动状态分货机上的货物进行扫描,一方面确认所拣出货物是否正确,另一方面识读条形码上的用户标记,指令商品在确定的分支分流,到达各用户的配送货位,完成分货拣选作业。

(二) 射频识别技术

射频识别(Radio Frequency Identification, RFID)是一种无线通信技术,可以通过无线电讯号识别特定目标并读写相关数据,而无须识别系统与特定目标之间建立机械或者光学接触。

无线电的信号是通过调成无线电频率的电磁场,把数据从附着在物品上的标签上传送出去,以自动辨识与追踪该物品。某些标签在识别时从识别器发出的电磁场中就可以得到能量,并不需要电池;也有标签本身拥有电源,并可以主动发出无线电波(调成无线电频率的电磁场)。标签包含了电子存储的信息,数米之内都可以识别。与条形码不同的是,射频标签不需要处在识别器视线之内,也可以嵌入被追踪物体之内。

许多行业都运用了射频识别技术。将标签附着在一辆正在生产中的汽车,厂方便可以追踪此车在生产线上的进度。仓库可以追踪商品的所在。射频识别的身份识别卡可以使员工得以进入锁住的建筑部分,汽车上的射频应答器也可以用来征收收费路段与停车场的费用。

1. 射频识别系统的组成

自 2004 年起,全球范围内掀起了一场无线射频识别技术(RFID)的热潮,包括沃尔玛、宝洁、波音公司在内的商业巨头无不积极推动 RFID 在制造、物流、零售、交通等领域的应用。RFID 技术及其应用正处于迅速上升的时期,被业界公认为是 21 世纪最具潜力的技术之一,它的发展和应用推广将是自动识别行业的一场技术革命。RFID 在交通物流行业的应用更是为通信技术提供了一个崭新的舞台,其将成为未来电信业有潜力的利润增长点之一。射频识别系统在具体的应用过程中,根据不同的应用目的和应用环境,其组成会有所不同,但从射频识别系统的工作原理来看,其一般由信号发射机、信号接收机、发射接收天线等部分组成。

(1) 信号发射机。

在射频识别系统中,信号发射机为了不同的应用目的,会以不同的形式存在,典型的形式是标签。它由耦合元件及芯片组成,每个标签具有唯一的电子编码,附着在物体上标识目标对象。电子标签按工作方式分为无源(不带电池供电)和有源两种。无源电子标签工作的能量是由读写器发出的射频脉冲提供的。电子标签按读写方式可分为只读标签与可读可写标签。只读标签的信息可以在标签制造过程中由制造商写入,也可以在标签开始使用时由使用者根据特定的应用目的写入,是一次写入,多次读出。可读可写标签可以实现对原有数据的擦除以及数据的重新写入。条码技术中标准码制的号码或者混合编码都可以存储在标签中。

(2) 信号接收机。

在射频识别系统中,信号接收机与完成功能的不同,读写器的复杂程度是显著不同的。

读写器是读取或写入电子标签信息的设备,可设计为手持式或固定式两种。

(3) 发射接收天线。

发射接收天线是标签与读写器之间传输数据的发射、接收装置。发射接收天线在标签和读写器间传递射频信号。在实际应用中,除了系统功率,发射接收天线的形状和相对位置也会影响数据的发射和接收,所以需要专业人员对系统的发射接收天线进行设计、安装。

2. 射频识别系统的特点

射频卡的几个主要模块被集成到一块芯片中,完成与读写器的通信。芯片上有内存的部分用来储存识别号码或其他数据,内存容量从几位到几十千位不等。芯片外围仅需要连接天线。卡的封装有不同的形式,如常见的信用卡形式及小圆片形式等。和条码、磁卡、IC卡等早期的识别技术相比,射频卡具有非接触、工作距离长、能适应恶劣环境、可识别运动目标等优点,因此其在进行识别工作时无须人工干预,适于实现自动化且不易损坏、可识别高速运动的物体并可同时识别多个目标,操作快捷方便。射频卡可在油脂、灰尘污染等环境中使用,短距离的射频卡可以在这样的环境中替代条码,长距离的射频卡多用于交通领域,其识别距离可达到几十米。

3. 射频识别系统的分类

根据 RFID 系统的功能不同,可以粗略地把 RFID 系统分成四种类型:EAS 系统、便携式数据采集系统、物流控制系统、定位系统。

(1) EAS 系统。

EAS(Electronic Article Surveillance)是一种设置在需要控制物品出入的地方的 RFID技术。这种技术的典型应用场合是商店、图书馆、数据中心等地方,当未被授权的人从这些地方非法取走物品时,EAS 系统会发出警告。典型的 EAS 系统一般由三部分组成:① 附着在商品上的电子标签,电子传感器;② 电子标签灭活装置,以便授权商品能正常出入;③ 监视器,在出口造成一定区域的监视空间。EAS 系统的工作原理是:在监视区,发射器以一定的频率向接收器发射信号(发射器与接收器一般安装在零售店、图书馆的出入口,形成一定的监视空间);当具有特殊特征的标签进入该区域时,会对发射器发出的信号产生干扰,这种干扰信号也会被接收器接收,再经过微处理器的分析判断,就会控制警报器的鸣响。根据发射器所发出的信号不同,以及标签对信号干扰的原理不同,EAS 可以分成多种类型。

(2) 便携式数据采集系统。

便携式数据采集系统是使用带有 RFID 读写器的手持式数据采集器采集 RFID 标签上的数据。这种系统具有比较大的灵活性,适用于不宜安装固定式 RFID 系统的应用环境。手持式读写器(数据输入终端)可以在读取数据的同时,通过无线电波数据传输方式(RFDC)实时地向主计算机系统传输数据,也可以暂时将数据存储在读写器中,再一批一批地向主计算机系统传输数据。

(3) 物流控制系统。

在物流控制系统中,固定布置的 RFID 读写器分散布置在既定的区域,并且读写器直接与数据管理信息系统相连,信号发射机是移动的,一般安装在移动的物体或人上面。当物体或人经过读写器时,读写器会自动扫描标签上的信息并把数据信息输入数据管理信息系统进行存储、分析、处理,达到控制物流的目的。

(4) 定位系统。

定位系统用于自动化加工系统中的定位,以及对车辆、轮船等进行运行定位支持。读写器放置在移动的车辆、轮船上或自动化流水线中移动的物料、半成品、成品上,信号发射机嵌入操作环境的地表下面。信号发射机上存储有位置识别信息,读写器一般通过无线的方式或有线的方式连接到主信息管理系统。

(三) 全球定位系统和地理信息系统

1. 全球定位系统(GPS)

GPS 是 Global Positioning System 的简称,它结合了卫星及无线技术,具备全天候、全球覆盖、高精度的特征,能够实时地、全天候地为全球范围内陆地上、海上、空中的各类目标提供持续的三维定位及精确的时间信息。

(1) GPS 概述。

GPS 是美国从 20 世纪 70 年代开始研制,历时 20 年,耗资 200 亿美元,于 1994 年全面建成,具有在海陆空进行全方位实时三维导航与定位能力的新一代卫星导航与定位系统。我国测绘等部门经近十年的使用表明,GPS 以全天候、高精度、自动化和高效率等显著特点,赢得了广大测绘工作者的信赖,并成功地被应用于大地测量、工程测量、航空摄像测量、运载工具导航和管制、地壳运动监测、工程变形监测、资源勘查、地球动力学等,从而给测绘领域带来了一场深刻的技术革命。

(2) 全球定位系统的应用。

① 车辆监管系统。

车辆监管系统是将全球定位技术、地理信息系统以及通信技术综合运用而形成的一套高科技系统。利用这一监管系统,安装有 GPS 接收器的移动目标的位置时间状态等信息,就可以实时传送到监管中心,然后可以在具有地理信息显示和查询功能的电子地图上显示出移动目标的运动轨迹,从而实现对移动目标的监控和调度。

② 智能车辆导航设备。

智能导航设备安装在车辆上后,以电子地图为监控平台,通过 GPS 接收器实时获得车辆的位置信息,并在电子地图上实时显示车辆的行驶轨迹。有些导航设备还具有语音提示功能,使用这种导航设备,司机无论对行驶线路是否熟悉都可以在提示下顺利到达目的地。

③ 货物跟踪管理。

货物跟踪是指企业利用现代信息技术及时获取有关货物运输状态的信息,如货物品种、数量、在途状况、交货期限、始发地、目的地、货主信息以及运送车辆和人员等的方法。

(3) GPS 的物流功能。

① 实时监控功能。GPS 可在任意时刻通过发出指令查询运输工具所在的地理位置并在电子地图上直观地显示出来。

② 双向通信功能。利用 GPS 的通信功能,人们可使用 GSM 的话音功能与驾驶员进行通话或使用安装在运输工具上的移动设备的汉字液晶显示终端进行汉字消息的收发与对话。

③ 动态调度功能。调度人员能在任意时刻通过调度中心发出文字调度指令,并得到确

认信息,以此可进行运输工具待命计划管理。操作人员通过在途信息的反馈,可在运输工具未返回车队前即做好待命计划,提前下达运输任务,减少等待时间,加快运输工具的周转速度。

④ 数据存储、分析功能。GPS可实现路线规划及路线优化,事先规划车辆的运行路线、运行区域,判断车辆何时应到达扫描地方等,并将该信息记录在数据库中,以备以后查询、分析、使用。

GPS还可进行可靠性分析,通过汇报运输工具的运行状态,使人们了解运输工具是否需要较大的修理,以便预先做好修理计划。GPS可计算运输工具的平均每天差错时间,动态衡量该型号车辆的性能价格比。

小知识 **北斗卫星导航系统**

中国北斗卫星导航系统(BeiDou Navigation Satellite System,BDS)是中国自行研制的全球卫星导航系统,是继美国全球定位系统(GPS)、俄罗斯格洛纳斯卫星导航系统(GLONASS)之后第三个成熟的卫星导航系统。北斗卫星导航系统(BDS)和美国GPS、俄罗斯GLONASS、欧盟GALILEO,是联合国卫星导航委员会已认定的供应商。

北斗卫星导航系统由空面段、地面段和用户段三部分组成,可在全球范围内全天候、全天时为各类用户提供高精度、高可靠定位、导航、授时服务,并具短报文通信能力,已经初步具备区域导航、定位和授时能力,定位精度10米,测速精度0.2米/秒,授时精度10纳秒。

2017年11月5日,中国第三代导航卫星顺利升空,它标志着中国正式开始建造"北斗"全球卫星导航系统。2018年8月25日7时52分,我国在西昌卫星发射中心用长征三号乙运载火箭(及远征一号上面级)以"一箭双星"方式成功发射第三十五、三十六颗北斗导航卫星,两颗卫星属于中圆地球轨道卫星,也是我国北斗三号全球系统第十一、十二颗组网卫星。

按规划,到2018年年底,我国将发射18颗北斗三号工程组网卫星,覆盖"一带一路"沿线国家;到2020年左右,完成30多颗组网卫星发射,实现全球服务能力。

---

2. 地理信息系统(GIS)

(1) GIS的概念。

GIS是Geographic Information System的简称,地理信息系统处理、管理的对象是多种地理空间实体数据及其关系,包括空间定位数据、图形数据、遥感图像数据、属性数据等,其用于分析和处理在一定地理区域内分布的各种现象和过程,以解决复杂的规划、决策和管理问题。

通过上述分析和定义可给出GIS的基本概念:

① GIS的物理外壳是计算机化的技术系统,它由若干个相互关联的子系统构成,如数据采集子系统、数据管理子系统、数据处理和分析子系统、图像处理子系统、数据产品输出子系统等。这些子系统的优劣、结构直接影响着GIS的硬件平台、功能、效率、数据处理的方式和产品输出的类型。

② GIS的操作对象是空间数据和属性数据,即点、线、面、体这类有三维要素的地理实

体。空间数据的最根本特点是每一个数据都按统一的地理坐标进行编码,实现对其定位、定性和定量的描述,这是 GIS 区别于其他类型信息系统的根本标志,也是其技术难点所在。

③ GIS 的技术优势在于它的数据综合、模拟与分析评价能力,其可以得到用常规方法或普通信息系统难以得到的重要信息,实现地理空间过程演化的模拟和预测。

④ GIS 与测绘学和地理学有着密切的关系。大地测量、工程测量、矿山测量、地籍测量、航空摄影测量和遥感技术为 GIS 中的空间实体提供不同比例尺和精度的定位数;电子速测仪、GPS 全球定位技术、解析或数字摄影测量工作站、遥感图像处理系统等现代测绘技术的使用,使人们可直接、快速和自动地获取空间目标的数字信息产品,为 GIS 提供丰富和实时的信息源,并促使 GIS 向更高层次发展。地理学是 GIS 的理论依托。

(2) GIS 的组成。

地理信息系统由硬件、软件、数据、人员和方法五部分组成。

① 硬件。硬件主要包括计算机和网络设备,存储设备,数据输入、显示和输出的外围设备等。

② 软件。软件主要包括操作系统软件、数据库管理软件、系统开发软件、GIS 软件等。

③ 数据。数据是 GIS 的重要内容,也是 GIS 系统的灵魂和生命。

④ 人员。人员是 GIS 系统的能动部分。人员的技术水平和组织管理能力是决定系统建设成败的重要因素。

⑤ 方法。方法指系统需要采用何种技术路线、何种解决方案来实现系统目标。各个部分齐心协力、分工协作是 GIS 系统成功建设的重要保证。

(3) GIS 的基本功能。

① 输入。数据的采集与编辑主要用于获取数据,保证 GIS 数据库中的数据在内容与空间上的完整性。

② 数据转换与处理。其目的是保证数据入库时在内容上的完整性和在逻辑上的一致性。其方法主要有数据编辑与处理、错误修正;数据格式转化,包括矢量、栅格转化,不同数据格式的转化;数据比例转化,包括平移、旋转、比例转换、纠正等;投影变换,主要是投影方式变换;数据概化,主要是平滑、特征集结;数据重构,主要是几何形态变换(拼接、截取、压缩、结构);地理编码,主要根据拓扑结构进行编码。

③ 数据管理。对于小型 GIS 项目,只需要把地理信息存储成简单的文件就足够了。但是,当数据量很大而且数据用户很多时,最好使用一个数据库管理系统来帮助 GIS 存储、组织和管理数据。

④ 查询分析。GIS 提供简单的鼠标点击查询功能和复杂的分析工具,为管理者提供及时的、直观的信息。

⑤ 可视化。对于许多类型的地理操作,其最终结果能以地图或图形来显示。

(4) GIS 技术在物流系统中的应用。

GIS 在物流系统中的应用主要集中于物流分析,主要是利用强大的地理数据功能来完善物流分析技术。一个完整的 GIS 物流分析软件通常集成了车辆路线模型、最短路径模型、网络物流模型、分配集合模型和设施定位模型等。车辆路线模型用于解决在一个起始点、多个终点的货物运输中,如何降低物流作业的费用并保证服务质量的问题,包括决定使用多少辆车,每辆车的路线等。最短路径模型用于寻求最有效的货物分配路径,也就是物流网点布局委托。例如,需要将货物从 N 个仓库运往 M 个商店,而它们的需求量固定,因此需要研究由哪个仓库提货送往哪个商店的运输成本最小。

分配集合模型可以根据各个要素的相似点把同一层上的所有或部分要素分为几个组,用以确定服务范围和销售市场范围。例如,某一公司要设立 X 个分销点,要求这些分销点要覆盖某一地区,而且要使每个分销点的顾客数目大致相等。

设施定位模型用于确定一个或多个设施的位置。在物流系统中,仓库和运输线共同组成了物流网络,仓库位于网络的节点上,节点决定着路线。根据供求的实际需要并结合经济效益等原则,在既定区域内设立多少个仓库、每个仓库的位置、每个仓库的规模以及仓库之间的物流关系等,均能运用此模型得以解决。我国应用于物流分析和物流研究中的 GIS 迄今为止还处于发展阶段。

第二节 电子商务物流配送

一、快递物流及快递物流公司

(一)快递

快递是兼有邮递功能的门对门物流活动,即指快递公司通过铁路、公路和空运等交通工具,对客户货物进行快速投递。快递除了较快送达目的地及必须签收外,现在很多快递公司均提供邮件追踪功能、送递时间的承诺及其他按客户需要提供的服务。

(二)快递公司

快递公司是由有邮递功能的门对门物流活动所衍生出的服务类公司。快递公司通过铁路运输、公路运输和空运等运输方式,对客户货物进行快速投递。快递公司根据服务区域规模的不同,主要有同城快递公司、区域快递公司、跨国快递公司。

随着全球经济一体化进程不断加快,各国间的贸易壁垒不断消除,国际贸易和国内贸易活动愈加活跃,生产、经营和社会活动趋于高效率和快节奏,时间价值越来越重要,大量的网购品、样品、单证、商务函件、资料的快速传递需求,为快递行业提供了大量的货源。快递将产品尽快送给客户,并提供良好的包装、仓储、报关物流服务,满足了企业的需要,实现了最大可能的社会化分工。

(三)我国主要快递公司

1. 中国邮政速递物流公司

中国邮政速递物流公司是中国邮政集团公司直属全资公司,主要经营国际、国内 EMS 特快专递业务。它是中国速递服务的最早供应商,也是中国速递行业的最大运营商。EMS 业务包括国内所有市县。

2. 申通快递有限公司

申通快递品牌初创于1993年,公司立足传统快递业务,全面进入电子商务物流领域,以专业的服务和严格的质量管理来推动中国物流和快递行业的发展,成为对国民经济和人们生活最具影响力的民营快递企业之一。

3. 顺丰速运(集团)有限公司

顺丰速运(集团)有限公司(以下简称顺丰)于1993年成立,是一家主要经营国内、国际快递及相关业务的服务性企业。

顺丰始终专注于服务质量的提升,不断满足市场的需求,建立服务客户的全国性网络,同时,也积极拓展国际间服务,目前已开通新加坡、韩国、马来西亚、日本及美国业务。

4. 上海圆通速递(物流)有限公司

上海圆通速递有限公司(以下简称圆通)成立于2000年5月,圆通始终秉承"客户要求,圆通使命"的服务宗旨和"诚信服务,开拓创新"的经营理念,持续推进品牌建设、人才建设、信息建设、文化建设和网络建设,为广大客户提供了优质的快递服务。

5. 中通速递服务有限公司

中通速递服务有限公司创建于2002年5月,是综合实力位居国内物流快递企业前列的大型集团公司。中通开展了电子商务配送、代收货款、签单返回、到付、代取件、区域时效件等增值业务。

6. 上海韵达快递

韵达是具有中国特色的物流及快递品牌,结合中国国情,建立了全方位的、多层次的运送保障体系,提供适合客户需要的产品。

二、电子商务环境下物流配送流程

(一) 接单

接单是指电子商务企业通过网络、线下方式接收客户订单并确认处理的过程。在接单过程中,电子商务企业掌握客户的具体商品或服务需求,如商品种类、数量、名址信息、联系电话,并对信息进行记录,按需筹备商品,安排发货。

(二) 揽件

揽件是指电子商务企业根据订单内容,完成商品的备货后,通知物流公司揽件,并进行商品交接的过程。其中,商品交接时,包含商品实物及配送信息的交付对接,物流公司现场对揽收的商品进行验视、检查,确定符合禁限运物品规定后完成揽件工作。

(三) 接收

完成揽件后,物流公司将商品运至处理中心,处理中心人员接收并完成初步分类归集、物流信息获取或补录的过程。接收过程中,商品包件信息完全传递至处理中心,为后续的包件处理做好信息支撑。

(四) 分拣

分拣是指按照运单名址信息,通过自动化分拣机或人工将相关的包件分至规定的格口内的处理过程。在分拣过程中,分拣机或处理中心人员将依禁限运规定对包件内商品属性和规格进行严格检查,并将符合要求的包件分拣至对应寄达地格口内,并将同一寄达地的包件集中装入容器或包袋,形成总包。

(五)封发

封发是指将已封装完毕的总包,按照相关规定合理码放至运输工具中的过程。在封发过程中,处理中心人员与运输人员做好总包交接(总包包牌栓挂、容器封扎与堆码),核对无误后通过运输工具发运。

(六)发运

发运是指在物流公司的统一组织和指挥调度下,根据运输需求制订物流发运计划,通过运输工具将包件安全、快速地运达目的地的过程。通过发运,物流公司将商品运至电子商务企业要求运达目的地,实现商品位移。

(七)派送

派送是指目的地物流人员按照运单信息,将分类的商品包件派送至收货人的过程。根据客户需求,派送一般分为两种方式,即按址派送和网点自取。在当前电子商务物流高速发展的背景下,客户对派送服务时限和形式要求越来越高,特别是针对零散小件,为解决"最后一公里"配送难题,许多物流、快递公司投入研发,诞生了如无人机派送、智能包裹柜等新式派送方式,提升了包件派送的服务效益。

(八)签收

签收是指通过派送,由客户确认包件商品并签收的过程。这个过程是整个电子商务物流配送的终端环节,一般情况下,客户确认签收后,派送人员上传妥投信息,完成服务。

三、电子商务物流配送客户服务

为更好地提供信息服务,各物流公司普遍采取组建客户服务呼叫中心的方式,利用现代的通信手段,直接对接客户,提升工作效率,有效地为客户提供信息咨询、包件追踪、投诉处理、客户维护等高质量服务。

呼叫中心又称客户服务中心,是一套融合了电子信息技术与互联网技术的多功能综合信息服务系统,主要通过电话、网络的形式承担记录客户信息、处理客户问题、满足客户需求的一系列客户服务工作,是电子商务物流领域重要的服务形式与载体。

(一)客户咨询与包件追踪

在电子商务环境下,单个商品包件与其有效的运单号码一一对应,凭借全网共享机制,无论是电子商务企业(发运方),还是终端消费者(签收方)均能查询包件的运输流程,如通过物流公司官网、快递100或拨打呼叫中心电话进行查询,及时跟踪包件去向。对于需要咨询的问题,如运输费用、运输方式、禁限运规定、包件运输流程异常等,客户可通过联系呼叫中心进行咨询,及时处理。

(二)客户投诉业务

客户投诉业务是呼叫中心承担业务中的重要类型,是企业客户服务的重要内容。客户投诉业务的开展需遵循以下三个原则:

（1）预防原则。由于企业的组织不健全，管理制度不完善等因素，造成所提供的产品或服务有瑕疵，不能充分满足客户需求，导致客户投诉。做好客户投诉业务的管理，首先应从源头把控，不断提升企业管理水平和服务意识，通过事前控制，防患于未然。

（2）迅速原则。接到客户投诉后，迅速对客户投诉事项及需求做出反应是企业客户服务能力的重要表现。投诉业务的迅速处理原则，要求呼叫中心能在第一时间受理、记录客户投诉需求，通过快速查询、协调、分析，及时将处理结果反馈至客户，避免客户因等待时间过长而产生情绪，导致投诉升级。

（3）责任原则。在处理客户投诉时，要遵照谁受理谁负责的原则。通过对呼叫中心人员进行培训，提升其岗位技能和责任意识，对受理的投诉工单能及时处理，提升服务形象。

（三）客户维护管理

客户维护管理又称客户关系管理，一般指企业为提高核心竞争力，利用相应的信息技术以及互联网技术协调企业与顾客间在销售、营销和服务上的交互，从而提升其管理方式，向客户提供创新式的个性化的客户交互和服务的过程。在电子商务物流领域，随着客户对服务体验的重视越来越高，对企业的客户服务质量有更高的要求，客户关系维护已普遍成为企业吸引新客户、留住老客户、提高客户满意度和忠诚度的重要手段和方法。

第三节 电子商务逆向物流

随着电子商务的持续发展，人们愈来愈注重在线购物的体验感，商品的退换货服务成了广大消费者重点考虑因素之一，甚至会影响到最终的购买决策。退换货物流是电子商务领域逆向物流最普遍的表现形式，如何利用逆向物流强化企业的市场竞争力与管理能力，提升企业的服务形象，是当前形势下各电子商务企业面临的重要课题。

一、逆向物流的概念

美国的新物流（New Logistics）公司，是一家为零售商提供回收商品解决方案的物流公司，2003年11月该公司在全州范围内进行了一项调研。他们随机抽取了1 020个成年人发放调查问卷。问卷统计结果显示，有90%的被调查者认为方便的退换货政策以及快捷退换货程序影响他们的购买决策，约有95%的被调查者表明他们"非常有可能"或者"有可能"到那些提供便利退换货服务的在线零售商家那里再次消费。同时，有85%的被调查者说他们"不太可能"考虑到那些不能提供便利退换货服务的在线零售商家那里购物消费。由此可见，电子商务中退换货政策对消费者的购买意愿影响非常大，能否退换货以及退换货流程的便捷性是影响客户满意度和客户忠诚度的一个关键因素。

电子商务的迅速发展给人类经济生活带来了前所未有的变革，将把现代物流业提升到一个非常重要的位置。人类已经进入网络经济时代，电子商务的发展是大势所趋，企业必须顺应这一人类社会发展规律，建立适应电子商务环境的逆向物流模式。退换货是逆向物流的主要表现形式，上述调研表明，逆向物流与电子商务之间存在着紧密的联系。

（一）逆向物流的定义

逆向物流是指企业委托第三方物流公司将交寄物品从用户指定所在地送达企业所在地的过程。逆向物流过程由企业推动，物流费用采取企业与第三方物流公司统一集中结算的方式。整个过程需要企业与物流公司双方强大的 ERP 对接系统支持。

逆向物流大致可以分为回收逆向物流和退换货逆向物流。回收逆向物流一般是指将最终消费者所持有的废旧物品回收到供应链上各节点企业，进行分类处理和再利用的过程。退换货物流一般是因为各种原因而产生的从消费者回到销售商的退换货，以及从零售商手中返回生产厂家的商品。电子商务中的逆向物流大多数是指退换货逆向物流。

（二）逆向物流的特点

传统的逆向物流具有产生的时间、地点与数量的不确定性、分散性、复杂性等特点，需要耗费大量的人力和物力来收集、整合消费者及货物信息，协调控制环节节点以支撑逆向物流活动的开展。在电子商务环境下，物流活动的有效实施得益于电子信息技术的高速发展与广泛应用，信息化建设为电子商务企业开展逆向物流，履行服务承诺创造了有利条件。

1. 流动的逆向性

电子商务逆向物流中，退回的商品形成的流动与正常销售的商品流动方向相反，即消费者—中间商—制造商—供应商，如图 5-7 所示。

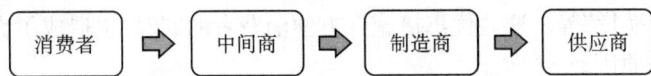

图 5-7　电子商务逆向物流示意图

2. 信息的即时性

在电子商务条件下，消费者可在网上直接联系商品销售商、制造商，将消费者的退货需求及时反映给商品上游企业，使信息沟通更为便捷和迅速。同时，使原本逆向物流作业系统的复杂性在电子商务条件下处理得更为直接和迅捷，客户出现的问题可以迅速地通过网络在供应链的上游环节得到解决。销售商和制造商的客户信息收集与更新更为方便高效，通过与消费者的直接沟通，了解需求，从而调整资源配置，改善物流系统，降本增效，推动企业发展。

3. 来源的广泛性

退回的商品可能产生于生产、流通环节或生活消费领域等社会的各领域、各行各业，并且随时都在发生，多元化的来源属性使其具有广泛性。

4. 价值的非单调性

价值的非单调性是指通过逆向物流，因物流活动的目的及形式差异，产品的价值可能增加，也可能减少。例如，退货的产品从消费者流向销售商、制造商的过程中，将产生额外的运输、仓储、检测、处理等费用，这些费用均会冲减产品的价值，故具有价值递减性。对企业而言，通过逆向物流回收对于消费者无用的产品进行再制造，使产品重新产生价值，故具有价值递增性。

（三）逆向物流产生的原因

由于电子商务在线经营的特殊性,引起退换货的原因和传统经营中产生的原因相似但不相同。电子商务中逆向物流产生的影响因素主要有以下几个方面:

（1）法律法规。

为了保护环境,促进资源的循环利用,同时为了规范网站行为和保护消费者的利益,许多国家已经立法,明确规定电子商务网站必须采取退换货政策。这些法律法规除了来自政府制定的法律法规外,还可能来自某些协会或者兴趣团体发起的要求规定。

（2）信息不对称。

在电子商务模式下,客户往往只能看到商品的电子图片或者电子说明书,从视觉上感知商品,不能全面了解所购商品的特性。当收到商品时发现实物与在网上看到的不一致,就会导致逆向物流的产生。

（3）消费者驱动。

消费者在线购物时,购买了自己不想购买的商品而引起的退换货,或者消费者收到商品后,希望获得更好的产品型号而引起的退换货。另外,零售商或者分销商将手中积压、滞销或者过季的商品退还给供应商而引起的退换货。

（4）竞争驱动。

商家为了在激烈的市场竞争中吸引更多的消费者,往往会竞相推出各种优惠的退换货条件,如"不满意就退换货"等。这些优惠措施在方便消费者的同时,也造成了大量的回收物流。

（5）商品本身原因。

引起这类退换货的原因包括商品存在瑕疵或者质量问题,商品接近或超过保质期,在配送过程中产生的损伤商品或错配商品等。

（四）逆向物流成为电子商务企业的竞争优势

1. 提高顾客满意度,增强企业竞争能力

在传统的商业活动中,投诉退换货与维修退回是否有效率是最终顾客所关注的,进而也是评价企业信誉的重要指标。在顾客有可能无法接触到商品实物的网络活动中,逆向物流的可行性与方便性更成为影响顾客购买的重要因素。顾客满意是企业的无形资产,它可以按"乘数效应"向有形资产转化,从而增强企业竞争力。

2. 节省资源,保护环境,塑造良好的企业形象

进入到网络经济时代,人们的生活水平和文化素质有了很大提高,环境保护意识也日益增强,为了改善企业的环境行为,在消费者心中赢得良好的声誉,许多企业纷纷采取退换货逆向物流战略,以减少产品对环境的污染及资源的浪费。

3. 促进企业优化与整合自身管理系统

逆向物流恰好处于企业管理活动的检查和改进两个环节上,承上启下,作用于两端。企业在退换货中暴露出的问题,将通过逆向物流信息系统不断传递到管理层,为企业减少退换货与维修比例提供参考依据。良好的逆向物流系统还能帮助企业分析退换货产品,为产品的改进设计提供反馈信息,促使企业设计制造富有特色的产品,提高产品竞争力。

4. 可观的社会效益和经济效益

企业实施逆向物流可以最大程度上利用资源,降低企业成本,使产品符合环保的要求,

提高企业产品的竞争力,扩大产品市场份额,从而使企业获得最大利润。回收所生产、销售的产品,运用专业技术与设备对其进行集中报废销毁或再次回收利用,是企业节省社会资源与保护环境直接和有效的行为,为企业赢得良好的声誉。

5. 借助互联网获取有效信息

在互联网环境下可以通过 E-mail 或销售网站问卷等方式收集消费者信息、退换货信息记录、有害产品的召回、过期产品的提醒等数据,以便企业能够及时掌握产品的销售、使用状况以及消费者预期等信息,从而进行科学分析,做出相应经营决策。

当然,逆向物流在给电子商务带来竞争优势的同时,也给电子商务提出了特殊的挑战。退换货的增加造成正向物流产生的效益被不合理的逆向物流支出抵消。

二、逆向物流的流程

逆向物流与正向物流的两个端点相同,只是流向相反,但两者却存在着很大的差异,逆向物流不只是简单地将正向物流逆向运行。为具体、形象说明电子商务条件下的逆向物流流程,下面以淘宝网的退换货操作过程为例进行介绍,如图 5-8 所示。

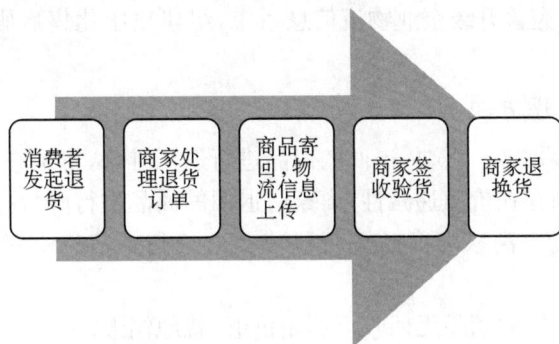

图 5-8　淘宝网退换货操作过程

(一)消费者发起退货

由于信息不对称,消费者收到淘宝商家邮寄的商品后,发现与网站上展示的有很大出入,存在质量缺陷,于是登录网站后台,整理上传产品信息和照片后,提交退货申请。

(二)商家处理退货订单

消费者提交退货申请后,商家在其管理后台将会收到该笔订单退货请求,经过比对核查,确认情况属实,商家同意退货。

(三)商品寄回并上传物流信息

消费者收到商家同意退货的消息后,将该产品封装邮寄退回至商家,并同步更新物流信息。

(四)商家签收、验货

商家收到消费者寄回的商品后,开箱验视,检查商品情况。

（五）商家退、换货

商家确认商品存在质量问题，且属于退换货服务政策允许的范围内，根据消费者实际需求，进行退款或者换货寄送操作。

三、逆向物流的管理

（一）产品退回管理原则

1. 退回货源控制原则

退回货源控制原则是指在产品退回的起始点，对无依据、不符合退货要求的退回产品进行审查和控制，将退货核查机制前移，把控源头。

2. 退回订单高效处理原则

制定规章制度，明确逆向物流中的退货流程对于维系客户关系、提升服务形象的重要性，将退回订单作为企业售后服务的重要工作内容，激励企业员工，缩短产品退回处理周期。

3. 退回商品专业化处理原则

退回商品专业化处理原则的核心是满足客户的特定需求，即采用专业化的处理方式解决客户的问题。例如，完善升级企业物流信息系统，组建集中化售后服务中心，对退回商品进行价值恢复等。

（二）退回商品处理方法

（1）返厂维修。根据客户需要，退回的商品进行返厂维修，待维修完毕后返还消费者。

（2）打折销售。因存在价值递减性，商家将退回的商品进行降价打折出售。

（3）销往二级市场。商家将商品重新包装、组合，利用信息不对称性，销往其他次级市场。

（4）就地销毁。退回的商品无回收再利用价值，就地销毁。

（三）预防或减少逆向物流

为有效降低可避免的逆向物流，在线零售商必须完善和优化在线购物环节，减少逆向物流量，从源头减少退换货现象的发生。

1. 全面展示在线商品的相关信息，克服信息不对称的弊端

除了做到语言描述准确、商品图像清晰、服务项目（标准）完备之外，还应该综合运用平面式、互动式以及 360°全景展示等技术，向顾客全面展示商品的性能、外观、特点等相关信息。

2. 采取有效措施，避免顾客一时冲动而购买产品

例如，通过网页或产品包装提供详细的退换货说明和政策；在"购买"键旁边创建"取消"键，允许顾客在一定时间内取消自己的订单；提供商品对比功能，使顾客在充分的对比选择过程中，挑选到最满意的商品。

3. 提供自助式在线补救措施

当顾客有退换货意愿时，可登录退换货系统。系统根据顾客要退换的商品和原因，为顾客提供一些解决问题的有效策略，由顾客自行选择。一般来说，这些策略可以减少 20%～40%的退换货逆向物流。

4. 增强在线交易的互动性和体验性

对于计算机等特殊的商品,可提供在线自主配置的互动功能;对于服装鞋帽等需要充分体验才能做出购买决定的商品,可创设"网上试衣间"在线体验系统,以帮助顾客挑选自己真正需要的商品。

除此之外,还要注意加强逆向物流的起点控制。企业可以通过对其销售人员进行培训以及建立退换货控制系统,在逆向物流流程的起点入口对有缺陷或无依据的回流商品进行审查,把好逆向物流的入口关。

(四) 提高逆向物流管理效率

对于不可避免的退换货逆向物流,在管理上应实施积极的退换货政策,在操作上要加快退换货的处理速度,并采用合适的返品处理方式。

1. 实行积极的退换货政策

一方面要制定合理的退货价格,如按原批发价进行全额退款或按批发价打折等方式确定退货价格,使供应商和零售商的总体利益达到最优;另一方面要确定最佳的退换货比率,通过采用发货时给予数量折扣或价格折扣,协商确定退换货的比率,以降低退换货逆向物流的不确定性,较好地平衡成本和收益。

2. 建立逆向物流信息系统

一个成功的逆向物流计划在很大程度上取决于收集有意义的信息,这些信息可以在追踪成本时帮助管理退货过程。逆向物流信息系统还将会由于退货而为公司赢得信用,改进现金流管理,从而挖掘新的利润源,增强客户的满意度。一个有效的逆向物流信息系统应该具备以下功能:第一,能够对退货信息归类和分别处理,能够追踪每次退货的原因,并且为最后处理分配一个编码,如设立退货原因代码和处置代码等,实现退货商品的实时跟踪和评估;第二,建立基于 EDI 系统设计的信息系统,实现制造商和销售商之间退货信息的交流共享,以便双方随时查询到其所需要的信息,提高退货的处理速度,使退货在最短的时间内得以分流,节约大量的库存成本和运输成本。

3. 建立集中退货中心(CRCS)

集中退货中心(CRCS)是一个逆向物流渠道上的所有产品的集中设施,这些退货在CRCS 进行分类、处理,然后被装运到它们的下一个目的地。CRCS 的运用使得快速高效地处理退货成为可能,它不仅有效改进退货处理,而且降低了库存水平,改进了库存周转,在处理过程中还形成了目标一致、富有经验的专业团队,并且改善最终的绩效。目前,已经有越来越多的零售商和制造商开始意识到它的价值。与传统退换货流程相比,基于第三方的集中式退换货中心不需要自己建立退换货仓库,顾客也不必将退换货商品运到在线商家,能够大大减少运输费用,缩短退换货周期,提高退换货效率。

4. 做好返品的再处理工作

对于缺乏最新功能,但可以使用的商品,应及时入库以备更新后再次使用;对于尚处在保修期的返回商品,要在比较维修和新建成本的基础上,进行直接调换或集中整修后另行销售;对于返回的状态良好的零部件,要整理入库供维修使用,也可通过二手零部件销售渠道进行处理;对质量、包装状态良好的返回商品,应及时进行再次销售。

本章小结

物流已经成为电子商务企业的核心竞争力。电子商务物流具有信息化、网络化、智能化、柔性化等特点,物流技术包括条形码技术、射频识别技术、全球定位系统、地理信息系统等技术。我国北斗卫星导航系统按规划到2020年左右实现全球服务能力。

少数实力雄厚的电子商务企业采用自营物流模式完成物流配送,大部分电子商务企业采用第三方物流模式,选择与合适的快递公司合作完成物流配送。退换货物流是电子商务领域逆向物流最普遍的表现形式,如何利用逆向物流强化企业的市场竞争力与管理能力,提升企业的服务形象,是当前形势下各电子商务企业面临的重要课题。

思考练习

一、单选题

1. 大多数电子商务订单的完成需要信息流、资金流、商流和( )的配合才能完成。
A. 产品流　　　　B. 物流　　　　C. 运输流　　　　D. 技术流

2. 在电子商务条件下,消费者可在网上直接对接联系商品销售商、制造商,将消费者的退货需求及时反映给商品上游企业,使信息沟通更为便捷和迅速。上述反映的是逆向物流的( )特点。
A. 流动的逆向性　　　　　　B. 信息的即时性
C. 来源的广泛性　　　　　　D. 价值的非单调性

3. 为更好地提供信息服务,各物流公司普遍采取组建( )的方式,利用现代的通信手段,直接对接客户,提升工作效率,有效地为客户提供信息咨询、包件追踪、投诉处理、客户维护等高质量服务。
A. 创新创业团队　　　　　　B. 运输车队
C. 营销团队　　　　　　　　D. 客户服务呼叫中心

4. 下列不属于电子商务物流的特点的是( )。
A. 物流信息化　　　　　　　B. 物流网络化
C. 物流智能化　　　　　　　D. 物流刚性化

二、多选题

1. 企业自营物流的优点有( )。
A. 控制力强　　　　　　　　B. 协调性强
C. 支持性强　　　　　　　　D. 管理能力弱

2. 第三方物流的优点有( )。
A. 核心资源配置合理　　　　B. 降低成本
C. 服务更灵活　　　　　　　D. 增加成本

3. 下列术语中,反映物流信息化内容的是( )。
A. EDI　　　　B. GPS　　　　C. ERP　　　　D. GIS

4. 逆向物流的特点有(　　)。

A. 流动的逆向性　　　　　　　B. 信息的即时性

C. 价值的非单调性　　　　　　D. 来源的广泛性

三、思考题

1. 电子商务物流的特点是什么?

2. 电子商务的逆向物流流程包括了哪些步骤?

实训项目

1. 本市第三方物流调研。

收集在本市提供服务的第三方物流企业名单,从中选择三家具有代表性的物流企业(如覆盖区域大小,国有、民营或外资等),了解三家物流企业在本市的网点布局,了解三家物流企业的作业流程、发展现状,对三家物流企业进行比较分析,整理相关材料,完成调研报告的撰写。

2. 电子商务退换货物流调研。

运用本章所学的知识及网络工具在教师指导下进行调研。选择一家自己熟悉的电子商务商城企业,了解该企业的退换货制度、退换货流程,分析该商城的售后服务、逆向物流模式,分析其优缺点,并给出改善建议。撰写实训报告。

第六章　网络营销

引导案例

小米：网络营销如何成功

小米手机是近几年一款畅销的国产手机，它的崛起让很多人感到不可思议，到底小米手机背后隐藏着什么网络营销手段？小米手机的品牌价值是如何塑造的？下面介绍几种小米手机在推广过程中常用的营销方式。

1. 微博营销

微博是人气非常高的一个互动平台。在小米成名之前，雷军每天都会以各种方式吸引一定量的粉丝聚集在一起，然后通过他的微博发布新产品测评，从而让消费者快速关注小米手机这个品牌。同时小米经常在微博上举办活动，小米官方微博的粉丝数量很大，活动关注人数和微博转发数量也很大，从而在消费者中逐步树立起了品牌形象。

2. 论坛社区

论坛作为一个交流社区，互动自然很多。特别是手机爱好者，经常会通过逛手机论坛来提高自己的知识水平，为此，小米手机团队经常在手机论坛中与坛友互动，并发测评帖子来推荐小米手机。

3. 高级文案

想做好一款产品的品牌推广，让消费者建立品牌意识，高级的文案写作是必不可少的。一篇好的软文，能让很多人阅读和转发，从而带动消费者对小米手机的品牌认知。

4. 手机测评

在一些IT、数码媒体的门户网站进行测评软文投放，对小米手机的功能、配置等数据进行介绍，并且尽量让评论中没有差评，让消费者对产品产生良好印象。

5. 粉丝

每一个成功的网络营销，粉丝都是必不可少的主力军。小米手机在每一次测评或者新产品发布时，都会有大量的粉丝对测评结果及新品发布消息进行评论或者转发，从而大大提高了产品的曝光度和知名度。

6. 饥饿营销

饥饿营销是小米手机网络营销成功的关键。当小米手机积累到一定人气的时候，小米果断采取了饥饿营销的模式。于是，小米粉丝开始抢购小米手机，抢到的人会在个人空间、论坛、微博上分享抢到的手机的信息。这样一来，好奇者就会主动关注这个手机产品。这无疑又给小米手机做了一次生动的广告。

思考：网络营销的作用是什么？网络营销有哪些推广方法？

第一节 网络营销概述

一、网络营销的含义

（一）营销概述

营销是一个耳熟能详的词汇，任何一个稍具规模的企业都会有这样一个部门或者专门的队伍。在互联网时代，越来越多的企业注重线上营销与线下营销的融合。何为营销？营销是在创造、沟通、传播和交换产品中，为顾客、客户、合作伙伴以及整个社会带来经济价值的活动、过程和体系，主要是指营销人员针对市场开展经营活动、销售行为的过程。

开展营销工作的基本流程为：市场机会分析→市场细分→选择目标市场→市场定位→确定市场营销组合策略→营销活动管理。

1. 市场机会分析

分析市场上存在哪些尚未满足或尚未完全满足的显性或隐性的需求，以便企业能根据自己的实际情况，找到内外结合的最佳点，从而组织和配置资源，有效地提供相应产品或服务，达到企业的营销目的。

2. 市场细分

企业由于受到自身实力的限制，不可能向市场提供能够满足一切需求的产品和服务，企业只能满足部分消费者的部分需求，所以企业必须对总体市场进行划分，从而找出适合企业做的那部分市场。市场细分就是进行市场划分的工具，它按照消费者欲望与需求把因规模过大导致企业难以服务的总体市场划分成若干具有共同特征的子市场，不同子市场之间需求存在着明显差别，处于同一子市场的消费群被称为目标消费群，相对于大众市场而言这些目标子市场的消费群就是分众了。市场细分是选择目标市场的基础。

3. 选择目标市场

目标市场是指企业决定进入的、具有共同需要或特征的购买者集合。选择目标市场就是要明确企业应为哪一类用户服务，满足他们的哪一种需求。根据所选择的细分市场数目和范围，目标市场选择策略可以分为集中性目标市场策略、差异性目标市场策略、无差异性目标市场策略三种方式。

4. 市场定位

通常情况下，在企业选择的目标市场上仍然有多家同行企业在做这个市场，市场定位就是为了让消费者觉得企业的产品与同行企业的产品不一样。市场定位是根据竞争者现有产品在市场上所处的位置，针对消费者或用户对该种产品的某种特征、属性和核心利益的重视程度，强有力地塑造出本企业产品与众不同、给人印象深刻、鲜明的个性或形象，并通过一套特定的市场营销组合把这种形象迅速、准确而又生动地传递给顾客，影响顾客对该产品的总体感觉。

市场细分（Market Segmentation）、目标市场（Market Targeting）、市场定位（Market Positioning）是企业营销战略的核心三要素，被称为 STP 营销。

5. 确定市场营销组合策略

营销组合是企业对付竞争者强有力的手段,是合理分配企业营销预算费用的依据。营销组合指的是企业在选定的目标市场上,综合考虑环境、能力、竞争状况对企业自身可以控制的因素,加以最佳组合和运用,以完成企业的目的与任务。企业可以控制的营销因素主要包括产品(Product)、价格(Price)、渠道(Place)和促销(Promotion)。产品策略(Product Strategy)、价格策略(Price Strategy)、渠道策略(Place Strategy)和促销策略(Promotion Strategy)的组合运用被称为4PS。一次成功和完整的市场营销活动,意味着以适当的产品、适当的价格、适当的渠道和适当的促销手段,将适当的产品和服务投放到特定市场。

6. 营销活动管理

营销活动管理就是进行营销计划的制定、组织执行、控制。既要制定较长期战略规划,决定企业的发展方向和目标,又要制订具体的市场营销计划,以及具体的实施战略计划。营销计划需要一个强有力的营销组织来执行,根据计划目标,需要组建一个高效的营销组织结构,需要对组织人员实施筛选、培训、激励和评估等一系列管理活动。在营销计划实施过程中,需要控制系统来保证市场营销目标的实施,营销控制主要有企业年度计划控制、企业盈利控制、营销战略控制等。

如果上述流程每个环节都能够处理得好,营销通常都是成功的;如果哪个环节出了问题,企业就会面临生存危机。

(二)网络营销的定义

作为企业整体营销的一个组成部分,网络营销(E-marketing 或 On Line Marketing)是指借助于互联网络、现代通信技术和数字交互式媒体来满足消费者需求,实现企业营销目标的一系列营销活动。网络营销产生于20世纪90年代,也被称为网上营销、互联网营销、线上营销、数字营销等。网络营销的真正意义和目的在于通过利用各种互联网工具为企业营销活动提供有效的支持。为了更好地认识网络营销,有必要对以下问题进行说明:

(1)网络营销是企业整体营销战略的组成部分。网络营销一方面包括传统营销活动在网络环境下的应用和实现过程;另一方面包括网络环境下特有的、以数字化形式的产品及无形服务为核心内容的各种营销活动。网络营销与传统市场营销并存,两者同时在营销实践中得到应用与发展,共同为实现企业的营销目标而努力。

(2)网络营销不是网络销售。网络销售是企业在网络平台上与消费者开展网上交易的过程。而网络营销则贯穿于企业进行网上经营的整个过程,包括网站推广、信息发布、顾客服务、网上调研、销售促进和网络销售等内容。网络销售只是网络营销的环节之一。

(3)网络营销不等于电子商务。网络营销与电子商务存在密切的联系,但两者也有一定的区别。网络营销是一种营销模式,注重通过开展借助网络平台的营销活动来促进商品交易、提升企业的品牌价值、加强与顾客的沟通及改善对顾客的服务等。电子商务的内涵很广,其核心是基于网络的交易方式和交易过程,比如网上支付、网上交易的安全与法律等,而这些不是网络营销重点研究的内容。

(4)网络营销不只是建立企业网站。谈到网络营销,许多人会想到建立网站。一般来说,建立网站是很多企业开始进行网络营销的第一步,而不是网络营销的全部。

二、网络营销的特点

互联网是开展网络营销的基础,互联网的某些特性使得网络营销呈现出以下特点。

(一)跨时空

互联网具有跨越时间和空间来进行信息交换的特点。基于互联网的网络营销也不再受时间和空间的限制,它使跨时空交易成为可能。借助互联网,企业可以全天候地向世界各地的消费者提供产品和服务。

(二)多媒体

通过互联网传递的信息不仅仅是文字,人们利用多媒体技术还可以传递声音、图像、动画等。这些信息通过多媒体被有机地融为一体,以超文本的形式生动地展现给顾客,从而提高网络营销对顾客的影响力。

(三)成长性

随着经济的快速发展,居民的收入水平及消费水平也在不断提高,越来越多的居民开始使用互联网;与此同时,越来越多的企业建立了自己的网站,开始尝试通过网络开展营销活动。网络营销的成长性得到广泛认可。

(四)整合性

网络营销从消费者需求出发,根据消费者需求设计产品或服务,并将产品送达消费者。开展网络营销需要企业对营销活动进行统一的规划和协调,有效整合企业内部及外部资源,以统一的传播资讯向消费者传达信息,满足消费者需求。

(五)技术性

网络营销以网络平台为基础,而搭建网络营销平台需要通信技术的支撑。企业要想开展网络营销必须要有相应的技术投入和技术支持,同时还需要拥有营销知识、掌握网络通信技术的复合型人才。

三、网络营销的职能

实践证明,网络营销可以在八个方面发挥作用:网上调研、信息发布、销售促进、网络销售、顾客服务、顾客关系、网站推广、网络品牌。这八种作用也就是网络营销的八大职能,网络营销策略的制定和各种网络营销方式的运用也以发挥这些职能为目的。

(一)网上调研

调研是营销工作的基础。网上市场调研具有调查周期短、成本低的特点。网上调研不仅为制定网络营销策略提供支持,也是市场研究活动的辅助手段之一,合理利用网上市场调研手段对于市场营销策略具有重要价值。网上市场调研与网络营销的其他职能具有同等地位,既可以依靠其他职能的支持而开展,同时也可以相对独立进行,网上调研的结果反过来又可以为其他职能更好地发挥提供支持。

(二)信息发布

网络营销的基本方法就是将发布在网上的企业营销信息以高效的互联网手段传递到目

标用户、合作伙伴、公众等群体，离开有效的企业网络信息源，网络营销便失去了意义。因此，信息发布就成为网络营销的基本职能之一。发布信息渠道包括企业资源（如官方网站、官方博客、官方 APP、官方社交网络等）以及第三方信息发布平台（如开放式网络百科平台、文档共享平台、B2B 信息平台等），充分利用企业内部资源及外部资源发布信息，是扩大企业信息网络可见度，实现网络信息传递的基础。

（三）销售促进

市场营销的基本目的是为最终增加销售提供支持，网络营销也不例外，各种网络营销方法大都直接或间接具有促进销售的效果，同时还有许多针对性的网上促销手段（如网络优惠券、团购、积分等）。这些促销方法并不限于对网络销售的支持，事实上，网络营销对于促进线下销售同样很有价值，这也就是为什么一些没有开展网络销售业务的企业一样有必要开展网络营销的原因。

（四）网络销售

网络销售是企业销售在互联网上的延伸，也是直接的销售渠道。一个企业无论是否拥有实体销售渠道，都可以开展网络销售。网络销售渠道包括企业自建的官方网站、官方商城、官方 APP，以及建立在第三方电子商务平台上的网上商店、通过社交网络销售及分销的微店，参与团购、加盟某 O2O 网络成为供货商等。与早期网络营销中网络销售处于次要地位相比，当前的网络销售已发挥越来越重要的作用，许多新兴的企业甚至完全依靠在线销售。

（五）顾客服务

互联网提供了方便的在线顾客服务手段，从形式简单的 FAQ（常见问题解答），到电子邮件、邮件列表，以及聊天室、在线论坛、即时信息、网络电话、网络视频、SNS 社交网络等，均具有不同形式、不同功能的在线沟通和服务的功能。在线顾客服务具有成本低、效率高的优点，在提高顾客服务水平、降低顾客服务费用方面具有显著作用，同时也直接影响到网络营销的效果，因此在线顾客服务成为网络营销的基本组成内容。

（六）顾客关系

网络营销的基础是连接，尤其在网络营销的粉丝思维及生态思维模式下，顾客是社交关系网络中最重要的环节，对于促进销售及开发客户的长期价值具有至关重要的作用。建立顾客关系的方式，从早期的电子邮件、邮件列表、论坛等到目前的微博、微信、微社群等社会化网络，连接更为紧密，沟通更加便捷。顾客关系资源是企业网络营销资源的重要组成部分，也是创造顾客价值、发挥企业竞争优势的基础保证。

（七）网站推广

企业网站获得必要的访问量是网络营销取得成效的基础，尤其对于中小企业，由于经营资源的限制，发布新闻、投放广告、开展大规模促销活动等宣传机会比较少，因此，通过互联网手段进行网站推广的意义显得更为重要，这也是中小企业对于网络营销更为热衷的主要原因。即使对于大型企业，网站推广也是非常必要的，事实上许多大型企业虽然有较高的知名度，但网站访问量也不高。因此，网站推广是网络营销最基本的职能之一，是网络营销的基础工作，在 PC 网络营销流量思维导向下，网站推广显得格外重要。在移动网络营销环境下,网站推广还需要进一步扩展到企业其他官方信息平台的推广,如官方 APP 推广、官方 SNS 账号的推广等,实现流量思维与粉丝思维的同步发展。

(八)网络品牌

当网络营销上升到一定层次后,它就不再关注短期销售,而是关注品牌推广。网络营销为企业利用互联网建立品牌形象提供了有利的条件,无论是大型企业还是中小企业都可以用适合自己的方式展现品牌形象。传统的网络品牌建设是以企业网站建设及第三方平台信息发布为基础,通过一系列的推广措施,达到顾客和公众对企业的认知和认可。移动互联网的发展为网络品牌提供了更多的展示机会,如建立在各种社交网络平台的企业账户、企业 APP 等。网络品牌价值是网络营销效果的表现形式之一,通过网络品牌的价值转化实现持久的顾客忠诚和更多的直接收益。

网络营销的各个职能之间并非相互独立的,而是相互联系、相互促进的,网络营销的最终效果是各项职能共同作用的结果。

四、网络营销方式

网络营销的方式有很多,如搜索引擎营销、网络广告、论坛营销、问答与百科营销、微博营销、微信营销、QQ 营销、电子邮件营销、直播营销、视频营销、网红营销等。只要是在互联网上能够帮助企业有效地传播营销信息的方式,都可以为企业网络营销所用。根据 CNNIC 调查数据显示,使用互联网开展营销活动的企业中,利用即时聊天工具进行营销推广最受企业欢迎,使用比例超过 60%。利用即时聊天工具进行营销推广,利用搜索引擎推广,利用电子商务平台推广,利用电子邮件营销,利用软文营销推广,长期占据网络营销方式的前五位置,如表6-1所示,接下来的三节内容分别介绍搜索引擎营销、电子邮件营销、电子商务平台推广。

表6-1 2014—2016 年企业网络营销方式使用比例

序号	2014 年		2015 年		2016 年	
	网络营销方式	使用率	网络营销方式	使用率	网络营销方式	使用率
1	即时聊天工具营销推广	62.7%	即时聊天工具营销推广	64.7%	即时聊天工具营销推广	65.5%
2	搜索引擎营销推广	53.7%	电子商务平台推广	48.4%	电子商务平台推广	55.1%
3	电子商务平台推广	45.5%	搜索引擎营销推广	47.4%	搜索引擎营销推广	48.2%
4	电子邮件营销	40.1%	电子邮件营销	37.4%	电子邮件营销	40.2%
5	软文营销推广	30.2%	软文营销推广	32.8%	软文营销推广	36.1%
6	网站展示型广告	29.3%	网站展示型广告	28.1%	网站展示型广告	32.3%
7	微博营销推广	26.9%	微博营销推广	24.7%	微博营销推广	27.9%
8	网络联盟广告	21.6%	网络联盟广告	17.5%	微信营销推广	25.2%
9	团购类网站营销推广	19.0%	团购类网站营销推广	16.8%	网络联盟广告	21.1%
10	网络视频贴片广告	16.4%	网络视频贴片广告	13.9%	团购类网站营销推广	21%

第二节 搜索引擎营销

一、搜索引擎营销的定义

搜索引擎是指根据一定的策略、运用特定的计算机程序从互联网上搜集信息,在对信息进行组织和处理后,为用户提供检索服务,将检索结果展示给用户的系统。比较知名的搜索引擎有百度、神马、360搜索、搜狗、谷歌。

使用搜索引擎寻找信息是网民在互联网上的基础应用,2017年我国搜索引擎用户规模达6.4亿,使用率为82.8%。2016年企业使用搜索引擎营销推广的比例为48.2%,位列常用网络营销方式第三。

搜索引擎营销的基本思路是在用户使用搜索引擎查找需要的信息时,让用户发现企业的信息,并点击进入企业网站或网页进一步了解相关信息,达到营销目的。搜索引擎营销(Search Engine Marketing,简称SEM)可以定义为根据用户使用搜索引擎的方式,利用用户检索信息的机会,尽可能将营销信息传递给目标用户。

搜索引擎营销的基本方法有搜索引擎登录、搜索引擎优化、搜索关键字广告。搜索引擎登录是将企业网站在主要的搜索引擎进行注册,目的是让这些搜索引擎把企业网站收录到数据库中。搜索引擎登录已经不是主要的搜索引擎营销方法,因此下文重点介绍搜索引擎优化和搜索关键字广告。

二、搜索引擎优化

搜索引擎优化(Search Engine Optimization,简称SEO)是利用搜索引擎的规则提高网站在有关搜索引擎内的自然排名。

互联网上的网页浩如烟海,当在搜索引擎中输入搜索请求(即关键字)时,搜索引擎马上就会给出搜索结果。比如用户在百度中,输入关键字"搜索引擎优化",返回的搜索结果如图6-1所示,站优云网站在没有给百度付费的情况下获得了靠前的展示位置。

搜索引擎给出的搜索结果不是随机乱排的,而是根据算法,经过机器运算后得出。搜索引擎排名的算法十分复杂,也从来没有哪家搜索引擎公司把排名算法完整地公开过。但搜索引擎排名会遵循两个原则:一是搜索引擎总是希望把最好最优秀、对用户最有用的网站往前面排;二是搜索结果的排序不是由人工审核,而是由机器根据规则和算法自动完成。为什么让机器来排,不让人工来排,这是因为一方面网络上的信息量实在太大,人工审核根本做不完;另一方面,人工审核容易带有个人的感情色彩,不利于结果的公正。所以搜索引擎公司只会制定规则和算法,按照它所制定的规则和算法由机器自动完成排序。影响搜索引擎自然排名的因素有以下几种。

图 6-1　关键字、自然排名、付费广告示意图

（一）网站服务器

影响搜索引擎排名的服务器因素主要有两点：首先，服务器的地区分布影响排名。有研究结果表明，对相同的英文关键字，用相同的方法，总是服务器在美国的网站排到第一页的速度快，放在国内服务器上的慢。所以如果做英文网站，尽可能放在国外。其次，服务器的速度和稳定性也非常重要。无论是百度还是谷歌，都不断强调，搜索引擎也是一个普通的用户。作为一个用户，如果出现服务器不稳定，搜索引擎的蜘蛛就不能正常地抓取网站的网页，并且访问速度比较慢，搜索引擎的蜘蛛就不能顺畅地到达网站所在的空间。如果服务器稳定性高，访问速度快，搜索引擎的蜘蛛就会顺利地到达网站所在的空间，快速地抓取网页。这对网站的收录和 PR 值的评定会起到不可估量的作用，这也就是为什么网站更换了好的服务器，出现 PR 值提升的原因。

> **小知识**　　　　　　　　　　　**PR 值**
>
> 　　PR 值全称为 PageRank，是 Google 排名运算法则（排名公式）的一部分，用来标识网页的等级/重要性。级别从 0 到 10 级，10 级为满分。PR 值越高说明该网页越受欢迎（越重要）。例如，一个 PR 值为 1 的网站表明这个网站不太具有流行度，而 PR 值为 7 到 10 则表明这个网站非常受欢迎（或者说极其重要）。一般 PR 值达到 4，就算是一个不错的网站。

（二）网站的内容

（1）网站的内容要丰富。例如，同为围绕电子商务为主题的网站，一个有几万个网页，另一个仅有一个网页，那么这两个网站比较，哪个更专业呢？肯定是前者。所以内容越丰富，搜索引擎会认为网站越专业。

（2）网站原创内容要多，这会给网站带来较高的评分。近几年，垃圾网站越来越多，所以原创内容对 SEO 的影响越来越大，网站的原创内容越多，搜索引擎就会认为网站越专业。

（3）要用文字来表现内容。避免用图片、Flash 等方式来表现网页中重要的内容，因为搜索引擎是看不到的。越是重要的内容越要用文字来表现。

（三）title（标题）和 meta（标签）设计

每个页面的 title 和 meta 都要不同，并且要与该页面的内容相符合。title 和 meta 的长度要合理控制，title 的设计越简洁明了越好，尽量不要超过 25 个汉字，网页描述 meta 不要超过 100 个汉字。至于 title 和 meta 中的关键字密度，title 中合理突出 1～2 个关键字就可以了，网页描述 meta 核心关键字合理出现 4 次左右。title 和 meta 设计常见的错误有 title 中堆积一大堆关键字，整个网站所有网页的 title 和 meta 都相同。

（四）网页的排版

（1）大标题要用<hl>，hl 的作用类似 title，主要是告诉搜索引擎，这个网页的核心内容是什么。

（2）文本中的关键字用<b>加粗或者加重。如果文本中出现的关键字比较多，只要加粗 1～3 次，合理突出一下即可，不要过度使用。

（3）网页中的图片要加上 alt 注释。加 alt 注释的图片，通常是网页中的重要图片，比如产品图片、明星图片等等。网页中的修饰图片不要乱加，除非是为了说明图片的内容。企业如果做好这个细节，图片搜索引擎也可能会给网站带来大量的流量。

（五）域名、文件名、URL 路径

（1）域名。如果做英文网站，直接采用包含关键字的域名非常有助于排名。比如想突出 china tour 这个关键字，那么选用域名"chinatour. com"，很快就可以获得好的排名。如果是中文网站，可以考虑一下全拼的域名，因为各大搜索引擎都可以很好地识别拼音，这样对网站排名也非常有利。

（2）文件名。中文网站无所谓，如果做英文网站，文件名要用关键字，并且各个单词之间要用中横线"—"分开，不要用下横线。

（3）URL 的权重。顶级域名比二级域名有优势，二级域名比栏目页有优势，栏目页比内页有优势，静态路径比动态路径有优势。网页的目录层次越浅越好，最好不要超过三级目录。

（六）网站的导航构架

网站的导航结构要清晰明了，能够让用户在最短的时间内找到自己需要的信息，这样不

仅用户会非常喜欢,同时搜索引擎也会喜欢。

超链接要用文本链接。网页中的超链接不要使用 Flash 按钮或者图片链接,最好使用文字来做链接,这样对排名有帮助。

各个页面之间要有相关链接,也就是让网站的每个网页都要有网站相关的其他网页的链接,这样非常有利于搜索引擎对整个网站的收录和更新。

(七)关键字的密度和分布

通常情况下,关键字密度在 3%~5%为宜,不要刻意追求关键字的堆积,否则会触发关键字堆砌过滤器,被搜索引擎处罚。

怎样让关键字分布合理呢?关键是做好分布,分布妥当,密度自然就会合理了。一个关键字需要在一个网页的哪些地方合理出现呢?主要在六个地方:title、meta、网页大标题、网页文本、图片 alt 注释以及网页底部超链接文本。在一个网页中,关键字能够在以上 6 个地方合理出现就可以了。

(八)反向链接因素和 PR 值

PR 值的高低,是由网页的反向链接的多少和质量来决定的。反向链接数量越多,质量越高,那么这个网页获得的 PR 值就越高。PR 值越高,对排名越有利。反向链接是指如果 A 网页上有一个链接指向 B 网页,那么 A 网页就是 B 网页的反向链接。需要特别强调的是,反向链接是网页和网页之间的关系,而不是网站和网站的关系。站内各个网页之间的反向链接,被称为内部链接。站外的网页给网站内的网页做的反向链接,叫作外部链接。增加反向链接的方法主要包括调整网站内部构架、友情链接交换、利用原创文章被转摘以及利用专业的工具软件。

三、搜索关键字广告

关键字就是企业用来定位用户的字词。搜索关键字广告是指企业通过搜索引擎公司购买关键字,当用户用此关键字搜索时,该企业的信息出现在搜索页上,以吸引用户点击链接进入商家的网站,促进交易的实现。

搜索引擎优化是基于搜索引擎自然检索的营销推广方法,并不是每个网站都可以通过搜索引擎优化获得足够的访问量。尤其在竞争激烈的行业中,大量的企业网站都在争夺搜索引擎检索结果中有限的用户注意力资源时,很多企业会受到搜索引擎自然检索推广效果的限制。因此,企业的搜索引擎营销策略往往是各种搜索引擎营销方法的组合。采用付费的方式,参与搜索引擎公司推出的关键字竞价排名,从而获得企业希望的展示位置,因其更加灵活和可控性高等特点受到企业的认可,成为搜索引擎营销的重要方法。如图 6-1 所示,艾德思奇网站在百度的自然排名未能靠前,通过付费的方式获得了靠前的展示位置,这就是搜索关键字广告。

(一)搜索关键字广告的特点

(1)用户定位程度高。由于推广信息出现在用户检索结果页面,与用户获取信息的相关性强,因而搜索关键字广告的用户定位程度远高于其他形式的网络广告。并且,用户是主动检索并获取相应的信息,具有更强的主动性,更加符合网络时代用户决定营销规则的思想。

(2) 按点击付费,广告预算可以自行控制。按点击付费是搜索关键字广告模式最大的特点之一,对于用户浏览而没有点击的信息,不必为此支付展示费用。相对于传统网络广告按照千人印象数收费的模式来说,更加符合广告主的利益,使得网络推广费用可以自行控制。用户还可以自行设定每天、每月的最高广告预算,这样就不必担心选择过热的关键字而造成广告预算的大量增加,或由于其他原因使得推广预算过高,并且这种预算可以方便地进行调整,为控制预算提供了极大方便。

(3) 关键字广告形式简单,制作成本降低。关键字竞价的形式比较简单,一般包括标题、描述、访问 URL 和显示 URL,如图 6-2 所示。有的学习资源中把展现在用户面前的推广内容统称为创意。关键字不需要复杂的广告设计,因此降低了广告设计的制作成本,使得小企业、小网站、个人网站、网上店铺等都可以方便地利用关键字竞价方式进行推广。

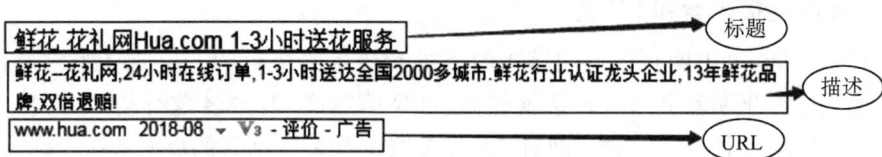

图 6-2 搜索关键字广告内容组成

(4) 广告信息可以方便地进行调整。出现在搜索结果页面的推广信息,都是广告主自行设定的,并且可以方便地进行调整,这与搜索引擎自然检索结果中的信息完全不同。自然检索结果中显示的网页标题和摘要信息取决于搜索引擎自身的检索规则,企业只能被动适应。如果网页的搜索引擎友好性不太理想,则显示的摘要信息可能对用户没有吸引力,将无法保证推广效果。

(5) 关键字广告投放效率高。关键字广告推广信息不仅形式简单,而且整个投放过程也非常快捷,大大提高了投放广告的效率。

(6) 广告信息出现的位置可以进行选择。在进行竞争状况分析的基础上,网站通过对每次点击价格和关键字组合的合理设置,可以预先估算出推广信息可能出现的位置,从而避免了网络广告的盲目性。

(7) 可引导潜在用户直达任何一个期望的目的网页。由于关键字广告信息是由企业自行设定的,当用户点击推广信息标题链接时,可以引导用户来到任何一个期望的网页。在自然检索结果中,搜索引擎收录的网页和网址是一一对应的,即摘要信息的标题就是网页的标题(或者其中的部分信息),摘要信息也是摘自该网页,而在关键字广告中可以根据需要设计更有吸引力的标题和摘要信息,并可以让推广信息连接到期望的目的网页,如重要产品网页等。

(8) 可以随时查看广告效果统计报告。当购买了关键字竞价排名服务之后,服务商通常会为用户提供一个管理入口,可以实时在线查看推广信息的点击情况以及已经支出的费用。通过经常对广告效果统计报告进行记录和分析,对于网站积累竞价排名推广的经验,进一步提高推广效果具有积极意义。

（9）关键字广告是搜索引擎优化的补充。一般的网站不可能保证通过优化设计使得很多关键字都能在搜索引擎结果中获得好的排名，尤其是对于一个企业拥有多个产品线时，这时采用关键字广告推广是对搜索引擎自然检索推广的有效补充。

（二）关键字广告的投放策略

（1）选择适合的时间、区域进行关键字广告的投放。关键字广告的特点之一是灵活方便，可以在任何时间、区域投放，也可以将任何一个网页作为广告的着陆页面。因此，如果需要，可以在网站推广运营的任何阶段投放关键字广告。不过，在网站运营的特定阶段采用关键字广告策略则显得更为重要，如网站发布初期；有新产品发布并且希望得到快速推广时；在竞争激烈的领域进行产品推广时；当与竞争者网站相比，企业网站在搜索引擎检索结果效果不太理想时；希望对某些网页进行重点推广时。

（2）选择关键字广告平台。如果有充足的广告预算，选择在所有主流搜索引擎上同时投放广告；如果希望自己的广告内容向尽可能多的用户传递，那么选择不同搜索引擎的组合；如果潜在用户群体特征比较明显，选择与用户特征最为吻合的搜索引擎，比如移动客户较多，则选择神马搜索引擎。

（3）选择关键字组合。关键字组合的选择是搜索关键字广告中最重要也是最有专业技术含量的工作内容之一，直接决定了广告的投放收益率。

关键字分为三大类：核心关键字、关键字组合、语意扩展关键字（同义词、否定词、语意关联词等）。要挖掘出自己网站的系列关键字，最好借助由搜索引擎提供的关键字分析工具。一般说来，通用性关键字用户检索量大，但并不一定转化率高，顾客转化率高的关键字往往是比较专业或者是多个关键字组合的检索。例如，"律师"属于通用关键字，而"北京商标纠纷律师"属于专业关键字。通过"律师"进行检索到达网站的访问者与通过"北京商标纠纷律师"进行检索到达网站的访问者相比较，显然后者的转化率高。

选择合适的关键字及关键字组合依赖于搜索引擎营销人员的丰富经验，对该行业产品特点和用户检索行为的深入理解，也可借助搜索引擎服务商提供的相关工具和数据进行分析。

（4）广告文案及广告着陆页面设计。选择合适的关键字后，需要对广告文案（即创意）和着陆页进行专业设计。好的关键字广告文案能吸引潜在客户点击，广告文案的质量决定了广告文案的点击率。在设计广告着陆页时，要注意与关键字的相关性，还要考虑用户体验以增强广告效果，达到让用户通过有限的信息而去关注并点击广告链接来到网站获取详细信息。保证用户点击进入后能够获得用户想要的信息。

（5）关键字广告预算控制。制定推广预算是关键字广告推广必不可少的内容，用户可以自行控制费用。当广告预算消费过于缓慢时，可以通过增加相关关键字的数量，或者适当提高每次点击价格等方式获得更多的广告展示机会；如果广告花费过高，则通过降低每天的广告费用限额或者减少关键字等方式进行费用控制。

（6）关键字广告效果分析和控制。付费搜索引擎服务商（如百度、谷歌）都会提供关键字管理后台,上面的各项数据是分析关键字广告的基础。这些数据包含关键字已经显示的次数、被点击的次数、点击率、关键字的当前价格、每天的点击次数和费用、累计费用等。网站还可以结合网站流量数据进行对比分析。除此之外,还可监测访问转化情况和详细的投入产出比来对关键字效果进行分析。如果发现某些关键字的点击率过低,网站有必要对这些关键字进行更换,当发现某些关键字广告点击率数据异常时,要进行关键字广告效果分析与网站流量对比分析。

四、搜索引擎营销的目标层次

无论是进行搜索引擎优化还是投放搜索关键字广告,都是为了实现企业的网络营销目标,为了更好地理解并最终实现网络营销目标,我们可以把搜索引擎营销目标分解为不同层次的营销目标。

第一层是搜索引擎营销的存在层,其目标是在主要的搜索引擎中获得被收录的机会,这是搜索引擎营销的基础。离开这个层次,搜索引擎营销的其他目标也就不可能实现。搜索引擎登录包括免费登录、付费登录等形式。存在层的含义就是让网站中尽可能多的网页获得被搜索引擎收录,而不仅仅是网站首页,也就是为了增加网页的搜索引擎可见性。

第二层是搜索引擎营销的表现层,其目标是在被搜索引擎收录的基础上尽可能获得好的排名,即在搜索结果中有良好的表现,因而可称为表现层。因为用户关心的只是搜索结果中靠前的少量内容,如果利用主要的关键字检索时网站在搜索结果中的排名靠后,那么还有必要利用关键字广告作为补充手段来实现这一目标。

第三层是搜索引擎营销的关注层,其目标直接表现为网站访问量指标,也就是通过搜索结果点击率的增加来达到提高网站访问量的目的。由于只有受到用户关注,经过用户选择后的信息才可能被点击,因此可称为关注层。从搜索引擎的实际情况来看,仅仅做到被搜索引擎收录并且在搜索结果中排名靠前还是不够的,这样并不一定能增加用户的点击率,更不能保证将访问者转化为顾客。要通过搜索引擎营销实现访问量增加的目标,则需要从整体上进行网站优化设计,并充分利用关键字广告等有价值的搜索引擎营销专业服务。

第四层是搜索引擎营销的转化层,其目标是通过访问量的增加转化为企业最终收益的提高。转化层是前面三个目标层次的进一步提升,是各种搜索引擎方法所实现效果的集中体现。从各种搜索引擎策略到产生收益,期间的中间效果表现为网站访问量的增加,从访问量转化为收益则是由网站的功能、服务、产品等多种因素共同作用而决定的。因此,第四个目标在搜索引擎营销中属于战略层次的目标,其他三个层次的目标则属于策略范畴,具有可操作性和可控制性的特征。实现这些基本目标是搜索引擎营销的主要任务。

<table>
<tr><td colspan="2">小知识　　　　　搜索引擎营销效果评估指标体系</td></tr>
<tr><td>指标名称</td><td>指标构成</td></tr>
<tr><td>跳出率</td><td>最能反映广告媒介质量的 KPI 度量(相对数值)</td></tr>
<tr><td>网站平均停留时间</td><td>绝对数值</td></tr>
<tr><td>展现量</td><td>推广商户的推广创意展现在搜索结果页上面的次数(绝对数值)</td></tr>
<tr><td>点击量</td><td>推广创意被点击的次数(绝对数值)</td></tr>
<tr><td>点击率</td><td>点击数/展现量×100%(相对数值)</td></tr>
<tr><td>访问数</td><td>实际有多少潜在受众通过点击推广创意到达推广商户的页面,且页面被完全打开的次数(绝对数值)</td></tr>
<tr><td>转化次数</td><td>有多少到达页面的潜在受众发生了商户希望他们发生的行为</td></tr>
<tr><td>转化率</td><td>转化量/点击数×100%(相对数值)</td></tr>
<tr><td>平均点击价格</td><td>指定关键字范围和时间段点击费用的平均值(绝对数值)</td></tr>
<tr><td>平均转化成本</td><td>每次点击费用×点击数/转化量(相对数值)</td></tr>
</table>

第三节　电子邮件营销

　　电子邮件(Electronic Mail,简称 E-mail)是通过网络电子邮局为网络用户提供的网络交流的电子信息空间。通过网络的电子邮件系统,用户可以以非常低廉的价格(不管发送到哪里,都只需负担网费)、非常快速的方式(几秒钟之内可以发送到世界上任何指定的目的地),与世界上任何一个角落的网络用户联系。电子邮件可以是文字、图像、声音、视频等多种形式,用户可以得到大量免费的新闻、专题邮件,并实现轻松的信息搜索。电子邮件的存在极大地方便了人与人之间的沟通与交流,促进了社会的发展。

　　电子邮件营销就是在用户事先许可的前提下,通过电子邮件的方式向目标用户传递有价值信息的一种网络营销方式。电子邮件营销有三个基本要素:基于用户许可,通过电子邮件传递信息,信息对用户有价值。电子邮件营销是一种比较传统的网络营销方式,但仍然是近年来企业普遍采用的网络营销方式。

一、电子邮件营销的分类

　　不同形式的电子邮件营销有不同的方法和规律,因此,首先应该明确电子邮件营销有哪些类型,这些电子邮件营销又分别是如何进行的。可以通过四种方法对电子邮件营销进行分类。

(一) 按照是否经过用户许可分类

　　按照发送信息是否事先经过用户许可来划分,可以将电子邮件营销分为许可电子邮件营销和未经许可的电子邮件营销。规范的电子邮件营销都是基于用户许可的,但仍然有一些营销邮件是没有得到用户许可的,未经许可的电子邮件营销也就是通常所说的垃圾邮件。

(二) 按照电子邮件地址的所有权分类

潜在用户的电子邮件地址是企业重要的营销资源。根据用户电子邮件地址资源的所有形式,可将电子邮件营销分为内部电子邮件营销和外部电子邮件营销。内部电子邮件营销又称内部邮件列表,是企业利用一定方式,比如用户在企业网站自愿注册,获得电子邮件地址来开展电子邮件营销。外部电子邮件营销又称外部邮件列表,是指利用专业服务商或者具有与专业服务商一样可以提供专业服务的机构提供的电子邮件营销服务,即付费购买,自己并不拥有用户的电子邮件地址资料,也无须管理维护这些用户资料。

小知识　　　　　　　　　　**邮件列表**

邮件列表(Mailing List)是电子邮件营销的基本概念之一。邮件列表的起源可以追溯到1975年,是互联网上最早的社区形式之一,也是Internet上的一种重要工具,用于各种群体之间的信息交流和信息发布。

早期的邮件列表是一个小组成员通过电子邮件讨论某一个特定话题,一般称为讨论组,由于早期联网的计算机数量很少,讨论组的参与者也很少,后来,互联网上有数以十万计的讨论组。讨论组很快就发展演变出另一种形式,即有管理者管制的讨论组,也就是现在通常所说的邮件列表,或者叫狭义的邮件列表。

如果用户想要向一个人发出一封电子邮件,那么就必须指定一个邮件地址。如果用户希望向不止一个人发送这一封电子邮件,那么就可以设置一个特殊的名字,称之为"别名",比如"喜欢鲜花"。在这里,别名"喜欢鲜花"代表的是一组人,可能包含了几十个或者几百个人。如果用户发电子邮件给"喜欢鲜花",那么邮件程序就会自动地将这一电子邮件发送给"喜欢鲜花"里的每一个人。这就是邮件列表。

随着互联网的不断发展,邮件列表的含义已与它刚刚诞生时不完全相同,在电子邮件营销中,邮件列表可以通俗地理解为企业成千上万个潜在客户邮件地址的集合,分为内部列表和外部列表。

(三) 按照营销计划分类

根据企业的营销计划,可分为临时性电子邮件营销和长期电子邮件营销。临时性电子邮件营销包括不定期的产品促销、市场调查、节假日问候、新产品通知等。长期电子邮件营销通常以企业内部注册会员资料为基础,主要表现为新闻邮件、电子杂志、客户服务等各种形式的邮件列表。

(四) 按照电子邮件营销的功能分类

根据电子邮件营销的功能可分为客户关系电子邮件营销、客户服务电子邮件营销、在线调查电子邮件营销、产品促销电子邮件营销。

二、电子邮件营销的特点

（一）营销范围广

随着互联网的迅猛发展，作为现代广告宣传手段的电子邮件营销已经受到很多企业的重视。只要拥有足够多的电子邮件地址，就可以在很短的时间内，向数千万目标用户发布广告信息，营销范围可以遍及全球每一个角落。

（二）操作简单、效率高

使用专业邮件群发软件，单机可实现每天数百万封的发信速度。用户操作不需要懂得高深的计算机知识，不需要烦琐的制作及发送过程，发送上亿封的广告邮件一般在几个工作日内便可完成。

（三）成本低廉

电子邮件营销是一种低成本的营销方式，成本比传统广告形式要低得多，搜狐的sendcloud 邮件群发报价如表 6-2 所示，发送一封邮件的价格不足一分钱。

表 6-2　sendcloud 邮件群发价格表

月发送量	10 000 封以内	10 001～50 000 封部分	50 001～100 000 封部分	100 001～200 000 封部分
价格	59 元	5.6 元/千封	5.3 元/千封	5 元/千封

（四）应用范围广

广告的内容不受限制，适合各行各业。因为广告的载体就是电子邮件，所以具有信息量大、保存周期长的特点，发挥长期的宣传效果，而且收藏和传阅非常简单方便。

（五）针对性强、反馈率高

电子邮件本身具有定向性，企业可以针对某一特定的人群发送特定的广告邮件，也可以根据需要按行业或地域等进行分类，然后针对目标客户进行广告邮件群发，使宣传一步到位，这样做可使营销目标明确，效果非常好。

三、电子邮件营销的基本步骤

在《许可营销》一书中，Seth Godin 把电子邮件营销过程分为五个基本步骤，这为开展电子邮件营销提供了基本思路。

（1）要让潜在顾客有兴趣并感觉到可以获得某些价值或服务，从而加深印象和注意力，能够按照营销人员的期望，自愿加入到许可的行列中去。

（2）当潜在顾客投入注意力之后，应该加以利用，比如可以为潜在顾客提供一套演示资料或者教程，让消费者充分了解公司的产品或服务。

（3）继续提供激励措施，以保证潜在顾客留在许可名单中。

（4）为顾客提供更多的激励从而获得更大范围的许可，如给予会员更多的优惠，或者邀请会员参与调查，提供更加个性化的服务等。

（5）经过一段时间之后，营销人员可以利用获得的许可改变消费者的行为。也就是让潜在顾客下单，只有这样，才可以将许可转化为利润。

从顾客身上赚到第一笔钱之后，并不意味着许可营销的结束，相反，这仅仅是将潜在顾客变为真正顾客的开始，如何将这些顾客变成忠诚顾客、重复购买，甚至终生顾客，仍然是营销人员工作的重要内容，电子邮件营销将继续发挥其独到的作用。

四、电子邮件营销的技巧

（一）明确实施电子邮件营销的目的

要明确开展电子邮件营销的目的是什么，该目的要与企业的营销战略相配合。是为了推广品牌形象、具体产品和服务，还是维护客户关系，或者是拓展新客户？清晰的目的将为后期工作提供有力的保障。

（二）认清邮件主题的重要性

主题对于电子邮件就像标题对于一篇文章或博客那样重要。主题栏的寥寥数语是整个信息中最为重要的部分，它们应该得到足够的重视。

可以先总结出邮件所针对的具体问题是什么，然后根据它来设计邮件主题。比如，一条提供商业辅导服务的信息，可以从正处在职业生涯中期的人们的挫败感切入，主题就可以是"5 个迹象表明你已经进入职业生涯死胡同"或者是"全职工作之余开启一条新道路"。在邮件的主题或其他任何部分中，创作优质内容的关键都是正好切题，又非常容易让人产生共鸣。

（三）邮件营销创意设计

创意是营销的生命。邮件营销创意设计包括：邮件页面的设计，邮件页面 web 代码要遵循一定的设计标准；邮件链接指向网站的着陆页的策划设计，邮件正文及标题的构思与策划。一个好的标题，有助于引起接收者的兴趣，点击打开邮件，不合适的标题，可能导致接收者直接删除邮件，当邮件达到用户邮箱，标题直接决定了邮件的打开率。在内容的编排上，要考虑客户体验。

（四）要让客户觉得有用

让客户知道他应该访问企业的网页。让他觉得企业的网页为他的问题提供了答案和解决方案。在邮件里不能让对方觉得这是一封过于直白的推销广告，在邮件里要谈的应该是给客户带来的好处，在潜意识里让对方觉得不接受这一推荐是他的损失。

（五）独特契合的图片

避免使用那些乏味的、千篇一律的图片。应该使用一些独特且与邮件内容非常契合的图片，契合到它们简直不应该出现在其他任何地方的图片。可以试着从一些很赞的图片库找到合适的配图，在任何情况下都要仔细阅读网站的相关附属细则，因为有些图片针对商业使用会有一些限制条款。

（六）添加反馈和转发功能

可以添加诸如分享、转发给朋友、博客评论、回复等功能，让订阅者不仅能够联系到企业，也能够和其他人分享企业的邮件内容。

（七）以客户为中心

"顾客是上帝"这句话对电子邮件营销也很重要，不能让营销内容显得很官方，这种类型的内容很容易引起人们的反感。除了这点，还要注意在措辞的时候使用平易近人的词汇，尽量从客户的角度出发，适当使用敬语。

（八）提示客户去阅读

在邮件的最后，需要再次告知对方有什么好处，并提醒对方采取行动。根据调查发现大多数的人看广告，一般都是看一下标题和第一段的内容，再迅速扫描到末尾。这个时候如果能够引起他的兴趣，就会回来从头到尾再看一篇。

第四节 电子商务平台推广

一、电子商务平台推广的概念

电子商务平台推广是指企业在 B2B、B2C、C2C 平台网站上进行的网络营销推广行为。所有为增加店铺流量、访客、销售额，提升客单价，为提升店铺关键性指标而进行的一系列具体工作，都可以理解为商家在平台上的推广行为。下文以淘宝平台为例介绍电子商务平台推广，主要平台推广方法包括免费推广方法（自然搜索、类目流量）、付费推广方法（直通车、钻石展位、淘宝客）。商家所有推广活动，一定要建立在有效的数据分析基础之上，因此，在介绍具体推广方法之前，首先介绍数据分析。

二、数据分析

（一）数据分析流程

1. 限定维度

每一次推广活动前，一定要明确本次推广的目的是什么，看起来相似的活动，可能是有着完全不同的几个目的。有的活动是为了提升流量，有的活动是为了增加利润，有的活动是为了快速清库存。不同的目的，会使推广活动在操作过程中有不同的侧重点，直接导致不同的结果。

2. 加工分析

加工分析主要是对核心数据进行提取、分析、整理。通过对过往数据的分析，找出需要进行调整、改进的关键点，以此为突破口，策划出更具有针对性的推广方案。

3. 排除干扰

在所收集整理的大量的数据中，有些活动的数据是不具有直观的可分析意义的，如在重大活动前后的数据,波动变化极大,对于中短期的数据分析来说,具有很明显的影响,但是这种波动变化,未必是真实的,可能会受到很多外界因素的影响。对于可能干扰最终分析效果的数据,要进行排除。

4. 做出判断

活动应该如何进行,计划投入多少,预计产出多少,活动持续时间多长,哪些层级的老顾客需要进行激活,都要进行合理的分析和判断,以达到最好的效果。

5. 检查反馈

活动开始前、结束后,都要再次对活动的设置、效果进行分析,尽可能减少人为操作失误带来的不必要损失。

所有的分析数据一定要相互结合,进行多个维度的综合性的分析才更具有实际的意义。数据分析流程如图6-3所示。

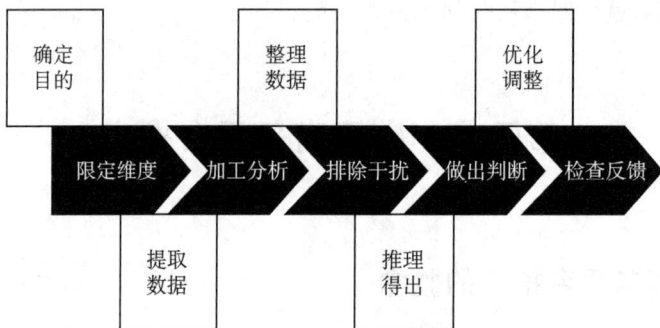

图6-3 平台推广数据分析流程

(二)销售数据分析

1. 客单价

客单价=支付金额/支付买家数。客单价是影响销售收入变化的核心指标,平台上随处可见的满减活动、搭配套餐活动,其实都能达到提升客单价的目的。在支付买家数不变的情况下,通过增加每个买家的实际支付金额,从而达到提升客单价的目的。

2. 转化率

(1)静默转化率=直接拍下付款的客户/总客户数。

(2)询单转化率=经询问后成交的客户/询问的客户数。

(3)全店转化率=所有的成交客户/总客户数。

(4)访客收藏转化率=收藏人数/访客人数。

(5)访客加购转化率=加入购物车人数/访客人数。

(6)访客支付转化率=支付人数/访客人数。

与静默转化率相关的因素包括店铺装修、海报、营销方案、页面布局等,与询单转化率相关的因素包括客服销售技巧、营销方案等,与访客收藏转化率和加购转化率相关的因素包括可能产生订单、可能引导成为老客户。

转化率的持续提升,是每个店铺都要重点去关注的问题,通过推广活动与销售行为的配合,达到提升转化率的目的。

(三) 竞品店铺分析

1. 查看方式

进入商家中心→生意参谋→竞争。

2. 作用

(1) 能够看到主要竞争店铺有哪些,以及竞争对手的情况。

(2) 能够看到商家的竞争数据,如流失金额、人数,引起本店流失的店铺数。竞争对手数据如图6-4所示。

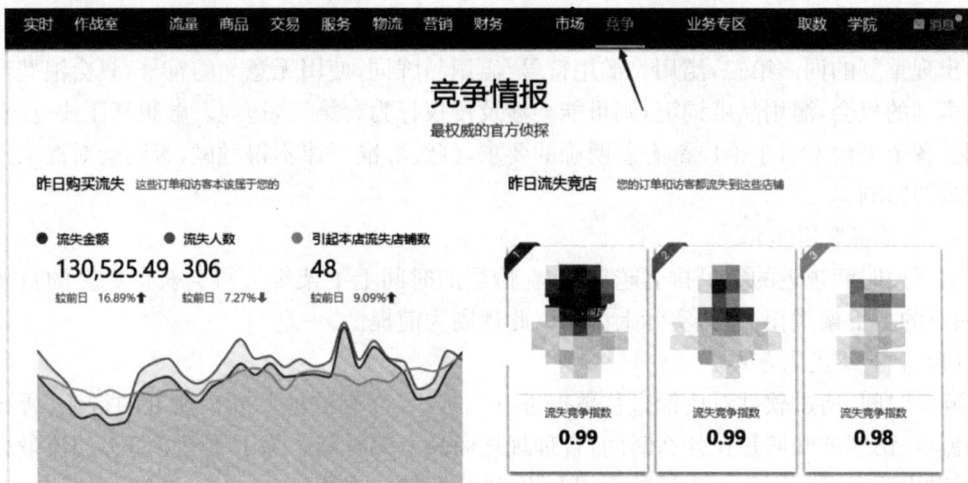

图6-4　竞争对手数据

(3) 根据主要竞争对手的情况,进行及时的调整,可以更有效地提升本店铺的推广效果,提升各项关键指标。

(四) 活动数据分析

1. 查看方式

进入商家中心→生意参谋→营销→营销效果。

2. 作用

(1) 能够查看使用的营销工具产生的支付金额,对营销效果进行衡量。

(2) 能够查看同行常用的热点营销工具排名,可供借鉴。

三、免费推广方法

免费的推广方法是通过对店铺的优化,实现搜索流量的增加,从而达到推广目的,常见类型包括自然搜索、类目流量。

(一) 自然搜索

1. 标题优化

自然搜索主要依靠商品的标题匹配度,所以在进行自然搜索优化时针对标题进行优化。

（1）标题找词优化方式。

搜索下拉框：可以从搜索下拉框找到合适的关键词，比如在淘宝首页搜索"连衣裙"之后会弹出下拉框，里面推荐了很多与该关键词相关的淘宝热词。

你是不是想找：搜索了"连衣裙"关键词之后，会在所有宝贝上面有一行"您是不是想找"系统提示的可用的关键词。

属性词：类目搜索页搜索"连衣裙"后，会在搜索框下方出现属性热词，可从热词里面挑选和产品相关的关键词。

（2）注意事项。

废词："包邮、新品"这些词放在标题里对搜索不产生影响。

标题关键词设置三宗罪：第一，重复。关键词堆砌/重复标题，如季节词、性别词等，是最容易出现重复的词。第二，滥用。滥用符号/滥用品牌词，使用无意义的符号，只会浪费商品被检索到的机会，滥用品牌词汇，则可能会涉及侵权行为。第三，违规。触犯高压线/注意敏感词。各个平台上对于推广都有着明确的要求，红线标准一律不得触碰，否则会对商家造成很严重的影响。

2. 上下架时间优化

离下架时间越近的宝贝排名越靠前，在恰当的时间上下架宝贝将会获得更多的自然流量，所有的上下架优化行为，实际上都是以此规则为前提。

（1）上下架优化方式。

确定时间：通过软件对店铺过往数据进行分析，可以有效地判断出所处的行业、所属店铺的流量、访客高峰期是在什么时间，合理规划商品上架时间。除了要考虑每天的流量高峰外，同时也要考虑一周每天流量的不同变化，进行有效的规划。

分配每日上架产品：大多数行业，工作日流量数反而较休息日要多，根据此规则的平均分配的方法，首先要算出每天要分配多少产品上架。根据产品总数和实际一周分配天数进行计算，即：总产品数/天数＝每日上架产品数。假如商家总产品数为 324 个，周六周日为 1天，324/6＝54，得出一天应该上架 54 个产品。

（2）优先展示举例。

产品只有在即将下架的时候才会获得优先展现的机会，也就是当你期望产品在 10 点有优先展现机会时，产品的实际下架时间需要设定在 10：10 分。如果将产品设定在 10 点下架，则产品的优先展现时间会在 9：50 左右。

（3）注意事项。

第一，不同时段分别发布。第二，同类商品要分开上架。

（二）类目流量

1. 关键词和类目展示规则

商品属性与发布商品所选择的类目不一致，或将商品错误放置在淘宝网推荐各类目下，淘宝搜索判定为放错类目商品。

（1）类目细则。商品属性与发布商品所放置的类目不一致，商品属性与发布商品所设置的属性不一致，在淘宝首页推荐各类目下出现的和该类目无关的商品。

（2）后果。一般违规，扣分每累计 12 分，将被处以店铺屏蔽、限制发布商品。参加规则考试并且节点处罚完结后,店铺才能恢复正常。严重违规,扣分每累计12分,达到严重违规节点处罚。达到或超过48分,将被处永久封号。

2. 类目确认

可以通过类目搜索框输入宝贝关键词来判断宝贝所属类目。

3. 类目属性优化

(1)精准。填写宝贝属性的时候尽可能地完整、准确。

(2)丰满。在多选项的时候,要勾选更多符合自己宝贝特点的选项。

四、付费推广方法

付费的推广方法有很多,这里主要介绍直通车、钻石展位、淘宝客等。

(一)直通车

1. 直通车原理

点击收费,同一账号短时间内多次点击,不进行重复收费。通过添加关键词推广,是一种引流精准,节省成本,超值推广的方式。

2. 直通车优势

多——多维度、全方位;快——快速、便捷;好——智能化的预测工具;省——时间、地域管理。

3. 直通车位置

(1)商品展现位置:搜索右侧每一页有8个广告位,搜索底部5个广告位;类目右侧8个广告位,类目底部5个。

(2)店铺展现位置:搜索右侧8个位置下面3个店铺推广位置。

4. 直通车操作流程

进入商家中心→我要推广→直通车→新建计划,可以新建直通车推广计划。计划名称是用于区别不同的计划,商家自己是可以看到的,所有的计划都可以通过设置日限额,对推广计划的成本进行有效的控制,日限额的设定范围,如图6-5所示。

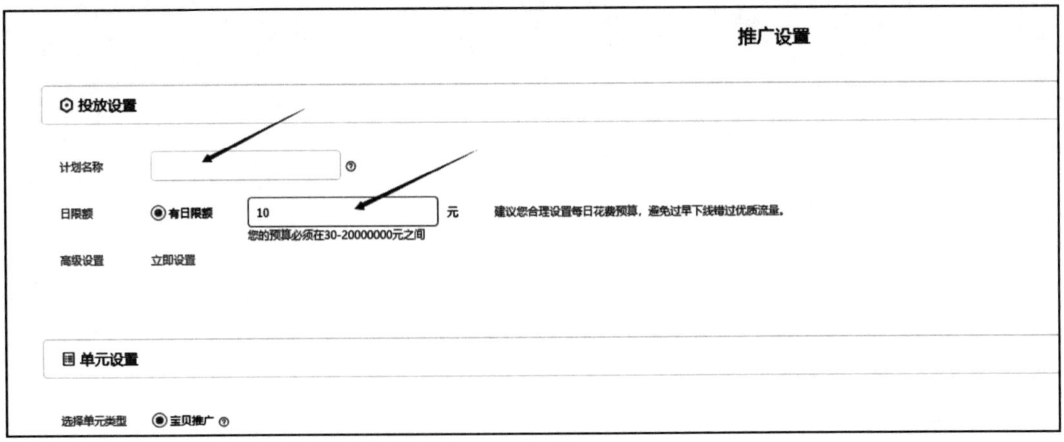

图6-5 日限额推广设置

商家可以自由地选择直通车进行推广的平台,多平台推广可能带来高流量和访客,但同时也意味着成本的快速支出,需要综合考虑进行推广设置,如图 6 - 6 所示。

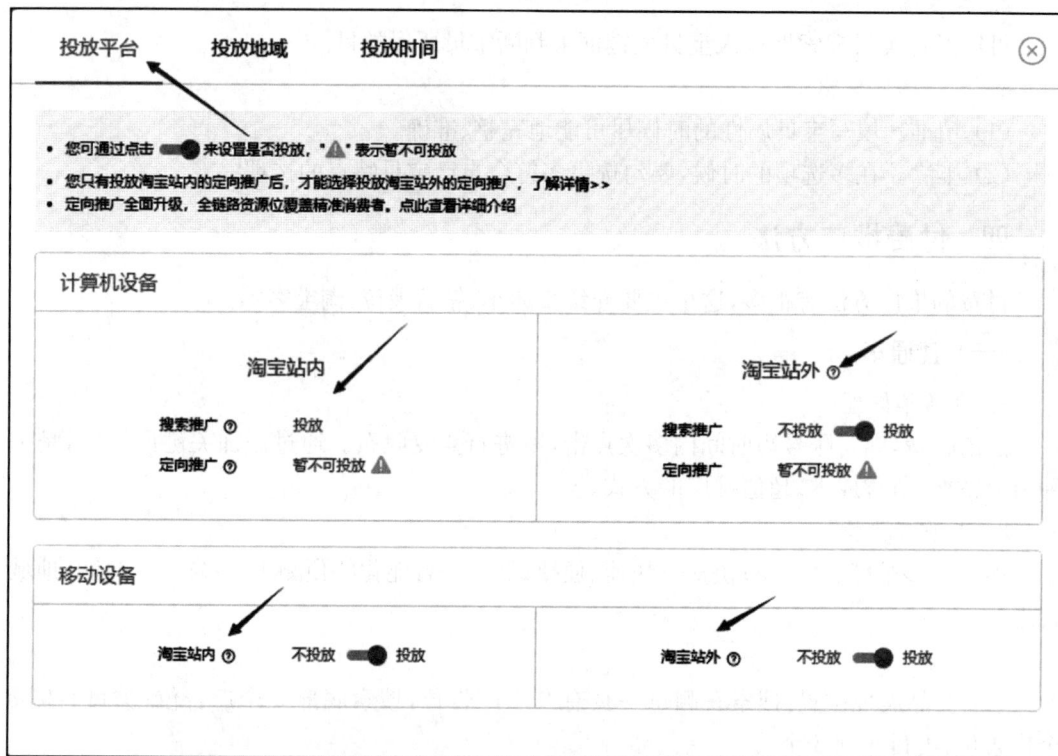

图 6 - 6   设置投放平台

投放地域的设置,可以精确到地级市,可以根据推广目标商品的销售特性或销售周期,进行合理有效的推广,如图 6 - 7 所示。

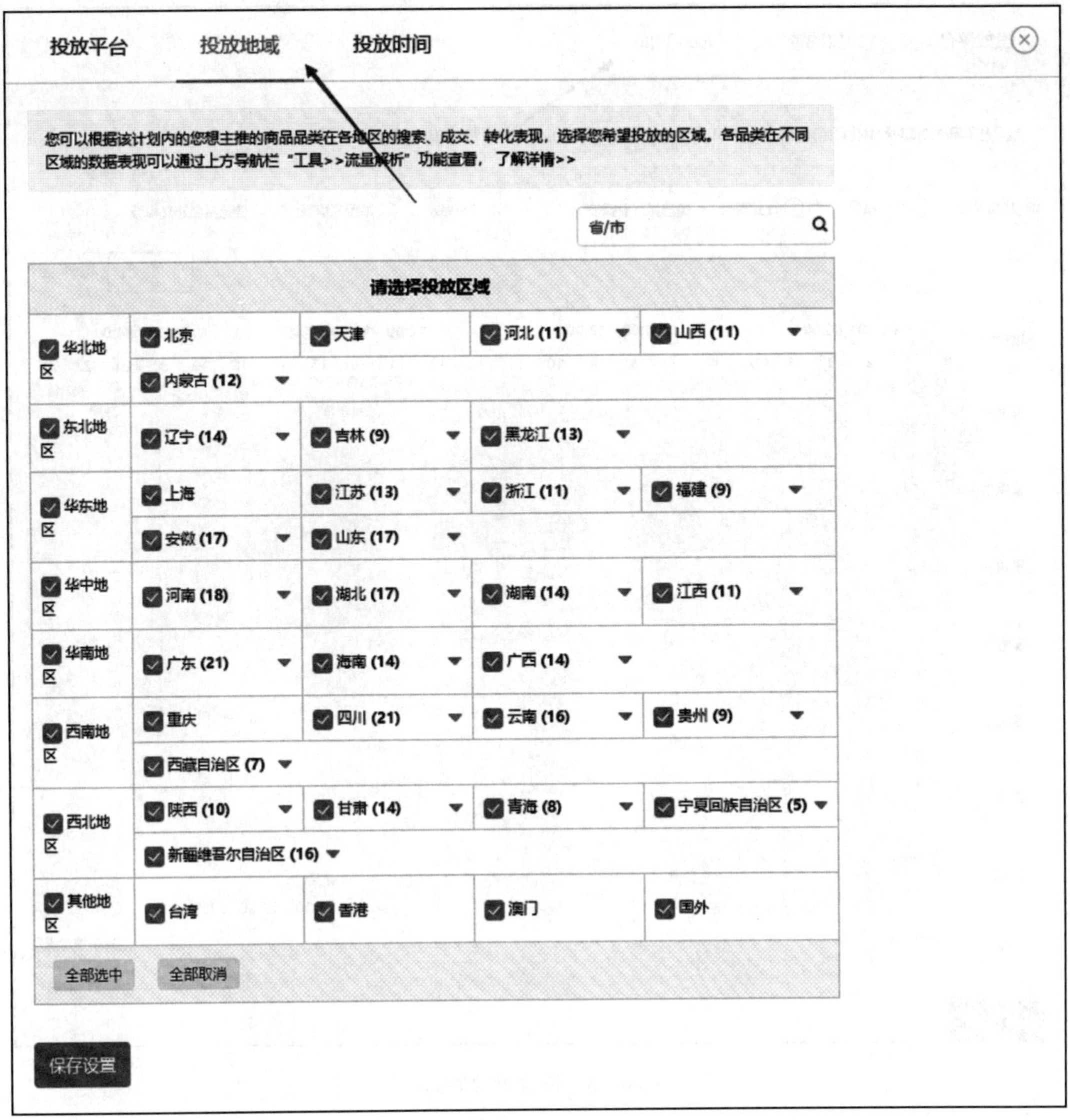

图 6-7　设置投放地域

　　直通车的投放时间可以进行自由的设置,根据店铺、行业实际情况进行有效的设置,如图 6-8 所示。

　　直通车是根据实际点击的情况进行收费,出价可以根据市场实际情况进行调整,在现行规则下,出价上限的范围在 0.05～99.99 元之间,如图 6-9 所示。所谓出价上限,是指在最终上限还会考虑分时折扣等因素,实际出价不高于最终出价上限。在设置出价上限的时候,可以根据自选关键词的实际情况进行参考,出价影响直通车的排名。

　　以上直通车操作图例展示,以智能推广方式为例,如选择系统推荐或自定义的方式,原理相同,但操作界面会有所差异。

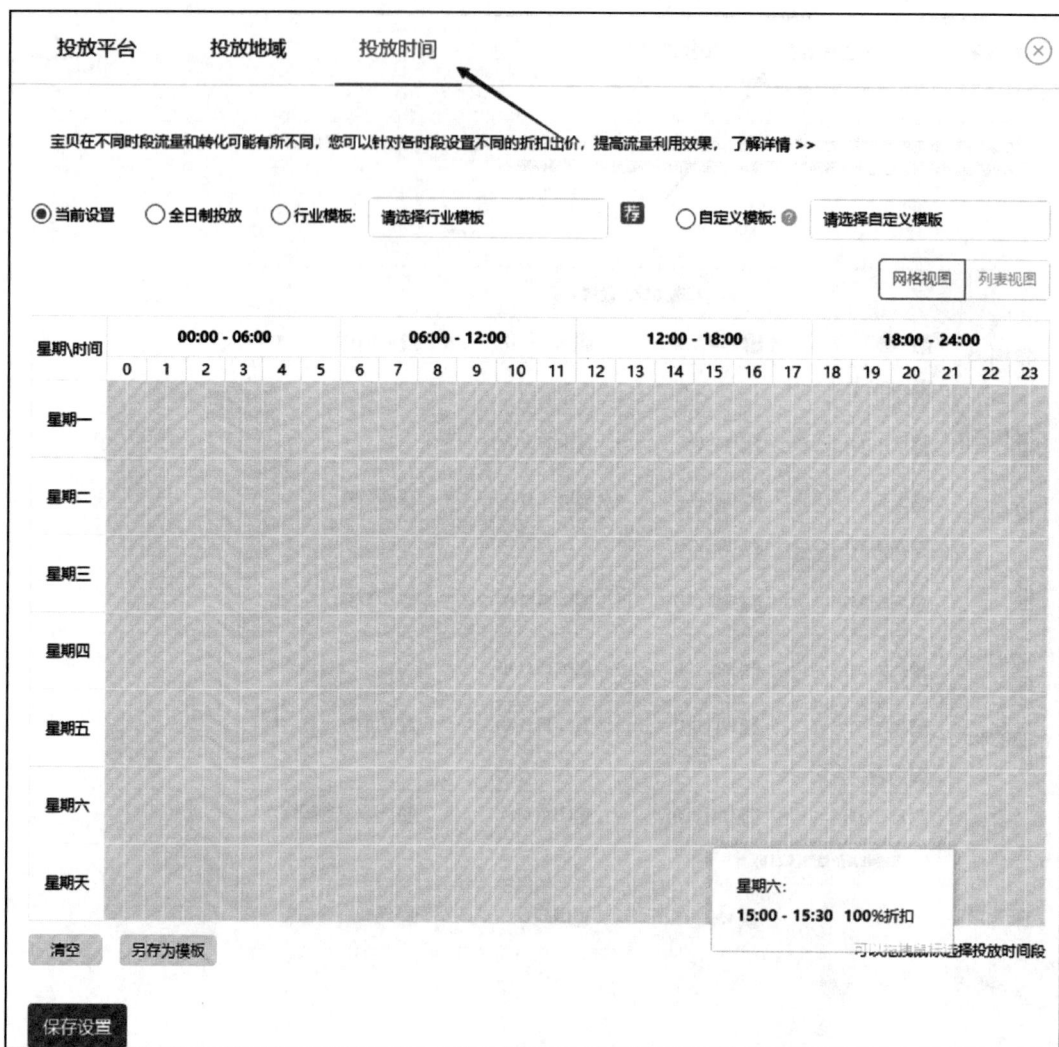

图 6-8　设置投放时间

图 6-9　推广出价上限

（二）钻石展位

1. 钻石展位原理

钻石展位是按流量竞价售卖广告位,计费单位 CPM(每千次浏览单价)即广告被看 1 000 次所需要收取的费用,获取展现流量数=预算/cpm 出价×1 000。

2. 理论计算公式

获取进店流量＝预算/cpm 出价×1 000×图片点击率。

3. 钻石展位位置

(1) 网站首页。轮播焦点图、二屏右侧大图、首页底部两个位置。

(2) 类目首页。焦点图。

(3) 淘宝会员首页。一屏通栏。

(三) 淘宝客

1. 淘宝客原理

淘宝客是按照成交付费的推广模式(CPS)，由淘客(个人或网站)帮助卖家推广商品，买家通过推广的链接进入完成交易后，淘宝卖家支付一定比例的佣金给帮助推广的淘宝客。淘宝客的工作流程如图 6-10 所示。

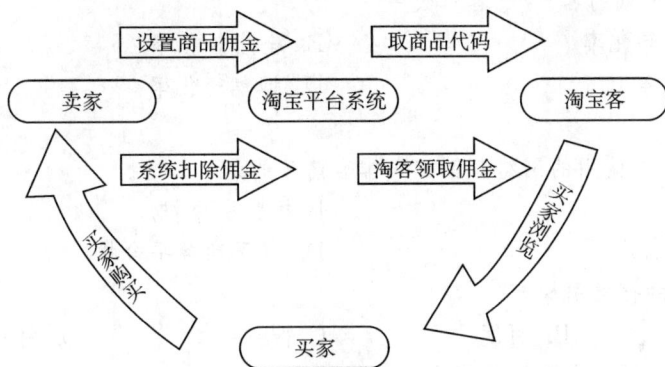

图 6-10　淘宝客工作流程

2. 淘宝客组成

帮助淘宝卖家推广商品，推广的商品成交后，获得一定佣金的人，分为两类：第一类是个人，如博客主、论坛会员、聊天工具使用者、个人站长；第二类是网站，如博客、门户、资讯、购物比价、购物搜索等网站。

本章小结

网络营销是指借助于互联网、现代通信技术和数字交互式媒体来满足消费者需求，实现企业营销目标的一系列营销活动，它是企业整体营销的一个组成部分。网络营销的职能包括八个方面：网上调研、信息发布、销售促进、网络销售、顾客服务、顾客关系、网站推广、网络品牌。网络营销的方式很多，如搜索引擎营销、电子邮件营销、电子商务平台推广。

搜索引擎营销的基本方法有搜索引擎登录、搜索引擎优化、搜索关键字广告。电子邮件营销有三个基本要素：基于用户许可，通过电子邮件传递信息，信息对用户有价值。电子商务平台推广是指企业在 B2B、B2C、C2C 平台网站上进行的，以增加店铺流量、访客、销售额为目的的网络营销行为。

思考练习

一、单选题

1. ( )是企业整体营销战略的一个组成部分。

A. 网络销售　　　　B. 电子商务　　　　C. 电子支付　　　　D. 网络营销

2. 搜索引擎营销的基本方法有搜索引擎登录、( )、搜索关键字广告。

A. 搜索引擎优化　　　　　　　　　B. 搜索引擎竞价排名

C. 网站内容　　　　　　　　　　　D. 网站导航构架

3. 电子邮件营销的基本要素包括( )、通过电子邮件传递信息、信息对用户有价值。

A. 未经用户许可　　　　　　　　　B. 用户许可

C. 内部列表　　　　　　　　　　　D. 外部列表

4. 直接拍下付款的客户/总客户数＝( )。

A. 访客支付转化率　　　　　　　　B. 全店转化率

C. 静默转化率　　　　　　　　　　D. 询单转化率

二、多选题

1. 近年来,企业使用的网络营销方式排名前三的是( )。

A. 即时聊天工具　　　　　　　　　B. 搜索引擎推广

C. 微博营销推广　　　　　　　　　D. 电子商务平台推广

2. 比较知名的搜索引擎有( )。

A. 360 搜索　　　B. 百度　　　C. 搜狗　　　D. 神马

3. 搜索引擎关键字广告形式简单,一般包括( )。

A. 标题　　　B. 描述　　　C. 标签　　　D. URL

4. 淘宝平台付费推广的方法有( )。

A. 直通车　　　B. 自然搜索优化　　　C. 钻石展位　　　D. 淘宝客

三、思考题

1. 网络营销的职能有哪些?

2. 电子邮件营销有何特点?

3. 淘宝平台的推广方法有哪些?

实训项目

1. 撰写搜索引擎推广创意。

学习百度营销大学的视频课程:① 什么是创意(edu. baidu. com/2017 - 09 - 12/14. html)? ② 什么样的创意是好创意(edu. baidu. com/2017 - 09 - 12/15. html)? 请为学校所在城市最知名的景区撰写一则投放在百度上的推广创意。

2. 调研平台推广方法。

调研京东商城、苏宁易购平台,了解两个平台内可以使用的推广方法,进行对比分析,并撰写调研报告。

第三篇
di san pian

电子商务之技术篇

　　电子商务技术是利用计算机技术、网络技术和远程通信技术,实现整个商务过程的电子化、数字化和网络化。电子商务网站建设是很多企业开展电子商务的基础,电子商务安全技术为电子商务活动的顺利进行保驾护航。

学习目标
　　● 知识目标:掌握电子商务网站的功能以及类型,了解电子商务网站规划的主要内容、方法及一般步骤;理解电子商务安全概念,安全体系构成,了解电子商务安全技术的方法以及应用,掌握 SET 协议和 SSL 协议之间的区别。

　　● 能力目标:能够把握电子商务技术的动态发展,能够规划电子商务网站,撰写电子商务网站规划书,能够制作电子商务网站,能够合理地利用电子商务安全技术确保电子商务交易安全。

　　● 素质目标:逐步树立审美意识、安全意识,养成不断学习的习惯,具有一定的创新思维、互联网思维。

本篇重点:
　　● 电子商务规划的主要内容;电子商务网站制作;电子商务安全技术。

本篇难点:
　　● 把握电子商务技术发展趋势;运用电子商务安全技术解决电子商务交易过程中遇到的安全问题。

第七章 电子商务网站

引导案例

京东商城网站 VS 苏宁易购网站

苏宁易购和京东商城可以说是在电器销售上平分秋色,苏宁作为一个有实体店的商城在网络上拥有很多忠实的客户,以黑马的姿势杀入电商行业;而京东凭借超低的价格以及它多年来精心打造的品牌,这些年也积累了一大批忠实客户,成为中国最大的综合网络零售商。苏宁和京东,一个是从实体转向电子商务,一个是纯粹的电子商务起家,它们在网上销售有很多异同点,现对两个电子商务企业从网站的角度进行比较。

1. 网站设计及风格

(1) 相同之处。

在界面设计方面,两家电商有相同之处,内容主要包括主导航、搜索框、商品图片、广告、分类商品模块展示等。其中搜索框置顶;主导航介绍自身经营产品的分类,位于版面左侧;中间一块大幅度地展示近期优惠活动以及广告图片;购物车都位于右上角,下拉页面显示的都是部分分类产品展示,这样设计便于消费者快速查找所需物品,及时了解优惠活动的动态,简单浏览到相关产品信息,包括型号、价格等。在分类商品介绍模块,两个网站都使用了类似超市不同楼层销售不同产品的模式,最下方也都是使用了类似的晒单区。

(2) 不同之处。

差异性主要体现在网站版面设计、版面主色调和部分模块等方面。打开京东商城的网站,整个网站以红色为主调,简约大方,版块清晰,整个版面由红白构成,红色符合中国人喜庆的偏好,红白搭配的版面看起来简约而不单调;苏宁易购则是以蓝色为主色调,且图片较多,也有冗余感,网页全部显示出来的时间比较慢,整个版面看起来有点花哨。模块上的差异体现在京东比苏宁多了一个"猜你喜欢"模块,十分贴心。

2. 网站功能

(1) 搜索功能。

分别在两家网站搜索"电视机",京东显示 3 426 件商品,苏宁有 2 180 件产品,搜索到的数量都足够满足消费者去挑选自己喜欢的款式。但两个网站的商品筛选项目出现了差异;京东的商品筛选项目有:品牌、尺寸、价格、大家说、功能、品类、分辨率;苏宁易购的商品筛选项目有:品牌、尺寸、价格、节能补贴、能效等级、网络连接、屏幕比例。京东的商品筛选比较有特色地推出了"大家说"这一个选项,通过将该商品搜索的高频词汇展示给用户,使用户能更确切地表达出自己想要的产品,设计更加人性化。反观苏宁的筛选条件"能效等级"是一大特色,因为随着人们环保意识的增强以及对商品的后期使用成本的考虑,消费者越来越重视对能效等级的关注。

(2)产品推荐功能。

在京东和苏宁的网站上,选定了一台电视机后,网页分别在左侧推出了"购买了该商品的用户还购买了"栏目。当用户在网页查找某个商品时,这个栏目会向用户推荐搜索过这个产品的其他消费者的购买产品。差异之处在于:京东在左侧还推出了"同价位、同品牌、同类别"商品的推荐模块。

(3)支付功能。

京东和苏宁都支持货到付款、快捷支付、网上银行支付、第三方平支付。差异之处:

①苏宁有自己的支付平台,易付宝;而京东则是利用第三方支付平台财付通、快钱等。

②京东比较有特色的是公司转账、邮局汇款;苏宁易购比较有特色的是有苏宁门店付款,利用自己线下实体店的优势。

京东的数据处理功能更加强大,体现在产品搜索设计更加人性化,产品推荐栏目也更加丰富、精准。苏宁易购支付功能更加强大,建立自己的支付平台,并且利用实体店的优势,推出门店付款功能,作用十分强大。

3. 网站推广

苏宁:通过并购一些已经成型的电子商务网站,来积累用户,推广自己的品牌,门户广告之类的比较少,通过浏览找了凤凰、新浪、搜狐都没有发现苏宁的广告;苏宁利用实体店的优势更注重线下广告的推广。

京东:在百度输入"网购、购物"等均能在首页推广栏看到京东的网址;在浏览门户网站的过程中,在凤凰、搜狐网首页的下方均能看到京东商城的广告;在观看优酷视频的时候,视频下方有京东的广告栏推荐最近搜索过的商品;京东商城的域名由原来的 www.360buy.com 改为 www.jd.com,域名更加短小并且利用中文"京东"的首字母易于用户记忆和输入。对于 B2C 网站而言,对外广告宣传是提高知名度的重要举措。

苏宁易购以"领先的综合网上购物商城,正品行货,全国联保"作为宣传标语;京东商城也是定位于综合网购平台,强调"省钱又放心",符合消费者心理需求。

京东商城在网站推广更注重网络广告,推广效果也很好,以及域名和 Logo 更改以后更利于人们记忆,使用户通过浏览器直接输入域名访问网站更加方便。苏宁易购则是另辟蹊径,通过对热门电视节目的广告,来进行品牌推广,短时间提升了大量人气,效果也非常不错。

4. 网站优势

(1)京东商城的优势。

①物流服务。以京东商城代表的自建物流服务,是决定电子商务整个环节能否顺利完成的关键,如今已受到越来越多 B2C 企业重视,纷纷从物流系统开发、仓储、配送等方面加大投入。

②用户忠诚度。京东商城在 B2C 市场份额上居于榜首,通过多年的诚信经营,以高效低价吸引了一大批忠诚的客户,并通过口碑营销,用户规模一步步扩大。

(2)苏宁易购的优势。

① 鼠标加水泥。利用自身实体店名的优势,苏宁易购在支付方面增加了门店支付。通过实体店面,建立仓储和物流系统相对容易并且成本降低,配送十分方便并且普及面更广。

② 售后环节。相比较京东而言,苏宁易购的售后环节开展更加容易,用户可以直接通过当地的苏宁实体店来进行售后服务。

思考:京东商城网站和苏宁易购网站在网站设计上有何异同点?网站规划包括哪些环节?

第一节 电子商务网站概述

一、电子商务网站的构成要素

从不同的角度考察,电子商务网站的构成要素具有不同的组合。

(一)电子商务网站功能要素

一般意义上的网站由三分部组成,即域名、空间、网页。从网站功能角度考虑,电子商务网站的构成要素,除了包含一般网站的三要素外,还包括商品目录、购物车、付款台、留言板/论坛、会员管理、库存管理、商品配送、报表系统等一些特殊的要素。

1. 网站域名

互联网是基于 TCP/IP 协议进行通信和连接的,每一台主机都有一个唯一的标识固定的 IP 地址,这个与网络上的数字型 IP 地址相对应的字符型地址,就被称为网站域名(Domain Name),如 www.jd.com 是京东的域名。域名通常由一串用点分隔的字符组成,代表互联网上某一台计算机或计算机组的名称,用于在数据传输时标识计算机的电子方位,就相当于一个家庭的门牌号码。

企业要在互联网上开展电子商务,首先必须拥有一个 Web 地址,即人们通常讲的网址或域名,它是互联网上的重要标识,具有唯一性。

域名可分为顶级域名、二级域名或中文域名、网络实名等多种形式,企业可以根据其业务范围和目标顾客,选择注册所需域名。企业向域名注册代理机构缴纳一定的管理费用,域名注册代理机构为其提供域名注册、变更、删除服务和相关帮助,同时提供域名注册处理情况的查询及域名统计信息和域名申请授权代理的信息。

我国域名体系是在顶级域名"CN"之外暂设"中国""公司"和"网络"3 个中文顶级域名,在顶级域名 CN 之下设"类别域名"和"行政区域名"两类英文二级域名。其中,"类别域名"包括 ac(科研机构)、com(企业)、edu(教育机构)、gov(政府部门)、mil(军事机构)等 7 个,"行政区域名"34 个,主要以其汉语拼音的第一个字母命名,如北京市域名为 BJ,上海市域名为 SH。

各级国际域名长度限制在 20 个合法字符(汉字、英文 a~z、A~Z、数字 0~9 和-)。中文域名同英文域名一样是互联网上的门牌号码,中文域名不能是纯英文或数字,应至少有一个汉字。

2. 网站空间

网站空间是指能够在互联网上存放网页内容的容量。一般用户通常选择虚拟空间,省去购买软硬件开销,不过前提是先注册域名。当然还可以通过其他方式,如服务器托管、服务器租用等方式获得网站空间。

3. 网站页面

简单地说,网页就是让互联网用户浏览的网站内容。一般的网页上都会有文本、图片等信息,而复杂一些的网页上还会有声音、视频、动画等多媒体内容,为网页增添了丰富的色彩和动感。几乎所有的网页都含有链接,可以轻而易举地进入同一网站的其他网页或是相关的网站。

4. 网站商品目录

如何建立商品的目录结构? 网站应提供何种导航和搜索功能,才能使得用户可以快速、便利地寻找到所需要的商品和相关信息,需根据企业的具体情况确定。企业网站商品目录可以是二维的,也可以设计成三维的。网站三维商品目录可以充分利用三维资源,在线为各经营机构提供一种电子化展示商品、深层次挖掘客户、几何式降低成本的专业性服务。企业可以通过网站三维商品目录获得多重商机,领先对手一步,取得战略上的优势和生意上的成功。

5. 网站购物车

网站购物车是电子商务网站为广大用户提供的一种快捷购物工具,是连接商品和付款台的关键环节。通过购物车,顾客可以在网站一次性批量购买多个商品,并可一次性通过网站所支持的支付工具完成付款。通过购物车选购商品,用户无须登录,也无须下单,即可在其终端上随时保存或查看所有想要购买的商品,从而为广大用户带来了一种全新的、方便快捷的网络购物体验。

6. 付款台

付款台通常也称收银台,即网站提供在线支付功能的系统入口。支付系统是网络交易的重要环节。首先,电子商务网站支付系统所提供的付款方式应多样化,如信用卡付款、邮局划拨、货到付款等方式,让客户可依需求来选择;其次,应采用妥善的安全机制来确保交易的安全性,这不但关系到顾客的切身利益,同时也直接关系到商业经营的安全可靠。

7. 留言板/论坛

留言板/论坛服务是电子商务网站一种极为常见的互动交流服务。论坛可以向用户提供开放性的分类专题讨论区服务,顾客可以在此发表感受、交流技术、经验乃至人生的感悟与忧欢,亦可以作为商家与顾客交流的渠道。电子留言板可以让客户用最快的速度留下反馈意见和联系方式,并存入系统数据库;网站后台管理员可查询新的反馈信息并进行回复。

8. 库存商品的管理

后勤保证是任何商业运作的基础。无论网上商店还是真实商店,货物都是一样真实的,对库存货物的存储和管理也一样是真实的。

9. 商品配送

商品配送是实现商品最终到达用户的重要环节,一般可以依靠邮政、快递、第三方物流公司或其他可靠的系统将货物送到消费者手中。

此外,还有会员管理、报表系统等功能要素。

(二)电子商务网站的系统要素

从技术的角度,电子商务网站的基本要素包括客户端、网络、服务器、应用集成、企业数据与应用等。

二、电子商务网站的功能

(一)企业形象宣传

电子商务网站对于企业的形象是十分看重的,企业的网上形象被破坏会直接影响企业的业绩,也导致本电子商务网站作废,以后几乎不会有客户来浏览或达成交易。

(二)产品展示与信息发布

企业可以通过网站实现文字、图片、动漫等方式宣传自己的产品,它可以随时更新产品的宣传资料,以达到快捷迅速的效果。

(三)与客户互动进行咨询洽谈

企业还可以利用网上客服、客户留言板、在线调查等与客户进行深度沟通,洽谈交易事务。

(四)网上商品订购功能

电子商务网站的核心功能是网上商品的订购功能。企业把一些产品的相关信息发送到网站上,用户浏览相关信息,如果用户需要某种东西可以根据企业导航订购此产品。用户订购信息采用加密的方式,使得用户与商家的商业信息不会泄露。

三、电子商务网站的类型

(一)根据服务内容划分

1. 广告型网站

这是最早的电子商务网站类型,也是目前很多上网企业采用的网络营销模式,网站仅提供企业及其产品信息的被动访问,相当于是企业的"产品秀",也是最简单的利用网站开展营销的模式。这种企业一般在内部还设有建立基于网络和数据库的信息系统。该类网站定位在利用网站宣传企业的形象、机构设置、企业的产品种类及价格、联系方法等信息,相当于放到互联网上的电子宣传手册或广告牌。

在规划该类网站时,功能定位比较简单,不提供什么服务,更没有开展网上交易。最多提供一个电子邮件链接,客户可以通过链接给企业电子邮箱发送邮件。这种网站投资少,建站快,但没有充分利用网络和网站的特点,营销功能有限。当然,企业建立了网站,相当于企业在互联网上有了一席之地以及和外界联系的窗口。如果在网站上再增加一些内容,如广告、友情链接等,也会大大增强网站的营销功能。采用宣传网站模式的企业往往采取向网络平台提供商租用网页空间或者虚拟主机的形式来运行自己的网站。

2. 交易型网站

这是目前最常见的网站类型,网站通过将网络前端的信息交互系统与后台的订单管理和库存控制系统及电子商务认证中心、物流配送中心、网络银行系统连接起来,为用户提供安全的在线交易功能。

3. 专业信息服务型网站

这是随着企业和个体消费者对电子商务网站需求的不断提高而逐步涌现出来的新一代网站。它是面向特定行业的,能向用户提供经过过滤的专业化程度较高的信息服务,甚至还可以实现定制的、经集成的信息交互传送。例如,一个制造企业,通常需要从多个供应商处采购材料及零部件,以确保质量和及时交付并保持价格上的竞争优势。当采购的品种繁多时,即使都采用在线交易,由于不同的供应商提供不同的订单接口,企业为了使其工作人员和商务系统都能适应这些接口,必须付出许多代价。

从电子商务网站的发展轨迹来看,呈现出网站从最初的以产品为中心向着以客户为中心方向发展的趋势。新一代电子商务网站所提供的服务内容更加务实,能使用户从网络中得到更多真正的实惠。

4. 企业门户网站

企业门户网站是指只要客户登录到这个网站,就可以得到企业或商家提供的所有服务。现在国内很多大型企业都建立了这样的网站,如格兰仕公司的网站等。这些企业内部一般都已经建立了较完善的管理信息系统,通过网络实现了管理信息的共享。企业通过门户网站把内部管理信息系统和外部的客户及供应商连接起来,在更大范围实现信息的整合和共享。

一般而言,在规划该类网站时,需要包含以下功能:企业基本信息发布,企业动态与新闻,企业产品与服务,搜索与索引,电子邮件与客户反馈,用户访问统计,网站访问分析与统计,个性化服务,电子社区,相关链接等。

5. 内部管理网站

这类网站主要定位于企业内部的管理,将企业内部各个职能部门的管理统一到网站平台上。企业内部的组织部门、业务流程和经营现状等信息一目了然,并且提供多种企业内部信息的发布、员工之间的交流、讨论等功能。这类网站是企业内部为了进行广告及商品管理、客户管理、合同管理、营销管理等目的而建立的网上办公平台,因此,在规划这类网站时主要应包括如下功能:

(1)广告及商品管理,包括广告资源管理、计划与系统管理,可为公司市场、销售等经营部门提供及时的信息服务。

(2)客户管理,主要包括客户管理、商务代表管理、代理商(大客户)管理等功能,可及时为公司营销管理人员提供最新的客户信息及相关资料。

（3）营销管理，主要包括经营预算和结算管理、产品销售量、商务代表业绩、客户采购量、销售金额等信息的统计与分类管理功能。

（4）网站管理，主要包括用户及权限设置、数据库维护、网页设置、标志与标题设置及网站各栏目内容编辑等功能。

（二）根据服务领域划分

1. 垂直型网站

垂直型网站是指锁定某一特定行业或领域，为该行业或领域内部整条供应链上从生产制造商到供应商、分销商、中间商，再到最终用户提供一整套专业化服务的网站。它通常采用"商务平台＋增值内容"的工作模式。

2. 水平型网络

水平型网络又称综合型网站，它的用户囊括了不同的行业和领域，服务于不同行业的从业者，其强大的竞争力来自多样化的服务形式、丰富的信息资源、广泛的用户群和强大的物流配送体系，具有网上订购商品价格低廉、送货及时的特点。

（三）根据服务形式划分

1. 零售型网站

一般是商业或专业网络公司直接在网上设立的以提供零售服务为目的的网站，在购买时提供比在一般商店购买更优惠的折扣。代表性网站如当当网。

2. 直销型网站

这是由生产型企业开通的网上直销站点，直接让最终用户（消费者）从网上选择购买，既可以享受减少中间环节带来的价格实惠，又可以最大限度地满足最终消费者的特定需求。代表性网站如戴尔、联想的网上直销。

3. 拍卖型网站

为用户提供一个发布其拍卖商品信息的平台，商品价格通过竞价形式由会员在网上出价确定。代表性网站如美国 eBay。

4. 商业街型网站

类似于商业城，不直接参与交易，通过提供商业活动场所和相关服务，吸引有关商家和企业参与，为其网上交易提供配套服务，从中收取少许服务费。代表性网站如首都电子商城。

（四）根据服务对象划分

1. 面向企业的网站

面向企业的电子商务网站是典型的 B2B 模式，代表性网站如阿里巴巴 1688（www.1688.com）。目前这类网站一般具备如下功能：

（1）会员管理。这类网站一般要求所有参加交易的机构都必须先注册成为会员，同时系统提供完善的会员管理机制。注册会员可在网上进行产品信息发布及销售（卖方）产品、浏览购买（买方）。会员管理包括会员身份管理、会员资料管理和权限控制等内容。

（2）商品目录管理。商品目录管理主要包括交易会员（卖方）可在平台上发布自己的产品信息、目录视图、目录查找等功能。

（3）审批流程。审批流程主要包括注册审批和交易审批。

（4）订单管理。当交易会员通过标准价格或合约价格方式采购产品时,可先将需要采购的产品放入购物车中。当采购完毕后,可进入购物车浏览选择的产品并修改购物车中的内容。对购物车内容修改完毕后,可生成采购订单。若交易会员采购多家其他交易会员(卖家)的产品,每个卖家生成一张采购订单。

（5）交易定价。交易定价主要包括定价销售、协议价格及请求报价等。

（6）拍卖与投标采购。拍卖与投标采购主要包括电子拍卖和电子采购等,一般需要网站提供交易系统支持。

（7）网络支付功能等。

2. 面向消费者的网站

面向消费者的网站亦即 B2C 电子零售系统,是目前比较成熟的一种电子商务模式(B2C 模式),也是服务于个体消费者的零售企业应用最为广泛的一种电子商务模式。在定位该类网站时,网站应当满足消费者购买过程中的各种需要,帮助消费者更好地做出购物的选择。代表性网站如当当网(www. dangdang. com)。一般而言,在规划该类网站时,需要包含以下功能:

（1）用户管理需求,包括用户注册、注册用户信息管理。

（2）客户需求,包括提供电子目录、帮助用户搜索、发现需要的商品、进行同类产品比较、帮助用户进行购买决策、商品的评估、购物车、为购买产品下订单、撤销和修改订单、能够通过网络付款、对订单的状态进行跟踪。

（3）销售商的需求,包括检查客户的注册信息、处理客户订单、完成客户选购产品的结算,处理客户付款,进行电子拍卖、商品信息发布、发布和管理网络广告、商品库存管理、能够跟踪产品销售情况、能够和物流配送系统建立接口、与银行之间建立接口等。

四、电子商务网站技术

（一）电子商务网站的体系结构

电子商务网站是一种典型的基于 Web 的分布式、三层应用体系结构,即用户界面层、应用逻辑层、数据存取层,其中,应用逻辑层与用户界面层和数据存取层明显地分离出来,客户端的用户界面与服务器端的数据存取隔离开来,其结构如图 7-1 所示。

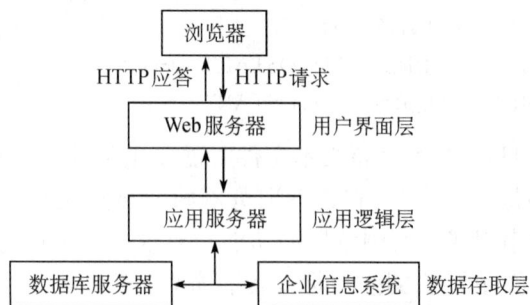

图 7-1　电子商务网站的体系结构

（1）浏览器。常用的浏览器有 IE、360 安全浏览器、火狐、世界之窗、IT、搜狗、谷歌、Opera、遨游、彩虹浏览器。

（2）Web 服务器。Web 服务器是计算机信息资源的存放主机。

（3）应用服务器。应用服务器指可以调用 Web 服务器中的数据库文件、超文本内容和其他应用程序。

Web 通信的基本原理是由浏览器向 Web 服务器发出 HTTP 请求，Web 服务器接到请求后，进行相应的处理，并将处理的结果以 HTML 文件的形式返回到浏览器，客户浏览器对其进行解释并显示给用户。Web 服务器要与数据库服务器进行交互，必须通过中间件才能实现，常用的中间件有 CGI、ASP、JSP、JDBC、WEBAPI 等。

（4）数据库服务器和企业信息系统。数据库服务器与企业信息系统为数据存取层，负责完成存取数据库操作。

（二）电子商务开发语言

电子商务网站开发语言包括前台开发语言和后台开发语言。前台开发语言主要有 HTML、CSS、JavaScript 等。后台开发语言主要有 PHP、ASP. NET、JSP 以及 Java。

1. HTML

HTML 是 Hypertext Marked Language 的缩写，即超文本标记语言，是一种用来制作超文本文档的简单标记语言。超文本传输协议规定了浏览器在运行 HTML 文档时所遵循的规则和进行的操作。Http 协议的制定使浏览器在运行超文本时有了统一的规则和标准。用 HTML 编写的超文本文档称为 HTML 文档，它能独立于各种操作系统平台。自 1990 年以来，HTML 就一直被用作 WWW（World Wide Web，也可简写为 Web，中文叫作万维网）的信息表示语言。使用 HTML 语言描述的文件，需要通过 Web 浏览器 HTTP 显示出效果。所谓超文本，是因为它可以加入图片、声音、动画、影视等内容。事实上每一个 HTML 文档都是一种静态的网页文件，这个文件里面包含了 HTML 指令代码，这些指令代码并不是一种程序语言，它只是一种排版网页中资料显示位置的标记结构语言，易学易懂，非常简单。HTML 的普遍应用带来了超文本的技术，通过单击鼠标从一个主题跳转到另一个主题，从一个页面跳转到另一个页面，与世界各地主机的文件链接，直接获取相关的主题。如下所示：

（1）图片调用：<IMG SRC="文件名">

（2）文字格式：<FONT SIZE="+5" COLOR="#00FFFF">文字</FONT>

（3）页面跳转：〈A HREF="文件路径/文件名"></A>

（4）声频：<EMBED SRC="音乐地址" AUTOSTART=true>

（5）视频：<EMBED SRC="视频地址" AUTOSTART=true>

从上面可以看到用 HTML 编写超文本文件时需要用到的一些标签。在 HTML 中每个用来做标签的符号都是一条命令，它告诉浏览器如何显示文本。这些标签均由"<"和">"符号以及一个字符串组成。而浏览器的功能是对这些标记进行解释，显示出文字、图像、动画、播放声音。这些标签符号用"<标签名字 属性>"来表示。

HTML 只是一个纯文本文件。创建一个 HTML 文档，只需要两个工具，一个是 HTML 编辑器，一个 Web 浏览器。HTML 编辑器是用于生成和保存 HTML 文档的应用程序。Web 浏览器是用来打开 Web 网页文件,提供给我们查看 Web 资源的客户端程序。

2. CSS

随着 HTML 的成长,为了满足页面设计者的要求,HTML 添加了很多显示功能。但是随着这些功能的增加,HTML 变得越来越杂乱,而且 HTML 页面也越来越臃肿。于是 CSS 便诞生了。

CSS 为 HTML 标记语言提供了一种样式描述,定义了其中元素的显示方式。CSS 在 Web 设计领域是一个突破。利用它可以实现修改一个小的样式更新与之相关的所有页面元素。总体来说,CSS 具有以下特点:

(1) 丰富的样式定义。

CSS 提供了丰富的文档样式外观,以及设置文本和背景属性的能力;允许为任何元素创建边框,以及元素边框与其他元素间的距离和元素边框与元素内容间的距离;允许随意改变文本的大小写方式、修饰方式以及其他页面效果。

(2) 易于使用和修改。

CSS 可以将样式定义在 HTML 元素的 style 属性中,也可以将其定义在 HTML 文档的 header 部分,也可以将样式声明在一个专门的 CSS 文件中,以供 HTML 页面引用。总之,CSS 样式表可以将所有的样式声明统一存放,进行统一管理。

另外,可以将相同样式的元素进行归类,使用同一个样式进行定义,可以将某个样式应用到所有同名的 HTML 标签中,也可以将一个 CSS 样式指定到某个页面元素中。如果要修改样式,只需要在样式列表中找到相应的样式声明进行修改。

(3) 多页面应用。

CSS 样式表可以单独存放在一个 CSS 文件中,这样就可以在多个页面中使用同一个 CSS 样式表。CSS 样式表理论上不属于任何页面文件,在任何页面文件中都可以将其引用。这样就可以实现多个页面风格的统一。

(4) 层叠。

简单地说,层叠就是对一个元素多次设置同一个样式,这将使用最后一次设置的属性值。例如,对一个站点中的多个页面使用了同一套 CSS 样式表,而某些页面中的某些元素想使用其他样式,就可以针对这些样式单独定义一个样式表应用到页面中。这些后来定义的样式将对前面的样式设置进行重写,在浏览器中看到的将是最后面设置的样式效果。

(5) 页面压缩。

在使用 HTML 定义页面效果的网站中,往往需要大量或重复的表格和 font 元素形成各种规格的文字样式,这样做的后果就是会产生大量的 HTML 标签,从而使页面文件的大小增加。而将样式的声明单独放到 CSS 样式表中,可以大大地减小页面的体积,这样在加载页面时使用的时间也会大大地减少。另外,CSS 样式表的复用更大程度地缩减了页面的体积,减少下载的时间。

3. JavaScript

JavaScript 是一种直译式脚本语言,是一种动态类型、弱类型、基于原型的语言,内置支持类型。它的解释器被称为 JavaScript 引擎,为浏览器的一部分,广泛用于客户端的脚本语言。

JavaScript 是一种属于网络的脚本语言,已经被广泛用于 Web 应用开发,常用来为网页添加各式各样的动态功能,为用户提供更流畅美观的浏览效果。通常 JavaScript 脚本是通过嵌入在 HTML 中来实现自身的功能的。JavaScript 脚本语言具有以下特点。

(1) 脚本语言。JavaScript 是一种解释型的脚本语言,C、C++等语言先编译后执行,而 JavaScript 是在程序的运行过程中逐行进行解释。

(2) 基于对象。JavaScript 是一种基于对象的脚本语言,它不仅可以创建对象,也能使用现有的对象。

(3) 简单。JavaScript 语言中采用的是弱类型的变量类型,对使用的数据类型未做出严格的要求,是基于 Java 基本语句和控制的脚本语言,其设计简单紧凑。

(4) 动态性。JavaScript 是一种采用事件驱动的脚本语言,它不需要经过 Web 服务器就可以对用户的输入做出响应。在访问一个网页时,鼠标在网页中进行鼠标点击或上下移、窗口移动等操作,JavaScript 都可直接对这些事件给出相应的响应。

(5) 跨平台性。JavaScript 脚本语言不依赖于操作系统,仅需要浏览器的支持,因此一个 JavaScript 脚本在编写后可以带到任意机器上使用,前提是机器上的浏览器支持 JavaScript 脚本语言。目前 JavaScript 已被大多数的浏览器所支持。

不同于服务器端脚本语言,如 PHP 与 ASP,JavaScript 主要被作为客户端脚本语言在用户的浏览器上运行,不需要服务器的支持。所以在早期程序员比较青睐于 JavaScript 以减少对服务器的负担,而与此同时也带来安全方面的问题。而随着服务器的强壮,虽然程序员更喜欢运行于服务端的脚本以保证安全,但 JavaScript 仍然以其跨平台、容易上手等优势大行其道。同时,有些特殊功能(如 AJAX)必须依赖 JavaScript 在客户端进行支持。随着引擎(如 V8)和框架(如 Node.js)的发展,及其事件驱动及异步 IO 等特性,JavaScript 逐渐被用来编写服务器端程序。

4. PHP

PHP 支持使用平台丰富,lamp(linux+apache+mysql+php)应该是 PHP 支持的最佳平台,具有免费、开源、安全、开发成本低、速度快、负载强等优点。当然也可以使用 Apache+PHP+MySQL 在 Windows 上运行。而且目前国内的主机基本上都支持的。如果构建中小型的电子商务,这应该是首选,开发快,易于维护,开发出来的 Web 速度也不逊色。但是,对于快速开发,PHP 就有点欠缺了,首先 PHP 对 OOP 的支持不如.NET 和 Java 那样好。而且 PHP 缺少一些标准的架构和命名空间,代码重用率有待提高(相对.NET 和 Java)。目前使用 PHP 开发的一些电子商务网站有淘宝、shopex、ecshop、shopnc 等。

5. JSP

JSP 的跨平台性,有标准的架构,能够支持高度复杂的基于 Web 的大型应用,所以是较理想的开发语言,但是其开发成本有点高。Java+Oracle 解决超大型运用还是首选的。Oracle 的超大型数据量处理加上 Java 的众多优点真是如虎添翼。使用 JSP 开发的一些电子商务网站有亚马逊、易趣、橡果国际等。

6. ASP. NET

. NET 的快速开发是最让人赞许的,强大的 IDE 开发工具与调试功能,使得快速开发成为可能。另外,由于 ASP. NET 本身支持企业技术,如消息队列、事务、SNMP 和 Web 服务,因而可以很容易地开发具有高度可缩放性的强大的应用程序。使用 ASP. NET 开发的一些电子商务网站有京东、当当、新蛋、携程、凡客、shopwe 等。

7. Java

Java 是一种面向对象、结构化、分布式、多态、多线程的动态、可移植、健壮的解释性语言。Java 语言是斯坦福大学网络公司 1995 年推出的一门高级编程语言,起初主要应用在小型消费电子产品上,后来随着互联网的兴起,Java 语言迅速崛起成为大型互联网项目的首选语言。Java 有以下特点:

(1) 跨平台性。

所谓的跨平台性,是指软件可以不受计算机硬件和操作系统的约束而在任意计算机环境下正常运行。这是软件发展的趋势和编程人员追求的目标。之所以这样说,是因为计算机硬件的种类繁多,操作系统也各不相同,不同的用户和公司有自己不同的计算机环境偏好,而软件为了能在这些不同的环境里正常运行,就需要独立于这些平台。

而在 Java 语言中, Java 自带的虚拟机很好地实现了跨平台性。Java 源程序代码经过编译后生成二进制的字节码是与平台无关的,但是可被 Java 虚拟机识别的一种机器码指令。Java 虚拟机提供了一个字节码到底层硬件平台及操作系统的屏障,使得 Java 语言具备跨平台性。

(2) 面向对象。

面向对象是指以对象为基本粒度,其下包含属性和方法。对象的说明用属性表达,而通过使用方法来操作这个对象。面向对象技术使得应用程序的开发变得简单易用,节省代码。Java 是一种面向对象的语言,也继承了面向对象的诸多好处,如代码扩展、代码复用等。

(3) 安全性。

安全性可以分为四个层面,即语言级安全性、编译时安全性、运行时安全性、可执行代码安全性。语言级安全性指 Java 的数据结构是完整的对象,这些封装过的数据类型具有安全性。编译时要进行 Java 语言和语义的检查,保证每个变量对应一个相应的值,编译后生成 Java 类。运行时 Java 类需要类加载器载入,并经由字节码校验器校验之后才可以运行。Java 类在网络上使用时,对它的权限进行了设置,保证了被访问用户的安全性。

(4) 多线程。

多线程在操作系统中已得到了最成功的应用。多线程是指允许一个应用程序同时存在两个或两个以上的线程,用于支持事务并发和多任务处理。Java 除了内置的多线程技术之外,还定义了一些类、方法等来建立和管理用户定义的多线程。

(5) 简单易用。

Java 源代码的书写不拘泥于特定的环境,可以用记事本、文本编辑器等编辑软件来实现,然后将源文件进行编译,编译通过后可直接运行,通过调试则可得到想要的结果。

（三）数据库

网站数据库是动态网站存放网站数据的空间，也称数据库空间。大多数网站都是由ASP、PHP开发的动态网站，网站数据是由专门的一个数据库来存放。网站数据可以通过网站后台，直接发布到网站数据库，网站则把这些数据进行调用。网站数据库根据网站的大小、数据的多少决定选用SQL或者Access、Orcle数据库。

1. Access

Access是Office组件的重要成员，其主要功能是数据库的管理和应用。Access是一个数据库管理系统，它之所以被集成到Office中而不是Visual Studio中，是因为它与其他的数据库管理系统（如Visual FoxPro）相比更加简单易学，一个普通的计算机用户即可掌握并使用它。而且最重要的一点是Access的功能足够强大，足以应付一般的数据管理及处理需要。其主要特点如下：

（1）完善地管理各种数据库对象，具有强大的数据组织、用户管理、安全检查等功能。

（2）强大的数据处理功能。在一个工作组级别的网络环境中，使用Access开发的多用户数据库管理系统具有传统的XBASE（DBASE、FoxBASE的统称）数据库系统所无法实现的客户服务器（Client/Server）结构和相应的数据库安全机制，Access具备了许多先进的大型数据库管理系统所具备的特征，如事务处理/出错回滚能力等。

（3）可以方便地生成各种数据对象，利用存储的数据建立窗体和报表，可视性好。

（4）作为Office套件的一部分，可以与Office集成，实现无缝连接。

（5）能够利用Web检索和发布数据，实现与Internet的连接。Access主要适用于中小型应用系统，或作为客户机/服务器系统中的客户端数据库。

2. SQL Server

Microsoft公司推出的一种关系型数据库系统。SQL Server是一个可扩展的、高性能的、为分布式客户机/服务器计算所设计的数据库管理系统，实现了与Windows NT的有机结合，提供了基于事务的企业级信息管理系统方案。其主要特点如下：

（1）高性能设计，可充分利用Windows NT的优势。

（2）系统管理先进，支持Windows图形化管理工具，支持本地和远程的系统管理和配置。

（3）强壮的事务处理功能，采用各种方法保证数据的完整性。

（4）支持对称多处理器结构、存储过程、ODBC，并具有自主的SQL语言。SQL Server以其内置的数据复制功能、强大的管理工具、与Internet的紧密集成和开放的系统结构为广大的用户、开发人员和系统集成商提供了一个出众的数据库平台。

3. Oracle

Oracle Database，又名Oracle RDBMS，或简称Oracle，是甲骨文公司的一款关系数据库管理系统。它是在数据库领域一直处于领先地位的产品。可以说Oracle数据库系统是目前世界上流行的关系数据库管理系统，系统可移植性好、使用方便、功能强，适用于各类大、中、小、微机环境。它是一种高效率、可靠性好的适应高吞吐量的数据库解决方案。其特点包括完整的数据管理功能、完备关系的产品、分布式处理功能，用Oracle能轻松地实现数据仓库的操作。

4. MySQL

MySQL 是瑞典的 MySQL AB 公司开发的一个可用于各种流行操作系统平台的关系数据库系统,它具有客户机/服务器体系结构的分布式数据库管理系统。MySQL 完全适用于网络,用其建造的数据库可在因特网上的任何地方访问,因此,可以和网络上任何地方的任何人共享数据库。MySQL 具有功能强、使用简单、管理方便、运行速度快、可靠性高、安全保密性强等优点。MySQL 用 C 和 C++编写,它可以工作在许多平台(Unix,Linux,Windows)上,提供了针对不同编程语言(C,C++,Java 等)的 API 函数;使用核心线程实现多线程,能够很好地支持多 CPU;提供事务和非事务的存储机制;快速的基于线程的内存分配系统;MySQL 采用双重许可,用户可以在 GNU 许可条款下以免费软件或开放源码软件的方式使用 MySQL 软件,也可以从 MySQL AB 公司获得正式的商业许可。

除了以上特点,MySQL 还有一个最大的特点,那就是在诸如 UNIX 这样的操作系统上,它是免费的,可从因特网上下载其服务器和客户机软件,并且还能从因特网上得到许多与其相配的第三方软件或工具。而在 Windows 系统上,其客户机程序和客户机程序库是免费的。

> **小知识** 　　　　　　　　**开发技术与 Web 服务器系统的搭配**
>
> 　　开发技术与 Web 服务器搭配情形:服务器是 Linux,可采用 Linux+Apache 的搭配。服务器是 Windows,可采用 Windows+IIS 的搭配。服务器是 Unix,可采用 Unix+Websphere 的搭配。
>
> 　　如果考虑到开发语言的不同,搭配也会有所不同。若开发语言是 Java 或 JSP,各种服务器平台都可以正常运行。一般以 IBM WebSphere、Tomcat 和 BEA WebLogic 比较常见。如果开发语言是 ASP,一般选择运行在 Windows +IIS 的环境下。如果开发语言是 PHP,一般选择运行在 Linux+Apache 或 Windows +Apache 的环境下。

(四)移动网站技术

随着智能手机的普及,使用手机浏览页面的时间也越来越长,更多的人会使用手机浏览替代电脑 PC 浏览网页。移动网站目前主要是基于 HTML5+CSS3+JavaScript。推荐应用 Dreamweaver CS6 以上版本进行网页开发,页面调试推荐用谷歌或火狐浏览器。Dreamweaver CS6 很好地支持了 HTML5 和 CSS3 的最新功能,它进一步增强移动应用程序的最新各项功能,包括响应迅速的自适应网格版面、增强型 jQueryMobile 支持。部分低版本的 IE 浏览器不执行某些新的 HTML5 和 CSS3 代码,所以页面浏览和调试运用谷歌、火狐最新版本浏览器,最重要的是它集成了模拟移动终端的调试环境,可以直接看到不同屏幕分辨率和不同系统设备下的最终效果。WeX5 是开源并且免费使用的 App 开发工具,能够提高 App 的开发效率。其在 eclipse 基础上封装了很多东西,提供丰富组件体系,方便快捷,是一款前端开发工具,支持多种后台开发语言。

1. HTML5

HTML5 是继 HTML4.01 和 XHTML1.0 之后的超文本标记语言的最新版本。它是由一群自由思想者组成的团队设计出来,并最终实现多媒体支持、交互性、更加智能的表单,以及更好的语义化标记。HTML5 并不仅仅是 HTML 规范的最新版本,而是一系列用来制作现代富 Web 内容的相关技术的总称,其中最重要的三项技术分别为:HTML5 核心规范(标签元素)、CSS(层叠样式表第三代)和 JavaScript。

用 HTML5 的优点主要在于可以进行跨平台的使用。比如开发了一款 HTML5 的游戏,可以很轻易地移植到 UC 的开放平台、Opera 的游戏中心、Facebook 应用平台,甚至可以通过封装的技术发放到 App Store 或 Google Play 上,所以它的跨平台性非常强大,这也是大多数人对 HTML5 有兴趣的主要原因。HTML5 在应用维护方面的优势更是明显,开发者只需维护一个版本。同时,用户端的更新也可以更加方便快捷。因此 HTML5 极具成本效益,能够降低人力投入。HTML5 可以无缝连接 PC 端和移动端。在使用 Web App 的时候,桌面端和移动端不再是独立的两个点,它们将可以更好地共享资源和数据。

2. WEX5

WeX5 开发平台完全开源免费,上百个组件框架全部开放,并采用 MVC 设计模式,数据和视图分离,页面描述和代码逻辑分离。为开发者提供良好的开发体验。前端采用 H5+CSS3+JS 标准技术,并引入海量 bootstrap 源,一次开发,多端任意部署,不论是安卓 App、苹果 App、微信服务号、微信企业号、Web App,确保开发软件始终通用、不受限制。后端支持所有主流技术和平台(Java、PHP、. NET 等),也可以调用网络数据,并且内置了 MySQL 数据库。在前后台的交互过程中,使用了 biz Data 组件,它封装了复杂的后台数据交互,是前端 model 上的数据核心,是 biz 层控制 UI 层数据的枢纽。可以根据 biz 层概念的定义和 action 动作,自动映射到 UI 层,简化了开发者写代码对数据的维护。并且显示组件绑定 biz Data 组件后,就可以跟随 biz Data 组件数据的变化,自动改变页面显示的数据。实现了开发者面向数据编程,使开发更加简单明了。同时,WeX5 还对接了即时通信、推送、支付等各类插件,能轻松调用手机设备,如相机、地图、通讯录等,让开发者轻松应对各类复杂数据应用。在发布时,可以免费地进行各种应用打包:Android apk,iosipa、微信和其他轻应用,从而实现了一次开发,多端使用。

小知识   **移动网站建设的设计技巧**

1. 重视手机网页的浏览性

如今用户无时无刻不在使用着自己的移动设备,甚至在行走的时候也会浏览网页,因此,设计师要保证网站的内容易于浏览,并且用户可以快速找到目标信息。手机网页制作的重点就是内容,移动手机页面上的内容是手机网页的灵魂。另外,要做好手机网页架构的规划,以及功能模块的设置。在设计的时候控制字体的大小,避免因异常缩放而导致页面文本无法正常显示。

2. 不断创新的手机网页设计

手机网页设计需要不断创新,才会有新鲜感,才能得到用户的欢心。只有不断创新、不断变化交互,才能提升人们的视觉感受,用户体验度才得以提高。

第二节 电子商务网站规划

电子商务网站规划是指在网站建设前对市场进行调查和需求分析、确定网站目标和功能，并根据需要对网站建设中的技术、内容、费用、测试、维护等做出规划。网站规划是网站建设的基础和指导纲领，决定了一个网站的发展方向，同时对网站推广也具有指导意义，应该站在企业战略的高度考虑。

一、电子商务网站规划的主要任务

电子商务网站规划的主要任务包括制定网站的发展战略，制订网络的总体结构方案并安排项目开发计划，制订网站建设的资源分配计划等。

（一）制定网站的发展战略

网站服务于企业管理，其发展战略必须与整个企业的战略目标协调一致。制定网站的发展战略，首先要调查分析企业的目标和发展战略，评价现行网站的功能、环境和应用状况。在此基础上确定网站的使命，制定网站统一的战略目标及相关政策。

（二）制订网站的总体结构方案并安排项目开发计划

在调查分析企业信息需求的基础上，提出网站的总体结构方案，并根据发展战略和总体结构方案，确定系统和应用项目开发次序及时间安排。

（三）制订网站建设的资源分配计划

提出实现开发计划所需要的硬件、软件、技术人员、资金等资源，以及整个系统建设的概算，进行可行性分析。

二、电子商务网站规划的特点

电子商务网站的建设是一项系统工程，规划工作的好坏将直接影响到整个系统建设的成败。因此，应该充分认识这一阶段工作的特点和应该注意的关键问题，以提高规划工作的科学性和有效性。

网站规划工作是面向长远的、未来的、全局性和关键性的问题，具有较强的不确定性，且非结构化程度较高，必须纳入整个企业的发展规划，并应定期滚动。

网站规划的工作环境是企业管理环境，高层管理人员（包括高层信息管理人员）是工作的主体；规划人员对管理与技术环境的理解程度、开创精神与务实态度是网站规划成功的关键因素。

网站规划工作是为整个系统建设确定目标、战略以及系统总体结构方案和资源计划，不要求解决项目开发中的具体业务问题，但要明确回答规划工作内容中提出的问题，粗线条描绘出网站的总体概貌和发展进程，能给后续各阶段的工作提供指导，为网站的发展制定一个科学而又合理的目标和达到该目标的可行途径。

三、电子商务网站规划的原则

电子商务网站规划应遵循以下原则：

（1）支持企业的总体战略目标。企业的战略目标是规划的出发点，网站规划应从企业目标出发，分析企业管理的信息需求，逐步导出网站的战略目标和总体结构。

（2）整体上着眼于高层管理，兼顾各管理层的要求。

（3）摆脱商务系统对组织机构的依从性。对企业业务流程的了解往往从现行组织机构入手，但只有摆脱对它的依从性，才能提高商务系统的应变能力。

（4）选择科学合理的规划方法使系统结构有良好的整体性。网站的规划和实现的过程是一个"自顶向下规划、自底向上实现"的过程，采用自上而下的规划方法，可以保证系统结构的完整性和信息的一致性。

（5）便于实施。即规划应给后续工作提供指导，要便于实施；方案选择应追求实效，宜选择最经济、简单、易于实施的方案；技术手段强调实用，不片面求新。

四、电子商务网站规划的方法

常见的网站规划方法主要有两种：一种是关键成功因素法；另一种是业务系统规划法。关键成功因素法是指找出企业的关键成功因素以及这些因素所需求的支持性信息。业务系统规划法是指借助业务系统来识别企业中信息的使用者和创建者，识别企业信息需求，并最终得出一个企业所需网站系统的初步清单。

（一）关键成功因素法

所谓关键成功因素（Critical Success Factors,CSF）是指使组织能够达到目标的关键因素。大多数人在考虑需要完成某些工作时，往往关注的是希望达到的首要目标，而不是要做的工作本身。一旦在心目中确立了一个目标，要思考的便是如何去实现它。

保持企业目标与系统规划的一致是在运用 CSF 方法过程中自始至终要努力做到的。表 7-1 给出了一些在各种不同组织中的关键成功因素的例子。

表 7-1　关键成功因素举例

组织类型	关键成功因素
工程设计公司	满足所有工程要求标准的设计
银行	低事务处理成本,24 小时顾客账户存取
冰激凌制造商	在商店货架上保持新鲜的产品、创新的风味
廉价零售连锁店	充足的存货、优良的供应商
运输公司	准时的货物发送、精确的货物跟踪

由于需要将来自众多工作人员的 CSF 汇集起来，而这些 CSF 可能表达了某些相互冲突的目标，进而导致目标与规划的矛盾突出。这就意味着，企业最终可能选择了并不支持企业整体目标的个别的 CSF，其结果将导致系统根本不能满足企业需求。

（二）业务系统规划法

由于关键成功因素法只能支持现有的信息需求，所以采用该方法存在一定的问题。业务系统规划法是由 IBM 公司设计并开发的一种方法，其目的是找出现存和未来的信息需求。业务系统规划（Business Systems Planning，BSP）是通过引证业务过程与信息种类两者之间的关系来识别信息需求。绝大多数业务过程的输出成果之一就是最近创建的信息。例如，当企业雇用一个新员工时，建立了一个包含有新员工信息的员工文件，因此，雇用员工的过程就创建了员工描述信息。一旦创建了员工信息，就能用于工资单处理过程，以便获取员工的工资状况。需要说明的是，员工信息中包含了有关员工许多方面的信息，这种相关信息的分组被称作一个信息类，而不是一条信息，如一个员工的姓名。

BSP 方法将信息的创建者和使用者用表格文档的形式标明，形成一个基本的信息结构框架的过程/信息矩阵。该过程/信息矩阵用一个"C"或"U"分别表示创建和使用某个特定信息类的过程，借此可找出信息的创建者。所有信息系统都需要有信息的提供者，而 CSF 方法只能识别信息的使用者，而无法识别出信息的提供者。

BSP 方法不仅能够识别系统，还能识别系统所支持的信息。先要找出过程/信息关系的逻辑分组，以便确定潜在的系统项目。然后在 BSP 矩阵中寻找标有"C"和"U"的组，并用一个方框将其圈在一起。这一操作可能需要重新排列过程或信息类的顺序，方框所圈起的一组关系表达了潜在的系统项目。

五、电子商务网站规划的主要内容

（一）定位网站的主题和名称

网站的主题也就是网站的题材，是网站设计首先遇到的问题。网站题材千奇百怪，只要想得到，就可以把它制作出来。

（1）确定网站题材的原则。选择题材应遵循的原则如下：①主题要小而精。定位要小，内容要精。网站的最大特点就是新和快，目前最热门的个人主页都是天天更新甚至几小时更新一次。最新的调查结果也显示，网络上小而精的"主题站"比大而全的"万全站"更受人们喜爱，就好比专卖店和百货商店，如果需要买某一方面的东西，肯定会选择专卖店。②题材最好是自己擅长或者喜爱的内容。兴趣是制作网站的动力，没有热情，很难设计制作出优秀的网站。③题材不要太滥或者目标太高。"太滥"是指到处可见，人人都有的题材，如软件下载，免费信息。"目标太高"是指在这一题材上已经有非常优秀、知名度很高的站点，要超过它是很困难的。

（2）网站名称的确定。网站题材确定以后，就可以围绕题材给网站起一个名称。网站名称是网站设计中很关键的一个要素，网站名称是否正气、响亮、易记、有特色，对网站的形象和宣传推广也有很大影响。例如，"电脑学习室"和"电脑之家"显然是后者简练；"儿童天地"和"中国幼儿园"显然是后者大气；"音乐前卫""网页陶吧""e 书时空"等，在体现出网站主题的同时，能点出特色之处。

（二）定位网站的 CI 形象

所谓 CI（Corporate Identity），意思是通过视觉来统一企业的形象。一个杰出的网站和实体公司一样,需要整体的形象包装和设计,准确的、有创意的 CI 设计对网站的宣传推广有事半功倍的效果。具体的做法如下所述:

(1) 设计网站的标志(Logo)。如同商标一样,标志是网站特色和内涵的集中体现,看见标志就让大家联想起你的站点。标志的设计创意来自网站的名称和内容,网站有代表性的人物、动物、花草等,可以用它们作为设计的蓝本,加以卡通化和艺术化,如迪斯尼的米老鼠,搜狐的卡通狐狸等。也可以用本行业有代表的物品作为标志,比如中国银行的铜板标志,奔驰汽车的方向盘标志等。最常用和最简单的方式则是用自己网站的英文名称作标志,采用不同的字体、字母的变形、字母的组合可以很容易制作出网站的标志。

(2) 设计网站的标准色彩。网站给人的第一印象来自视觉冲击,确定网站的标准色彩是相当重要的一步。不同的色彩搭配产生不同的效果,并可能影响到访问者的情绪。例如,IBM 的深蓝色,肯德基的红色条型,Windows 视窗标志上的红蓝黄绿色块,都使人觉得很贴切、很和谐。标准色彩是指能体现网站形象和延伸内涵的色彩。一般来说,一个网站的标准色彩不超过 3 种,太多则让人眼花缭乱。标准色彩要用于网站的标志、标题、主菜单和主色块,给人以整体统一的感觉。至于其他色彩也可以使用,只是作为点缀和衬托,绝不能喧宾夺主。适合于网页标准色的颜色有蓝色、黄/橙色、黑/灰/白色三大系列色,要注意色彩的合理搭配。

(3) 设计网站的标准字体。与标准色彩一样,标准字体是指用于标志、标题、主菜单的特有字体,一般网页默认的字体是宋体。为了体现站点的与众不同和特有风格,也可以根据需要选择一些特别字体。例如,为了体现专业可以使用粗仿宋体,体现设计精美可以用广告体,体现亲切随意可以用手写体等。

(4) 设计网站的宣传标语。网站的宣传标语也可以说是网站的精神、网站的目标,一般用一句话甚至一个词来高度概括,类似实际生活中的广告金句。例如,雀巢的“味道好极了”、麦斯威尔的“好东西和好朋友一起分享”、Intel 的“给你一颗奔腾的心”等。

(三)确定网站的栏目

建立一个网站就像写一篇文章,首先要拟好提纲,文章才能主题明确,层次清晰。如果网站结构不清晰,目录庞杂,内容东一块西一块,结果不但浏览者看得糊涂,也给网站扩充和维护造成困难。网站的题材确定后,并且收集和组织了许多相关的资料内容,但如何组织内容才能吸引网友们来浏览网站呢? 栏目的实质是一个网站的大纲索引,索引应该将网站的主体明确显示出来。一般的网站栏目安排要注意以下几个方面:

(1) 要紧扣主题。将网站主题按一定的方法分类并将它们作为网站的主栏目,并且主题栏目个数在总栏目中要占绝对优势,这样的网站显得专业、主题突出,容易给人留下深刻印象。

(2) 设立最近更新或网站指南栏目。设立“最近更新”的栏目,是为了照顾常来的访客,让网站的主页更有人性化。如果主页内容庞大,层次较多,而又没有站内的搜索引擎,设置“本站指南”栏目,可以帮助初访者快速找到他们想要的内容。

(3) 设立可以双向交流的栏目。比如论坛、留言本、邮件列表等,可以让浏览者留下他们的信息。

(4) 设立下载或常见问题回答栏目。网络的特点是信息共享,如在网站主页上设置一个资料下载栏目，便于访问者下载所需资料。另外，如果站点经常收到网友关于某方面的问题来信，最好设立一个常见问题回答的栏目，既方便了网友，也可以节约回复解答的时间。

（四）确定网站的目录结构

网站的目录是指建立网站时创建的目录。例如，在用 FrontPage 2003 建立网站时都默认建立了根目录和 images(存放图片)子目录。目录结构的好坏，对浏览者来说并没有什么太大的感觉，但是对于站点本身的上传维护，内容未来的扩充和移植有着重要的影响。

（五）确定网站的链接结构

网站的链接结构是指页面之间相互链接的拓扑结构。它建立在目录结构基础之上，但可以跨越目录。建立网站的链接结构有两种基本方式：一是树状链接结构，首页链接指向一级页面，一级页面链接指向二级页面；二是星状链接结构，类似网络服务器的链接，每个页面相互之间都建立有链接。在实际的网站设计中，总是将这两种结构混合起来使用，即首页和一级页面之间用星状链接结构，一级和以下各级页面之间用树状链接结构。

（六）设计网站的整体风格

风格是抽象的，是指站点的整体形象给浏览者的综合感受，包括站点的 CI(标志、色彩、字体、标语)、版面布局、浏览方式、交互性、文字、语气、内容价值、存在意义、站点荣誉等诸多因素。例如，人们觉得网易是平易近人的，迪斯尼是生动活泼的，IBM 是专业严肃的，这些都是网站给人们留下的不同感受。

风格是独特的，是站点不同于其他网站的地方。或者色彩，或者技术，或者是交互方式，能让浏览者明确分辨出这是某网站独有的。例如，新世纪网络的黑白色、网易壁纸站的特有框架等，即使只看到其中一页，也可以分辨出是哪个网站的。

小知识　　　　　　网站栏目页设计制作三个要素

1. 了解栏目页的类别

栏目页的种类很多，如列表页、专题页、单页等，在设计时要看选择哪种栏目页，单页和专题页面更注重用户体验度，很多竞价落地页会用专题页和单页。

2. 内链建设

栏目页是连接首页和内容页的重要页面，良好的内链建设可以快速提升关键词排名，栏目页的内链建设一般遵循：① 从栏目页链接到首页。② 从栏目页链接内容页。③ 从栏目页链接到相关栏目页。

3. 做好栏目页关键词的布局

网站关键词除了可以做首页关键词排名，也可以做栏目页关键词排名，一般栏目页关键词布局遵循左侧和上方优先，比如栏目页导航，网站底部也可以布局，栏目页关键词一般选择长尾关键词和某一产品类或服务类的多个长尾词。

栏目页的设计和优化是网站优化中的重要部分，要综合考虑用户体验和关键词排名。

第三节　电子商务网站制作

制作电子商务网站是电子商务网站建设最重要的环节。首先申请企业域名,接着选择主机,解析域名,网站可以自己开发也可以选择模板,最后上传和发布,这样在因特网上就能浏览自己制作的电子商务网站。

一、申请域名

下面以"新网"为例,申请域名。

(1) 在百度网站搜索"新网",点击官方链接网;也可以在浏览器中直接输入"http://www. xinnet. com",进入网站,如图 7 - 2 所示。

图 7 - 2　新网网站首页

(2) 点击菜单栏的"域名注册",进入域名申请页面,如图 7 - 3 所示。

图 7 - 3　域名申请页面

(3) 域名注册之前,首先要查看是否已经被其他人注册,如果已经注册,只能申请其他的域名,或者从申请该域名的注册人处转让。现以"guerlain. com"为例,在查域名栏中输入,然后单击"查询按钮"。

(4) 结果显示,该域名已经被注册。查询域名信息,看域名是否可以转让,如果显示注册商禁止转让,只有重新选择域名。

(5) 查询没有被注册的域名(如"guerlainlife. com"),加入购物车,如图 7-4 所示,点击"接受协议,去结算"。

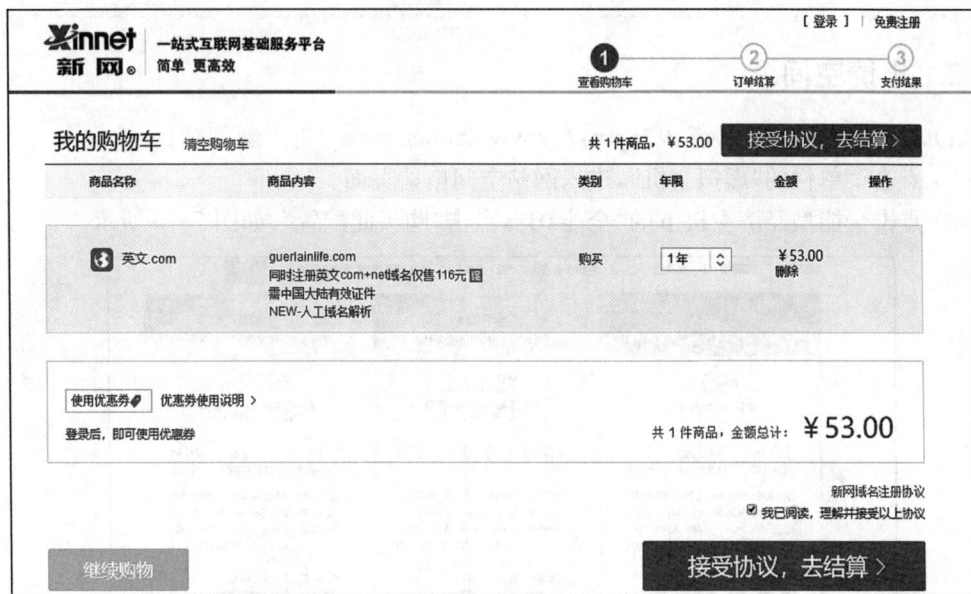

图 7-4 域名购买

(6) 填写会员账号和密码,如果不是会员,先注册会员。按照提示点击下一步,最后点击支付,完成域名注册。

(7) 域名注册后需要把资料提交到通信管理局备案,通过后方可使用。域名备案也可以通过服务商接口办理备案手续,如图 7-5 所示(网址:http://beian. xinnet. com)。

图 7-5 新网备案系统

小知识　　　　　　　　　　取域名的技巧

　　一个好的企业域名往往与企业名称、产品注册商标或广告语一致,如青岛海尔集团的 haier.com,波音公司 boeing.com 等。

　　域名要寓意深远,富有创意,如新浪网寓意代表新经济的浪潮,其英文名 Sina 是新浪音译。域名要简短易记,为用户喜闻乐见,不要违反禁忌,如 51job 网站取"无忧"的谐音,象征网民无忧无虑找到自己合适的工作;亚马逊原是世界上最长的河流的名字,亚马逊书店采用这一响亮的名字,获得了极大的成功。

二、申请空间

(1) 在浏览器地址栏中输入"http://www.xinnet.com",进入新网首页。

(2) 点击菜单栏的"虚拟主机",进入网站空间申请页面。

(3) 点击全能型经济主机下的"全能01",点击"购买此配置",如图 7-6 所示。

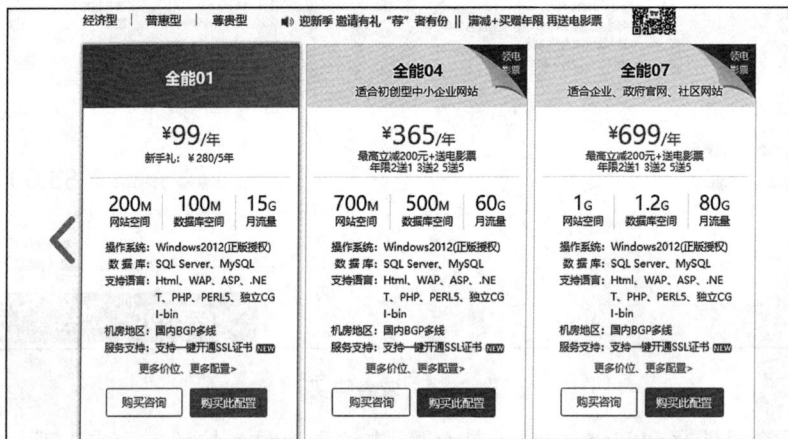

图 7-6　虚拟主机申请

(4) 选择产品及服务→确认订单及优惠→在线支付,最后完成购买,如图 7-7 所示。

图 7-7　购物车信息

小知识　　　　　　　　　　空间购买技巧

1. 空间环境对网站程序是否支持

刚开始购买网站空间时,一般会选择虚拟主机,而虚拟主机都是主机商配置好系统环境,用户直接使用即可。但在购买网站空间的时候,需要清楚自己打算使用的网站程序,因为不同的网站程序对空间环境的要求是不一样的,如果购买空间之后才发现不支持,再更换会比较麻烦。

2. 空间配置是否合适

除了空间环境以外,还要注意空间配置是否适合自己的网站。一般新站刚开始的访问量都不会很大,因此不用购买太大的空间,以免造成浪费。不过如果网站已经规划好了推广途径,预计上线之后会有较大的访问量,这时就应该购买配置较好的空间,比如云主机,以免因访问量过大造成主机瘫痪。

3. 空间商能否提供优质的服务

除了网站空间本身以外,对空间商的选择也要注意。好的空间商可以在空间使用和网站配置方面提供指导,售后服务比较完善,而有的空间商不仅产品可能不行,造成网站打开慢,还有可能根本没有售后服务,用户出现问题也不知道找谁。

三、域名解析

域名解析是将域名指向网站空间 IP,让人们通过注册的域名可以方便地访问到网站的一种服务。IP 地址是网络上标识站点的数字地址,为方便记忆,采用域名来代替 IP 地址,标识站点地址。域名解析就是域名到 IP 地址的转换过程,域名的解析工作由 DNS 服务器完成。

(1) 登录新网会员中心,我的产品→解析,如图 7-8 所示。

图 7-8　域名解析选择

（2）进入解析页面，域名解析设置如图7-9所示。

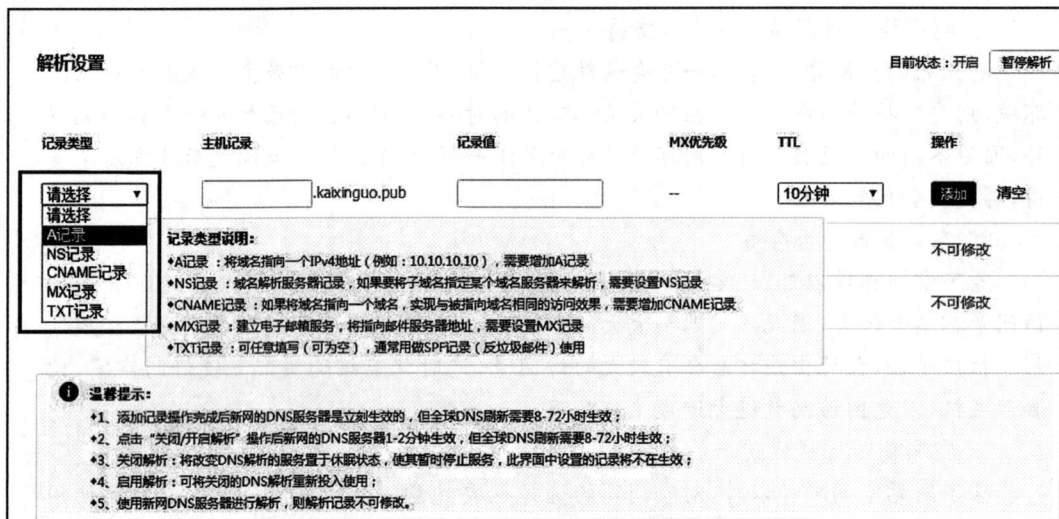

解析设置　　　　　　　　　　　　　　　　　　　　　　　　　目前状态：开启　暂停解析

| 记录类型 | 主机记录 | 记录值 | MX优先级 | TTL | 操作 |

请选择
请选择
A记录
NS记录
CNAME记录
MX记录
TXT记录

.kaixinguo.pub　　　　　　　　　　　　--　　　10分钟　　添加　清空

记录类型说明：
◆A记录：将域名指向一个IPv4地址（例如：10.10.10.10），需要增加A记录
◆NS记录：域名解析服务器记录，如果要将子域名指定某个域名服务器来解析，需要设置NS记录
◆CNAME记录：如果将域名指向一个域名，实现与被指向域名相同的访问效果，需要增加CNAME记录
◆MX记录：建立电子邮箱服务，将指向邮件服务器地址，需要设置MX记录
◆TXT记录：可任意填写（可为空），通常用做SPF记录（反垃圾邮件）使用

不可修改

不可修改

ℹ 温馨提示：
◆1、添加记录操作完成后新网的DNS服务器是立刻生效的，但全球DNS刷新需要8-72小时生效；
◆2、点击"关闭/开启解析"操作后新网的DNS服务器1-2分钟生效，但全球DNS刷新需要8-72小时生效；
◆3、关闭解析：将改变DNS解析的设置到休眠状态，使其暂时停止服务，此界面中设置的记录将不在生效；
◆4、启用解析：可将关闭的DNS解析重新投入使用；
◆5、使用新网DNS服务器进行解析，则解析记录不可修改。

图7-9　域名解析设置

四、测试与发布网站

（一）网站上传软件的使用

（1）下载 cuteftp 软件。打开 IE 浏览器，进入百度首页，输入"cuteftp 9.0 下载"，就可以搜索到 cuteftp 9.0 的下载页面。进入 cuteftp 的下载页面，单击"下载"，把 cuteftp 9.0 下载到本地硬盘。

（2）安装 cuteftp 软件。双击安装文件，弹出安装向导界面，单击"下一步"，出现安装目标文件夹选项，单击"安装"，根据提示一步一步地安装，直到安装完成。

（3）运行 cuteftp 软件。点击文件→新建站点→FTP 站点，弹出"站点设置新建站点"窗口；填入 FTP 主机地址（空间 IP 地址），FTP 站点用户名称，FTP 站点密码，登陆类型选择匿名，确认 FTP 主机地址、用户名、密码无误后点击连接。如图7-10所示。

（4）连接成功以后显示如图7-11所示，左边栏为本地栏，右边栏为服务器栏，选择左边栏需要上传的文件，点右键，选择上传即可。

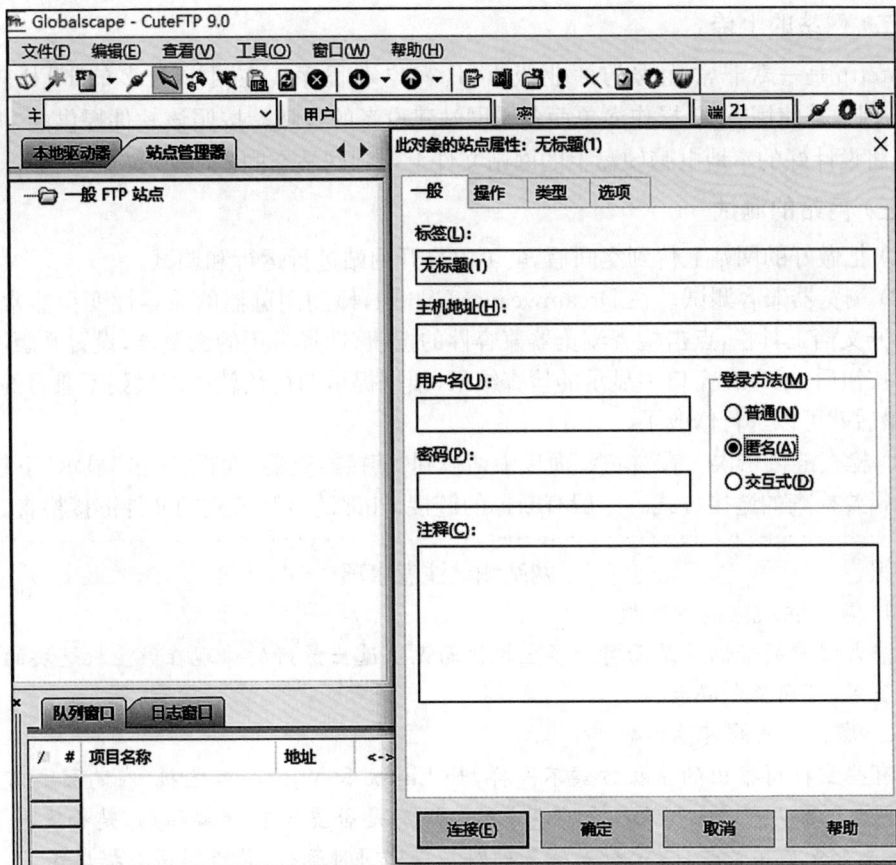

图 7 - 10　新建 FTP 站点

图 7 - 11　FTP 文件上传界面

（二）网站的上传

cuteftp 是一款非常优秀的商业级 FTP 客户端程序。在目前众多的 FTP 软件中，cuteftp 因为其使用方便、操作简单而备受网站建设者的青睐。按照该软件提供的"向导"操作即可将设计好的本地电脑硬盘上的网站文件上传到网站空间。

（三）网站的测试

（1）把做好的网站上传到空间后，就可以打开网站进行运行和调试。

（2）浏览器兼容测试。在 Dreamweaver CS6 中，检测浏览器的兼容性变得非常简便易行。打开文档工具栏，点击检查浏览器兼容性的按钮，选择常用的浏览器，设置其版本；单击"确定"按钮后，检查在窗口中显示的检查结果；根据提示的行数就可以找到不兼容的标签和属性，最后就可以进行修改了。

（3）检查链接错误。在"检查"面板中切换到"链接检查器"面板，单击"显示"下拉列表，可以选择要检查的链接方式。一般有断掉的链接、外部链接和孤立的文件链接检查。

小知识　　　　　　　**网站测试注意事项**

1. 虚拟主机空间的参数

广大用户的苦恼就是面对众多主机商而无法选出最好的。现在做主机这块的服务商太多了，可谓鱼龙混杂。

2. 虚拟空间的其他参数

有些主机商推出的主机方案不一样，如 Linux 和 Windows 主机，在购买之前应该清楚网站的程序环境，正确选择具体方案。还有是否支持在线解压缩，是否支持 FTP 上传，是否支持预装软件，是否支持多种网站程序同时运行，是否赠送数据库等。

3. 主机速度

向主机商咨询一下；或者用实际的网站测试一下，最好是在不同位置、不同时段去测试服务器的速度。

4. 附属功能

用户在选择虚拟主机的时候，要确认需要使用的功能都有，如企业邮局、网站服务、独立 IP、数据库等等。对于这些功能是需要花钱购买，还是免费赠送，需要提前搞清楚，有些主机商是免费赠送域名或者企业邮局的，有些则需要单独花钱购买。

5. 技术支持

虚拟主机使用过程中不出问题是不可能的，这就需要主机商要有完善的技术支持，以便用户在主机出现问题时能够第一时间联系到客服并得到解决。

本章小结

作为电子商务从业人员，电子商务网站建设与维护是必须掌握的核心技能。电子商务网站建设的前提是网站建设规划，只有规划好，才能建设好。首先认知电子商务网站，其次了解电子商务网站开发的相关技术，掌握电子商务网站的建站流程，能够进行电子商务网站的内容设计与目录设计，完成一个完整电子商务网站的具体规划设计，写出电子商务网站规划书。

电子商务网站制作是电子商务网站建设最重要的环节。首先申请企业域名,接着选择主机,解析域名,网站可以自己开发也可以选择模板,最后上传和发布。电子商务网站技术发展很快,需要及时更新网站,适应市场的需求。

思考练习

一、单选题

1. 电子商务网站是一种典型的基于网站(Web)的分布式(　　)层应用体系结构。

A. 1　　　　　　　　B. 2　　　　　　　　C. 3　　　　　　　　D. 4

2. (　　)不是网站尾部的内容。

A. 版权声明　　　　B. 管理入口　　　　C. 联系方式　　　　D. 导航栏

3. 以下不是电子商务的开发语言的是(　　)。

A. PHP　　　　　　B. JSP　　　　　　C. ASP. NET　　　　D. C++

4. 网站正文的字体以(　　)为主。

A. 宋体　　　　　　B. 黑体　　　　　　C. 楷体　　　　　　D. 仿宋体

二、多选题

1. 电子商务网站的功能有(　　)。

A. 企业形象宣传　　　　　　　　　　B. 产品展示与信息发布

C. 与客户互动进行咨询洽谈　　　　　D. 网上商品订购功能

2. 网站的整体风格包括(　　)。

A. CI　　　　　　　B. 版面布局　　　　C. 浏览方式　　　　D. 交互性

3. 基于 Internet 的电子商务系统的主要组成部分有(　　)。

A. 前台　　　　　　B. 后台　　　　　　C. 安全系统　　　　D. 支付系统

4. 电子商务网站的功能要素有(　　)。

A. 域名　　　　　　B. 网页　　　　　　C. 空间　　　　　　D. 图片

三、思考题

1. 电子商务网站规划的一般步骤和主要内容是什么?

2. 企业电子商务网站建设要用到哪些主要技术?

3. 网站测试的主要内容是什么?

实训项目

1. 网上实践。

上网访问阿里巴巴(www. alibaba. com. cn)、环球资源(www. globalsources. com)、中国制造网 (cn. made-in-china. com)、慧聪网(www. hc360. com),讨论这些在网站规划设计方面的共同特征与差异。

2. 选择学校或家乡所在地的一家中小型企业进行实地考察,为其做出一份完整的电子商务网站建设规划方案。要求 Word 文档排版,A4 纸打印提交。

第八章　电子商务安全

电商平台用户数据泄露 个人信息安全走到尽头?

2016年12月10日晚,一个消息迅速传播开来,一个12G数据包正在黑市流通,其中内容涉及千万用户的用户名、密码、身份证号码、电话号码、邮箱、QQ号,该数据包来源于京东。

11日凌晨,京东迅速对此事件做出回应,发表声明称,其信息安全部门根据报道内容初步判断,数据源于2013年Struts 2的安全漏洞问题。虽然当时迅速完成系统修复,也进行了安全升级的提示,但因部分用户未能及时升级账号安全,存在一定风险。

这并不是京东第一次遭遇数据泄露事件。2015年,京东也曾被曝出大量用户隐私信息泄露,多名用户被骗走金额达数百万元。直至一年后,京东才公布调查结果,称是3名物流人员通过物流流程掌握了9 313条用户数据。仅是9 313条用户数据的泄露,其涉案金额就高达数百万元。这次千万用户数据泄露,造成的结果让人担忧。

实际上,用户信息泄露事件屡见不鲜,多集中出现于电商及支付平台。当当、支付宝、12306都曾出现过类似信息泄露事件。如今网络购物发达,电商和支付平台与消费者生活息息相关,其平台所需个人信息较多,自然也成为信息小偷重点"关照"对象。

消费者将个人信息交付给电商平台,电商就有将重要的个人信息进行保护到底的义务。在加强其技术防护避免黑客入侵的同时更应承担法律责任。而不是在系统漏洞出现后仅仅一个"紧急修复"和一个"安全升级提示"就草草打发,待东窗事发才发表声明,没有道歉,更没有法律上的责任追究。

信息泄露所造成的问题已经影响着大众的生活,地下黑色数据产业链猖獗。手机收到的推销短信电话不计其数,根据个人信息进行诈骗的事件也屡屡发生。2016年人民日报消息称,78.2%的网民个人身份信息被泄露过,63.4%的网民个人网上活动信息被泄露,82.3%的网民亲身感受到了个人信息泄露给日常生活造成的影响。

据《南方都市报》调查,小到航班信息、通话记录,大到个人存款、资产都可以轻易被查到。在个人信息交易过程中,甚至有第三方软件为这一服务提供担保,交易已经跃升到"平台化"的程度。

提到个人信息安全问题,许多权威机构会建议定期修改密码,并且不同平台使用不同的密码。但是人的记忆能力有限,大多数人的密码不会超过5个,即使记在笔记本上,也有可能面临丢失的风险。密码设置固然重要,但更应该重视的是个人信息的防护管理,培养正确的上网习惯。

当一家平台一款应用无法保证用户信息安全时,用户是否拥有行使删除个人信息的权利呢? 家电网对出现信息泄露的京东平台的智能客服进行提问,得到了否定的答案。行使注销和删除的权利被网站剥夺,这也是网络信息安全亟待解决的问题。

思考:京东电商平台为什么会遭遇用户数据泄露? 如何保障电子商务交易安全?

第一节　电子商务安全概述

互联网拉近了人与人之间的距离,使参与电子商务交易的各方无须考虑地域、时间的限制。有别于传统的商务模式,电子商务借助于开放的 Internet 网络环境和现代信息技术,完成商品发布、商品选购、发货通知、货款支付、收货确认等工作。这些工作必然涉及客户和商家身份的验证、客户和商家隐私信息的保护、交易过程中机密信息的安全传输、交易行为的确认等问题。为此,电子商务的应用必须解决好数据加密、身份认证、信息认证、网络安全、交易协议安全等问题。

一、电子商务安全的含义

电子商务是一个社会与技术相结合的综合性系统,其安全性是一个多层次、多方位的系统工程的概念。从狭义上讲,电子商务安全是指在整个电子商务流程中的信息安全,即信息在采集、存储、处理、传播和运用过程中得到良好保护的状态,包括网络信息的存储安全和信息的传输安全两个方面。

从广义上讲,电子商务安全包括电子商务系统的硬件安全、软件安全、运行安全以及电子商务立法、电子商务信用环境等,它不仅与计算机系统结构有关,还与电子商务应用的环境、人员素质和社会因素有关。电子商务系统硬件安全是指保护计算机系统硬件(包括外部设备)的安全,保证其自身的可靠性和为系统提供基本安全机制。电子商务系统软件安全是指保护软件和数据不被篡改、破坏和非法复制,使系统中信息的存取、处理和传输满足系统安全策略的要求。根据计算机软件系统的组成,系统软件安全可分为操作系统安全、数据库安全、网络软件安全和应用软件安全。电子商务系统运行安全是指保护系统能连续和正常地运行,使电子商务系统单位时间内故障率尽可能的低和故障修复率尽可能的高。网上出现的信用卡账号和密码泄露,实际上很多属于软件系统出现的漏洞或者受到攻击导致的,当然也有一部分是由于人员管理方面的失误导致的。电子商务安全立法是指对电子商务犯罪的约束,它是利用国家机器,通过安全立法,体现与犯罪斗争的国家意志。

电子商务安全是一个复杂的系统问题。电子商务安全立法与电子商务应用的环境、人员素质等有关,基本上不属于技术上的系统设计问题;而硬件安全是目前硬件技术水平能够解决的问题;鉴于现代计算机系统软件的庞大和复杂性,系统软件安全成为电子商务系统安全的关键问题。

安全无小事,安全是电子商务的基石。如果电子商务网站的访问无效或者网络瘫痪,将会促使顾客另外寻找新的供应商或者回到更传统的一家一家商店地逛的老办法来进行交易。如果金融计算机网络系统缺乏安全防护、传输网络缺乏安全保障、转账支付缺乏安全通道、授权认证缺乏安全措施、个人私有信息和单位敏感信息缺乏保密措施,就会在现代化的Internet 上出现好比使用"不加锁的储柜"存放资金、"公共汽车"运送钞票、"邮寄托寄"方式传送资金、"商店柜台"方式存取资金和"平信"邮寄机密信息的不安全局面。如此一来,用户运用 Internet 进行电子交易的热情就会大打折扣。

二、电子商务安全要素

为了保证基于 Internet 的电子商务的安全性,必须解决如下问题。

(一)信息的机密性

机密性要求保证系统存储的信息(用户个人资料、企业或者部门商业机密等)不泄露给非授权的人或实体,并且保证这些加密信息在网络传输过程中只有合法接收者才能获取和读懂。防止攻击者通过 Internet、搭线、电磁波辐射范围内安装截收装置,或者在数据包经过的网关和路由器上截获数据,以获取用户的银行账号、密码以及企业商业机密等信息。

(二)信息认证

它检验信息的完整性,要求保证数据在传输过程中没有被非授权建立,没有在消息中插入信息以使得接收方读不懂或接收错误的信息,没有删除某条消息或者消息的某部分没有改变信息流的次序或者更改替换信息的内容(如更改资金划拨方向等)和没有将信息截留并延迟一段时间后再重传给合法的接收方等现象。

(三)用户身份(实体)认证、数字签名

要求能够确认信息的发送方和接收方是否为合法用户并经过授权,以杜绝假冒他人身份发布指令调阅机密文件、冒充他人消费与栽赃、冒充主机欺骗合法主机及合法用户、冒充网络控制程序套取或者修改使用权限和密钥信息等现象。

(四)可靠性

要求系统不能拒绝合法用户对网络系统中信息和资源的使用。

(五)不可抵赖性

系统确保发送方事后不能否认已经发送的数据和所执行的操作,接收方同样也不能事后否认已经接收的数据和执行了相应的操作。

(六)可控性

要求系统确保合法用户在指定的时间、指定的地点能够访问、控制、使用指定的资源。数据加密、身份和实体认证、信息认证、数字签名等技术取代了传统贸易中的纸质文件、手写签名和盖章,实现电子贸易的可靠性和不可抵赖性。

三、电子商务安全威胁

电子商务是建立在互联网之上,所以互联网的安全问题同样是电子商务所面临的安全

问题。电子商务的安全问题主要体现在交易双方及信息传递过程中产生的威胁。传统的交易是面对面的,比较容易保证建立交易双方的信任关系和交易过程的安全性。而电子商务活动中的交易行为是通过网络进行的,买卖双方互不见面,因而缺乏传统交易中的信任感和安全感。作为一个安全的电子商务系统,首先要解决网络安全问题,保证交易信息的安全;其次要保证数据库服务器的绝对安全,防止信息被篡改或盗取。电子商务交易过程中买卖双方都可能面临的安全威胁有以下几个方面。

(一)系统的中断

这是对系统可用性的攻击,使得系统不能正常工作,从而中断或延迟正在进行的交易,对交易双方的数据产生很大的破坏,直接导致交易失败。

(二)信息的截获和盗取

攻击者通过电话线监听、互联网截获数据包、搭线等非法手段获取个人、企业的商业机密,如消费者的银行账号、密码及企业的交易信息机密等,使得不该享用交易信息的实体通过非法手段盗取交易信息,致使机密信息泄漏,对信息的机密性进行攻击。

(三)黑客攻击

黑客攻击一般分为两种:一种是主动攻击,它以各种方式有选择地破坏信息的有效性和完整性,如拒绝服务攻击、内部攻击等;另一种是被动攻击,它是在不影响网络正常工作的情况下,进行截获,窃取后破译以获得重要的机密信息。

(四)信息的篡改

非法授权实体不但存取资源,而且对资源进行修改,这就是所谓的篡改攻击。例如,某人修改数据库中的数据,修改程序使之完成额外的功能或修改正在传输的数据,或者做更为严重的修改。

(五)信息的伪造

非法实体伪造计算机系统中的实体或信息,掌握了网络信息数据规律或者破解交易信息后,可以冒合法的用户之名或者发送虚假的信息给交易方用来欺骗用户。

(六)交易抵赖

当交易一方发现交易行为对自己不利的时候,就有可能否认电子交易的行为。交易抵赖包含很多方面,如商家否认曾发送过某些商品信息,购买者下了订单而不予以承认等。

> **小知识** 　　　　　　　　**在网络上被骗了怎么办**
>
> 　　受骗上当的网友,一般是因为一时贪图便宜或是被骗子的花言巧语迷惑,中招蒙受损失。醒悟后着急上火,但需要认真阅读以下内容,以便最大限度地挽回损失。
>
> 　　1. 当地报案
>
> 　　因为网络欺诈涉嫌犯罪,第一步肯定要带齐证据(如聊天记录、付款凭证、商品网页等,打印好,提供书面文件),到当地的公安机关网络警察部门报案(最好是区一级公安部门,派出所基本无相应警种),立案后才可以进行下一步侦查和处理。

2. 披露经过

网上交易保障中心等专业网站,作为行业组织或第三方机构,不是国家执法机关,没有执法权,仅能起到信息披露的作用,即通过发布投诉信息,帮助更多的网友避免上当。投诉信息可以教育消费者,起到事先警示预防的作用,所以在这类网站发布投诉信息对广大网友是有价值的。

3. 寻找同案受害者

因为网络欺诈多为小额交易,且涉及众多执法部门(公安、工商、电信管理局等)和业务机构(银行、第三方支付企业、电信、互联网服务商等),又加之跨地域甚至跨国界,破案成本高,解决难度较大,建议网友通过寻找相同境遇者,采取集体报案的形式,能够引起警方重视,解决成本也低。

4. 在线报案

公安部网络警察的在线举报网站:http://www.cyberpolice.cn(里面有各地网警的入口,可以在线提交报警信息)。

四、电子商务安全体系结构

电子商务的安全体系是保证电子商务系统安全的一个完整的逻辑结构。其安全体系由网络服务层、加密技术层、安全认证层、安全协议层和应用系统层组成,如图 8-1 所示。

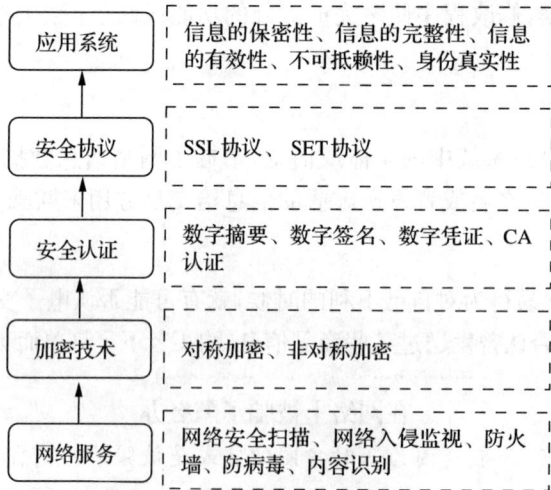

图 8-1 电子商务安全体系结构

电子商务系统是依赖网络实现的商务系统,需要利用互联网基础设施和标准,所以构成电子商务安全架构的底层是网络服务层,它提供信息传送的载体和用户接入的手段,是各种电子商务应用系统的基础,为电子商务系统提供了基本的网络服务。通过互联网网络服务层的安全机制,如入侵检测、安全扫描、防火墙等,保证网络服务层的安全。在此基础上,为保证电子交易数据的安全,电子商务系统还必须拥有完善的加密技术和认证机制,即构筑机密技术层、安全认证层和安全协议层,为电子商务系统提供安全协议、数字签名、认证和加密等多种安全技术。为安全电子商务交易的实现提供技术平台的关键是应用系统层,它是加密技术层、安全认证层和安全协议层的安全控制技术的综合运用和完善,也是实现电子商务交易中的机密性、完整性、有效性以及不可抵赖性和交易者真实性等安全要求的基础。

第二节 电子商务安全技术

电子商务技术安全在很大程度上决定了电子商务发展的走向。没有技术的保障,电子商务的安全就无从谈起。为保证电子商务过程的安全,目前常用的安全措施有防火墙、加密、认证系统等。

一、防火墙

防火墙是位于被保护网络和外部网络之间执行访问控制策略的一个或一组系统,包括硬件和软件,构成一道屏障,以防止发生对被保护网络的不可预测的、潜在破坏性的侵扰。通过安全规则来控制外部用户对内部网资源的访问。在逻辑上,防火墙是分离器,限制器,也是一个分析器。在物理上,防火墙通常是一组硬件设备。

(一)防火墙的功能

(1)监控并限制访问。防火墙通过采取控制进出内、外网络数据包的方法,实时监控网络上数据包的状态,并对这些状态加以分析和处理。

(2)控制协议和服务。防火墙对相关协议和服务进行控制,从而大大降低了因某种服务、协议的漏洞而引起安全事故的可能性。

(3)保护内部网络。针对受保护的内部网络,防火墙能够及时发现系统中存在的漏洞,对访问进行限制。

(4)网络地址转换。网络地址转换可以缓解目前 IP 地址紧缺的局面,屏蔽内部网络的结构和信息,保证内部网络的稳定性。

(5)日志记录与审计。当防火墙系统被配置为所有内部网络与外部网络连接均需经过的安全节点时,防火墙会对所有的网络请求做出日志记录。如图 8-2 所示是典型的防火墙使用形态。

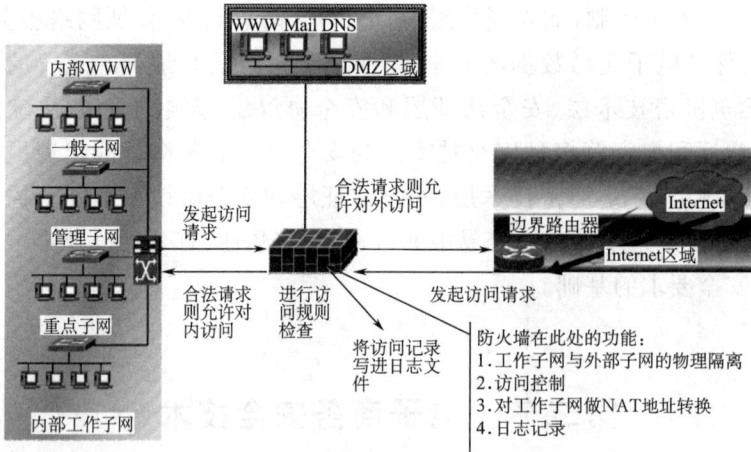

图 8 - 2　防火墙使用形态

（二）防火墙的安全策略

1. 一切未被允许的都是禁止的（限制政策）

防火墙只允许用户访问开放的服务，其他未开放的服务都是禁止的。这种策略比较安全，因为允许访问的服务都是经过筛选的，但限制了用户使用的便利性。

2. 一切未被禁止的都是允许的（宽松政策）

防火墙允许用户访问一切未被禁止的服务，除非某项服务被明确地禁止。这种策略比较灵活，可为用户提供更多的服务，但安全性要差一些。

（三）防火墙应用的局限性

（1）不能防范不经过防火墙的攻击。

（2）不能解决来自内部网络的攻击和安全问题。

（3）不能防止受病毒感染的文件的传输。

（4）不能防止数据驱动式的攻击。

（5）不能防止系统安全体系不完善的攻击。

（四）防火墙的技术

1. 包过滤

包过滤是所有防火墙的核心功能。事实上，包过滤是最早期的一种防火墙，是所有边界安全设置中的一种有效的组件。此外，与代理服务器相比，其优势在于它不占用带宽，数据包过滤器检查数据包报头，把它撕掉，并且用一个新的报头代替原来的报头，再把它送到网络中特定位置。

包过滤检查报头决定是否拒绝或者允许数据包通过防火墙，但网络攻击者可能伪造合法用户 IP 地址以穿透包过滤防火墙。包过滤防火墙一般包括两种：无状态包过滤器防火墙和有状态包过滤器防火墙。无状态包过滤防火墙在检查报头时，不注意服务器和客户机之间的连接状态，进行无状态包过滤检查的防火墙将只根据报头中信息来阻断数据包。有状态包过滤防火墙将检查数据包中包含的数据，而客户机与服务器之间的连接状态保存在磁盘缓存中。

防火墙执行包过滤功能时可以觉察到攻击者通过扫描网络地址与开放端口发起攻击的企图。在没有防火墙保护的网络中,攻击者使用专用的扫描软件对一批 IP 地址进行扫描,并试图通过扫描到的端口连接到其中某一台计算机上。如果这台计算机给出了连接回应,则成为被攻击的目标。在网络中用来做包过滤器的所有网关或者路由器,应该被正确配置,以防止攻击者的非法连接。

包过滤器也有其局限性。包过滤功能并没有在过滤器中隐藏主机在过滤器内部网络上的地址,对外的通信中包含这些地址,这使得攻击者可以比较容易地锁定这些处在过滤器后面的主机;包过滤器不会检查通过它的来自内部网的消息的合法性;包过滤器只能根据数据报头中显示的源 IP 地址进行检查,容易受到 IP 欺骗攻击。所有这些局限性使得单独的包过滤不能完全胜任防火墙的功能。

2. 网络地址转换(NAT)

NAT 在一定程度上弥补了包过滤器的缺点,可以隐藏被保护网络中主机的 IP 地址,以阻止攻击者获取被保护网络中的主机地址后,向该主机发送携带病毒的信息或其他有害信息的数据。

NAT 是一个 IETF 标准,允许一个整体机构以一个或多个公用 IP 地址出现在互联网上,是一种把内部私用网络地址(IP 地址)翻译成合法网络 IP 地址的技术。NAT 就是在局域网内部网络中使用内部地址,而当内部结点要与外部网络进行通信时,就在网关处,将内部地址替换成公用地址,从而在外部公网(如互联网)上正常使用。NAT 可以使多台计算机共享互联网连接,这一功能很好地解决了公共 IP 地址紧缺的问题。通过这种方法,NAT 屏蔽了内部网络,所有内部网计算机对于公共网络来说是不可见的,而内部网计算机用户通常不会意识到 NAT 的存在。

NAT 实际上是起到网络级的代理程序的作用,它可以代表内部网络上的所有主机,作为一个单独的主机发出请求,对于互联网或外网的其他用户来说,似乎所有信息都来自同一台计算机。因此,受保护网络内部的计算机对外界来说,似乎与运行 NAT 的计算机具有相同的公共的 IP 地址,但是实际上每台计算机都有自己专用的 IP 地址。例如,当配备了 NAT 的防火墙收到来自内部网主机 A 请求时,它就用自己的 IP 地址代替计算机 A 的地址。

3. 应用层网关

应用层网关即代理服务器,它运转在应用层,如图 8-3 所示。

通过设置代理服务器,应用层网关可以控制网络内部的应用程序访问外界。该服务充当客户端的代理,如代表用户请求 Web 页,或者发送和接受邮件,这样避免用户与互联网直接连接。这种隐蔽性可以减少病毒、蠕虫、木马等所造成的影响。

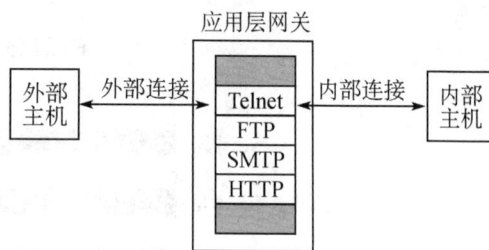

图 8-3 应用层网关

应用层网关可以识别请求的数据内容,可以允许或拒绝某些特殊内容,如病毒或者可执行文件等。应用层网关比包过滤器更安全,它不再去试图处理 TCP/IP 层可能发生的所有事情,而只需要去考虑一小部分被允许运行的应用程序。另外,在应用级上进行日志管理和通信的审查要容易多了。

应用层网关的缺点是在每次连接中有多余的处理开销,因为两个终端用户通过代理取得连接,而代理就必须检查并转发通信中两个向上的所有数据。

4. 电路级网关

电路级网络的传输层上实施访问策略,是在内、外网络主机之间建立一个虚拟电路来进行通信。它相当于在防火墙上直接开了个口子进行传输,不像应用层防火墙那样能严密地控制应用层的信息。

网络级网关只依赖于 TCP 连接,并不进行任何附加的包处理或过滤。电路级网关就像电线一样,只是在内部连接和外部连接之间来回拷贝字节,从而隐藏受保护网络的有关信息。电路级网关常用于向外连接,这时网络管理员对内部用户是信任的。其优点是堡垒主机可以被设置成混合网关,对内连接支持应用层或代理服务,而对外连接支持电路级网关功能。这使防火墙系统对于要访问互联网服务的内部用户来说使用起来很方便,同时又能保护内部网络免于外部攻击。在电路级网关中,可能要安装特殊的客户机软件,用户也有可能需要一个可变用户接口来相互作用。

二、病毒防范技术

病毒是一种暗中感染计算机系统并进行破坏的程序。病毒代码潜藏在其他程序、硬盘分区表或引导扇区中等待时机,一旦条件成熟便发作,不同病毒的危害不一样。

(一)计算机病毒的概念

计算机病毒(Computer Virus)是编制者在计算机程序中插入的破坏计算机功能或者破坏数据,影响计算机使用并且能够自我复制的一组计算机指令或者程序代码。计算机病毒具有破坏性、复制性和传染性。

据中国互联网信息中心数据显示,2016 年遭遇过网络安全事件的用户占比达到整体网民的 70.5%,其中网上诈骗是网民遇到的首要安全问题,39.1% 的网民遇到过此类网络安全事件,其次是设备中病毒或木马占 36.2%,如图 8-4 所示。因此,了解计算机病毒对保障电子商务安全非常必要。

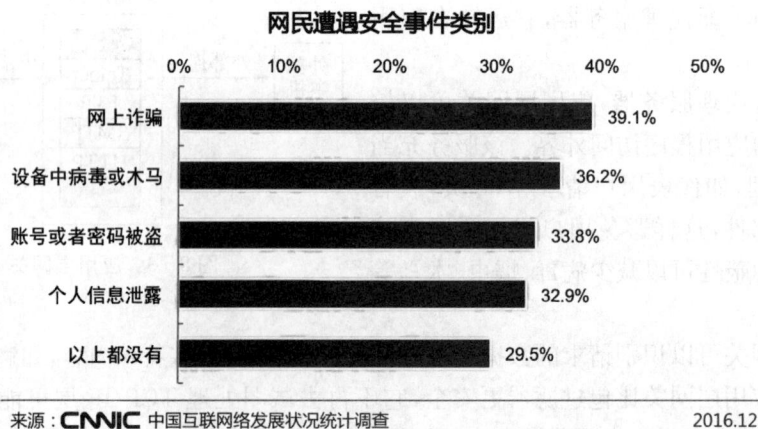

网民遭遇安全事件类别

- 网上诈骗 39.1%
- 设备中病毒或木马 36.2%
- 账号或者密码被盗 33.8%
- 个人信息泄露 32.9%
- 以上都没有 29.5%

来源:CNNIC 中国互联网络发展状况统计调查　　2016.12

图 8-4　2016 年网民遭遇安全事件类别比例

（二）网络反病毒技术

1. 预防病毒技术

计算机病毒的预防技术是指通过一定的技术手段防止计算机病毒对系统的破坏。计算机病毒的预防应包括对已知病毒的预防和对未知病毒的预防。预防病毒技术包括：磁盘引导区保护、加密可执行程序、读写控制技术、系统监控技术等。

2. 检测病毒技术

计算机病毒的检测技术是指通过一定的技术判定出计算机病毒的一种技术。计算机病毒的检测技术有两种：一种是判断计算机病毒特征的监测技术，病毒特征包括病毒关键字、特征程序段内容、传染方式、文件长度的变化等；另一种是文件自身检测技术，这是一种不针对具体病毒程序的特征进行判断，而只是通过对文件自身特征的检验技术，如出现差异，即表示该文件已感染上了病毒，达到了检测病毒存在的目的。

3. 消除病毒技术

计算机病毒的消除技术是计算机病毒检测技术发展的必然结果，是计算机病毒传染程序的一种逆过程。但由于杀毒软件的更新是在病毒出现后才能研制，有很大的被动性和滞后性，而且由于计算机软件所要求的精确性，致使某些变种病毒无法消除，因此应经常升级杀毒软件。

小知识　　　　　　**人工智能引领下一代防病毒技术发展**

随着人工智能技术（Artificial Intelligence，简称 AI）的发展，防病毒技术已从第一代病毒库特征码比对阶段，第二代云扫描引擎或沙盒分析技术（行为比对阶段），发展为机器学习模型为主的人工智能防病毒技术。

机器学习（Machine Learning，简称 ML），利用数据模型对于大量数据、样本进行分析对比，并总结成为可不断积累不断成长的分析模型，对于未知威胁可以快速预测和判定，从而达到病毒检测、病毒分析的目标。

人工智能技术的出现，弥补了网络安全界中对于未知威胁侦测的不足。传统的病毒库特征码比对、云扫描等检测技术，针对已知病毒具有非常高效的侦测能力，但对于新出现的未知病毒，在没有病毒特征码的情况下，往往无法快速有效地识别和阻拦病毒的扩散，而基于机器学习模型的人工智能技术，则可以根据未知病毒的行为和特征做出迅速识别并抵御风险。目前，国内已有安全企业率先将机器学习模型成功地应用到下一代防病毒系统中，未来人工智能技术在网络安全方面的大范围应用，也势必带来新的技术变革发展趋势。

（三）计算机病毒的防护措施

在与计算机病毒的对抗中，如果能采取有效的防护措施，就能使系统不染毒，或者减少受感染后造成的损失。

1. 安装可靠的杀毒软件

目前在国内比较常见的杀毒软件有 360 杀毒、腾讯电脑管家、金山毒霸，还有小红伞和卡巴斯基，后两款是国外的杀毒软件。这些杀毒软件均可放心使用，但要注意以下几点：

（1）杀毒软件互不兼容，一般一台计算机系统上只能安装一种杀毒软件。如果有条件使用多种杀毒软件，可以先安装一种，扫描杀毒后，将其卸载，再安装另一种杀毒软件，这样可以取得更好的杀毒效果。

（2）没有哪一种杀毒软件可以百分之百地清除任何种类的病毒。病毒对于反病毒软件来说通常是超前的，通常是先出现某种病毒，再出现杀毒的方法，但这时病毒已经造成危害了。所以杀毒软件也不是万能的。

2. 养成良好的上网和下载习惯

人们常说"病从口入"，网络是病毒最重要的来源，所以一定要管好这个"入口"。

（1）尽量不要访问不正规的网站，尤其不要访问色情网站。下载软件去一些大的、著名的、可靠的网站。对于来源不明的软件在使用前使用杀毒软件查毒。安装软件时，一定要看清各种说明和协议，不可盲目点击"下一步"，切记不要安装软件中不需要的项目，特别是流氓软件，一旦安装了，想删都删除不了，一般都需要使用很复杂的方法甚至重装系统才能清除。

（2）下载软件后不要直接打开或运行，要先用杀毒软件进行杀毒后再运行。对于邮件不要轻易打开其中的附件。对方发送过来的电子邮件及相关的附件，首先要用"另存为…"命令保存到本地硬盘，待杀毒软件检查无毒后才可以打开使用。如果直接打开 DOC、XLS 等附件，计算机会自动启用 Word 或 Excel，如附件中有病毒则会立刻感染。

（3）养成良好的计算机操作习惯。硬盘各分区应有明确分工，D 盘 E 盘可以存放文件，而作为系统分区的 C 盘只安装软件，不要存放各种文件。否则，一旦系统崩溃，重新安装系统后，C 盘上原先的东西都将荡然无存。桌面、我的文档等也不要存放各种文件，因为这些内容也在 C 盘上。个别品牌的计算机硬盘没有分区，用户一定要先分区再使用，否则风险极大。做好数据备份工作，为系统做好备份，一旦系统崩溃，可以迅速恢复。各种有价值的文件应刻录成光盘，可以免受病毒侵扰。操作系统及时更新，将系统补丁都打上，安装防火墙和杀毒软件，及时更新病毒库，打开实时监控，这样可以有效地将病毒拒之门外。

三、入侵检测技术

除了外部攻击外，信息系统往往还会面临来自系统内部的恶意攻击，如内部人员的恶意攻击、非法操作等。因此，计算机网络安全风险系数面临着不断提高的风险，传统的计算机网络安全解决方案已经难以解决。曾经作为计算机网络安全主要的防范手段的防火墙技术，已经不能满足人们对日益增长的网络安全需求。作为对防火墙技术的有益补充，引入了一种全新的计算机网络安全技术入侵检测系统（Intrusion Detection System，IDS）。入侵检测技术作为一种主动防御技术，在保障系统内部安全以及防止入侵攻击方面都发挥着重要作用。

（一）什么是入侵检测

入侵检测是指"通过对行为、安全日志、审计数据或其他网络上可以获得的信息进行操作，检测对系统的闯入或闯入的企图"。入侵检测技术是一种积极主动的安全防御技术，提供对外部、内部攻击以及人员误操作的实时防护。入侵检测是对传统安全产品的合理补充，帮助系统对付网络攻击，扩展了系统管理员的安全管理能力（包括安全审计、监视、进攻识别和响应），提高了信息安全基础结构的完整性。它从计算机网络系统中的若干关键点收集信息,看看网络中是否有违反安全策略的行为和遭到袭击的迹象。入侵检测被认为是防火墙之后的第二道安全闸门。在不影响网络性能的情况下能对网络进行监测,从而提供对内部攻击、外部攻击和误操作的实时保护。

(二)入侵检测技术的工作原理

入侵检测技术的工作原理可以用 3 个过程来表示,即信息收集、信息分析和结果处理。

1. 信息收集

入侵检测的第一步是信息收集。收集内容包括系统、网络、数据及用户活动的状态和行为。由放置在不同网段的传感器或不同主机的代理来收集信息,包括系统和网络日志文件、网络流量、非正常的目录和文件改变、非正常的程序执行。

2. 信息分析

收集到的有关系统、网络、数据及用户活动的状态和行为等信息,被送到检测引擎,检测引擎驻留在传感器中,通过三种技术手段进行分析:模式匹配、统计分析和完整性分析。当检测到某种误用模式时,产生一个告警并发送给控制台。

3. 结果处理

控制台按照告警产生预先定义的响应采取相应的措施,可以是重新配置路由器或防火墙、终止进程、切断连接、改变文件属性,也可以是简单地告警。

(三)入侵检测技术的实现方法

入侵检测实现的方法有很多,如基于专家系统的入侵检测方法、基于神经网络的入侵检测方法等。目前一些入侵检测系统在应用层入侵检测中已有实现。比如,基于专家系统的入侵检测方法主要是通过对入侵行为特征进行抽取并建立知识库,将有关入侵的知识转化为 if-then 结构(也可以是复合结构,if 部分为入侵特征,then 部分是系统防范措施)。这样,当发生入侵行为时,系统便会采取具有针对性的措施。入侵检测通过执行以下任务来实现:

(1)监视、分析用户及系统活动。

(2)系统结构和弱点的审计。

(3)识别反映已知进攻的活动模式并向相关人士报警。

(4)异常行为模式的统计分析。

(5)评估重要系统和数据文件的完整性。

(6)操作系统的审计跟踪管理,并识别用户违反安全策略的行为。

对一个成功的入侵检测系统来讲,不但可使系统管理员时刻了解网络(包括程序、文件和硬件设备等)的任何变更,还能给网络安全策略的制订提供指南。更为重要的点是,它容易管理、配置简单,从而使非专业人员非常容易获得网络安全。而且入侵检测的规模还根据网络威胁、系统构造和安全需求的改变而改变。入侵检测系统在发现入侵后会及时做出响应,包括切断网络连接、记录事件、报警等。

入侵检测作为一种积极主动的安全防护技术,提供了对内部攻击、外部入侵和误操作的实时保护,在网络系统受到危害之前拦截和响应入侵。从网络安全立体纵深、多层次防御的角度出发,入侵检测理应受到人们的高度重视,这从国外入侵检测产品市场的蓬勃发展就可以看出。从现阶段入侵检测技术的发展模式可以看出未来入侵检测技术主要向着基于数据挖掘的入侵检测技术,基于智能体入侵检测技术,基于遗传算法的入侵检测技术方向发展,其应用前景将是非常广阔的。

四、数据加密技术

数据加密技术已经有两千多年的历史,是网络中最基本的安全技术,主要是通过对网络中传输的信息进行数据加密来保障其安全性。加密技术能避免各种存储介质上或通过Internet 传送的敏感数据被侵袭者窃取。由于原文经过加密,具有机密性,所以加密技术也适用于检查信息的真实性与完整性。这是一种主动安全防御策略,用很小的代价即可为信息提供相当大的安全保护。

(一)数字加密技术原理

所谓加密技术,就是指采用数学方法对原始信息(通常称为"明文")进行再组织,使得加密后在网络上公开传输的内容对于非法接收者来说成为无意义的文字(加密后的信息通常称为"密文")。而对于合法的接收者,因为其掌握正确的密钥,可以通过解密过程得到原始数据(即"明文")。一条信息的加密传递的过程如图 8-5 所示。由此可见,在加密和解密过程中,都要涉及信息(明文/密文)、密钥(加密密钥/解密密钥)和算法(加密算法/解密算法)这三项内容。

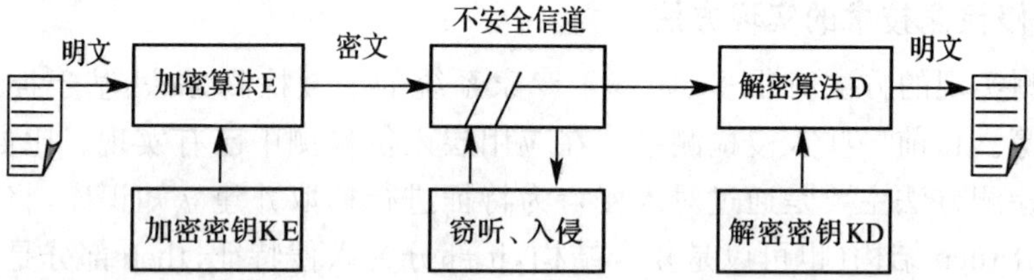

图 8-5 加密和解密的过程示意图

例如,采用移位加密法,将英文字母 A、B、C、D、X、Y、Z 分别对应变换成 D、E、F、G……A、B、C,即字母顺序保持不变,但使之分别与相差 3 个字母的字母对应。若现在有明文"Thank you",则按照该加密算法和密钥,对应的密文为"Wkdqn brx",加密算法是将明文字母后移 3 位,解密就是将密文字母前移 3 位,3 就是加密和解密的密钥,由它控制加密、解密的进行。如果信息在传输过程中被窃取,窃取者只能得到无法理解的密文,从而实现了保障信息传输的安全。数据加密技术是电子商务采取的主要安全措施,其目的在于提高信息系统及数据的安全性和保密性,防止数据被外部窃取破译。加密技术通常可以分为对称加密技术和非对称加密技术两种。

(二)加密技术分类

1. 对称加密技术

对称加密技术(Symmetric Encryption)又称为常规密钥加密、私钥或单钥密钥加密,即信息的发送方和接收方使用同一个密钥对信息数据进行加密和解密的技术。

在对称加密技术中,由信息的发送方使用加密密钥对信息进行加密后,通过网络传输到信息的接收方,接收方再使用相同的密钥对密文进行解密,得到原始信息,从而保证信息的机密性和完整性,如图8-6所示。在这一过程中,交易双方采用相同的机密算法,只交换共享的加密密钥。如果进行通信的交易双方能够确保加密密钥在密钥交换阶段未发生泄露,就可以通过对称加密技术处理和发送机密信息。密钥的安全交换是关系到对称加密有效性的核心环节。

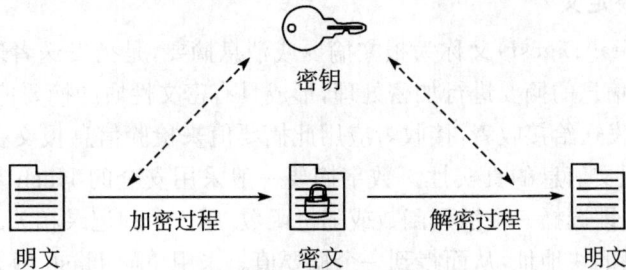

图8-6 对称加密密钥工作过程

目前常用的对称加密算法有 DES、IDEA、3DES、RC4 等,其中数据加密标准(Data Encryption Standard,DES)是目前使用最广泛的对称加密算法,主要用于银行业的电子资金转账领域,被国际标准化组织(ISO)定为数据加密的标准。

2. 非对称加密技术

非对称加密技术(Unsymmetric Encryption)又称为公开密钥加密,是指分别使用公开密钥(加密密钥)和私有密钥(解密密钥)完成信息的加密和解密的加密技术。在非对称加密体系中,用户掌握两个不同的密钥,其中一个是公开密钥(加密密钥),可以通过非保护方式向他人公开,用于对机密信息进行加密,另一个是私有密钥(解密密钥)需要保密,用于对加密信息进行解密。

采用非对称加密技术对数据进行加密时,需要信息的接收方拥有一对密钥,且这对密钥无法相互推导。信息的接收方首先将其中一个密钥作为公钥,告知各贸易伙伴,而将另一个密钥作为私钥,由自己妥善保管。在进行信息传输时,发送方使用接收方的公钥对数据信息进行加密并传输,接收方收到密文后,使用自己的私钥进行解密得到原始信息,如图8-7所示。与此同时,如果私钥的拥有者利用私钥对数据进行加密,那么只用对应的公钥才能解密,由于私钥只能为特定的发送方所拥有,此时就可以采用这种方式确认信息发送者的身份。

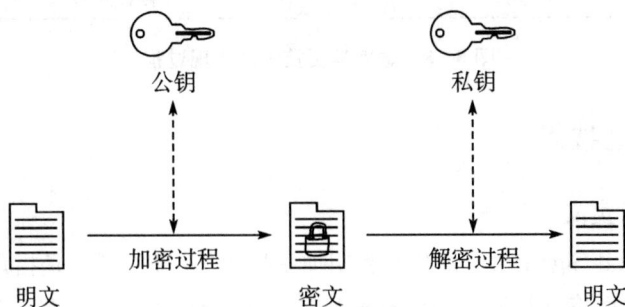

图8-7 非对称加密密钥

目前使用最广泛的非对称加密算法是 RSA(Rivest Shamir Adleman)算法,该算法已被 ISO/TC 的数据加密技术分委员会 SC20 推荐为非对称密钥数据加密标准。

五、数字摘要技术

(一) 数字摘要定义

数字摘要(Digital Digest)又称为报文摘要或消息摘要,是指发送者通过采用单向散列函数对某个被传输信息的摘要进行加密处理,形成具有密文性质的摘要值,并将此摘要值与原始信息报文一起发送给接收者,接收者应用此摘要值来检验信息报文在传递过程中是否发生改变,并确定报文信息的真实性。数字摘要一般采用安全的 Hash 算法(Secure Hash Algorithm, SHA),即选择一个散列函数或随机函数,用一个和记录相关的值作为函数的参数,生成存放该记录的块地址,从而得到一个摘要值。采用单向 Hash 函数将需要加密的明文"摘要"成一串 128 bit 的密文,这一串密文也成为数字指纹,有固定的长度。由于所得到的摘要值同明文是一一对应的,不同的摘要加密成不同的密文,相同的明文其摘要必然一样。因此,利用数字摘要可以验证通过网络传输的明文是否为初始的、未被篡改过的信息,从而保证数据的完整性和有效性。

(二) 数字摘要技术实现过程

数字摘要技术的实现过程如图 8-8 所示,具体包括以下步骤:
(1) 先提取发送信息的数字摘要,并在传输信息时将之加入文件一同送给接收方。
(2) 接收方收到文件后,用相同的方法对接收的信息进行变换运算得到另一个摘要。
(3) 将自己运算得到的摘要与发送过来的摘要进行比较,从而验证数据的完整性。

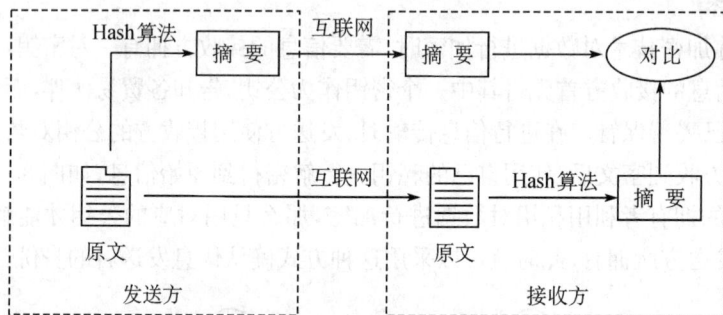

图 8-8　数字摘要技术的实现过程

六、数字签名技术

(一) 数字签名定义

数字签名(Digital Signature)是公开密钥加密技术的一种应用,是指用发送方的私有密钥加密报文摘要,然后将其与原始的信息附加在一起,合称为数字签名。数字签名是通过某种密码运算生成一系列符号及代码组成电子密码进行签名,来代替书写签名或印章,这种电子式的签名还可以进行技术验证,其验证的准确度是一般手工签名和图章的验证无法比拟的。数字签名是目前电子商务、电子证券中应用最普遍、技术最成熟、操作性最强的一种电子签名方法。它采用了规范化的程序和科学化的方法,用于鉴定签名人的身份以及对一项电子数据内容的认可。它还能验证出文件的原文在传输过程中有无变动,确保传输电子文件的完整性、真实性和不可抵挡性。

（二）数字签名的实现过程

实现数字签名有很多方法,目前数字签名采用较多的公钥加密技术,如基于 RSA Date Security 公司的 PKCS、Digital Signature Algorithm、X. 509、PGP。1994 年美国标准与技术协会公布了数字签名标准而使公钥加密技术广泛应用。公钥加密系统采用的是非对称加密算法。目前的数字签名是建立在公共密钥体制基础上的,它是公用密钥加密技术的另一类应用。

现在应用广泛的数字签名方法主要有三种,即 RSA 签名、DSS 签名和 Hash 签名。这三种算法可单独使用,也可综合在一起使用。数字签名是通过密码算法对数据进行加密、解密变换实现的,用 DES 算法、RSA 算法都可实现数字签名。但三种技术或多或少都有缺陷,或者没有成熟的标准。下面以 Hash 签名为例介绍签名的主要过程。Hash 签名是最主要的数字签名方法,也称之为数字摘要法或数字指纹法。它与 RSA 数字签名不同,该数字签名方法是将数字签名与要发送的信息紧密联系在一起,更增加了可信度和安全性。

只有加入数字签名及验证才能真正实现在公开网络上的安全传输。加入数字签名和验证的文件传输过程如下:

(1) 发送方首先用 Hash 函数从原文得到 128 位的数字摘要。

(2) 发送方用自己的私有密钥对数字摘要进行加密,形成数字签名。

(3) 发送方将原文和加密的数字摘要一起传给对方。

(4) 接收方用发送方的公共密钥对摘要进行解密,同时对收到的原文用 Hash 算法产生摘要。

(5) 接收方将解密后的摘要与收到的原文用 Hash 算法产生的摘要相互对比,如果两个摘要一致,则说明传送过程中信息没有被破坏或篡改过。

整个数字签名的过程如图 8-9 所示,数字签名就是这样通过双重加密的方法来防止原文被修改或冒用别人的名义发送文件,或收发文件又加以否认等行为的发生。

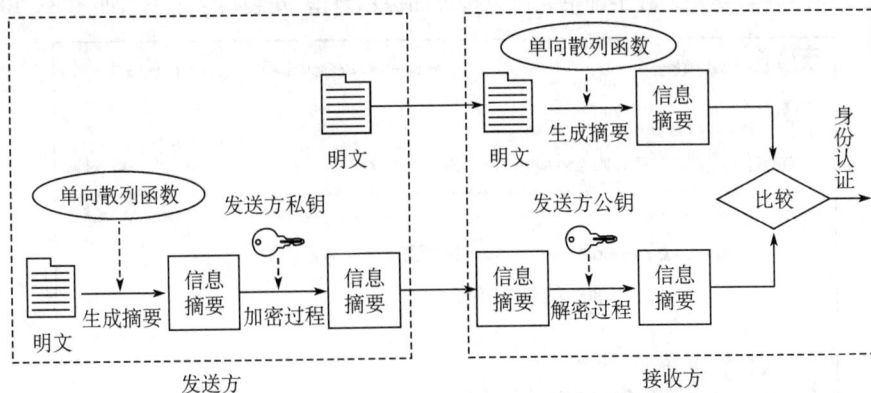

图 8-9　数字签名技术的实现过程

七、数字证书

数字证书是由 CA 认证中心颁发的、包含了公开密钥持有者信息以及公开密钥的文件，用来证实一个用户的身份和对网络资源的访问权限。

数字证书可用于发送安全电子邮件、访问安全站点、网上证券、网上招标采购、网上签约、网上办公、网上缴费、网上税务等网上安全电子事务处理和安全电子交易活动。

（一）数字证书的功能

（1）文件加密。

（2）数字签名。

（3）身份认证。

（二）数字证书的分类

（1）个人数字证书。证书中包含个人身份信息和个人公钥，用于标识证书持有者的个人身份。在一些情况下，服务器可能在建议 SSL 连接时要求客户提供个人证书来证实客户身份。为了取得个人证书，用户可以向某一 CA 机构申请，CA 经过审查后决定是否向用户颁发证书。

（2）服务器证书。证书证实服务器的身份和公钥，主要用于网站交易服务器的身份识别，使得连接到服务器的用户确信服务器的真实身份。目的是保证客户和服务器之间交易、支付时双方身份的真实性、安全性、可信任性等。

（3）安全电子邮件证书。用于对普通电子邮件做加密和数字签名处理，以便确保电子邮件内容的安全性、机密性、发件人身份的确定性和不可抵赖性。

（4）安全 Web 站点证书。安全 Web 站点证书中包含 Web 站点的基本信息、公钥和 CA 机构的签名，凡是具有网址的 Web 站点均可以申请使用该证书，主要和网站的 IP 地址、域名绑定，可以保证网站的真实性和不被人仿冒。

（三）数字证书的安装

下文以支付宝为例介绍数字证书的安装。

（1）如果支付宝账户申请了数字证书，在别的电脑上使用账户余额、已签约的快捷支付、余额宝等方式支付时就需要安装数字证书。可以按页面提示点击"安装数字证书"，如图 8-10 所示。

8-10　安装数字证书

（2）电脑端登录支付宝账户（www.alipay.com），在"安全中心"，数字证书"管理"页面，点击"安装数字证书"，如图 8–11 和图 8–12 所示。

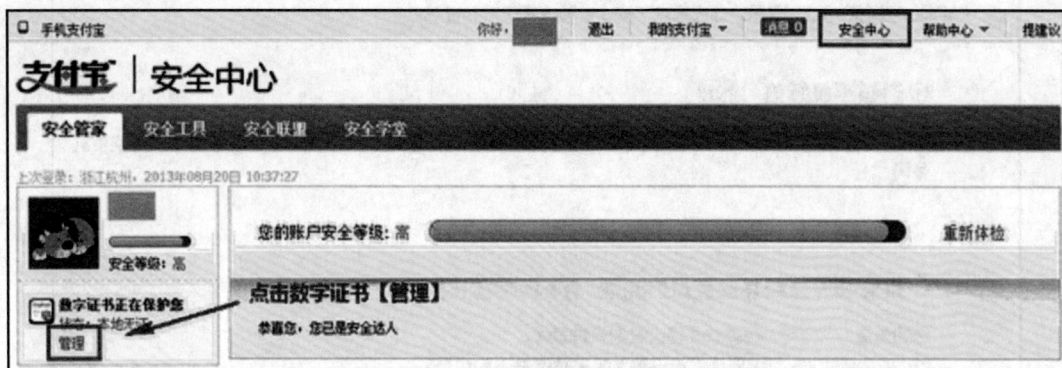

8–11　点击数字证书（管理）

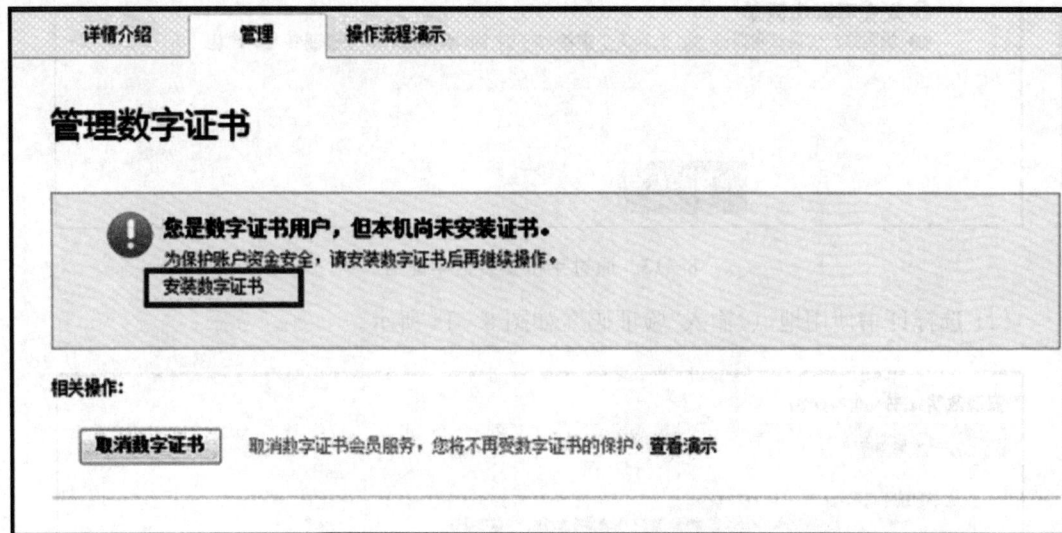

8–12　安装数字证书

（3）安装数字证书的方法有三种："通过手机短信""接受邮件并回答安全保护问题""提交客服申请单"。

通过手机短信安装的方式（前提：支付宝账户绑定的手机号码正常并可收到短信），在安装证书入口，点击"安装数字证书"，选择"通过手机短信"后点击"下一步"（收银台页面安装时默认通过手机短信），点此进入安装数字证书页面，如图 8–13 所示。

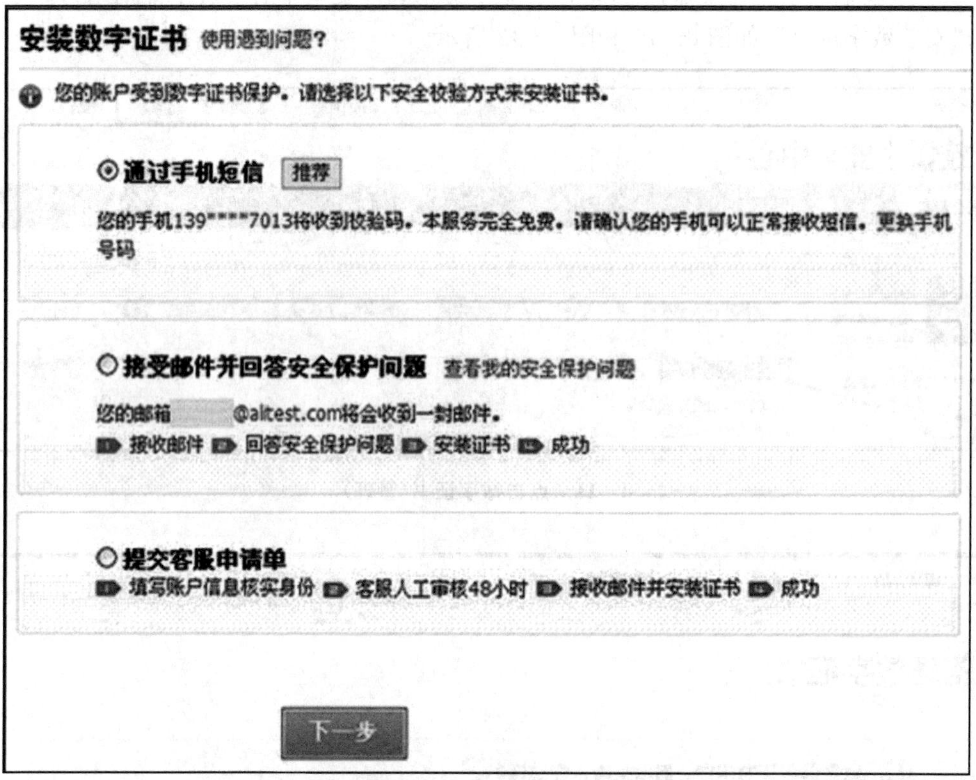

8-13　通过手机安装数字证书

(4) 选择证书使用地点,输入"验证码",如图 8-14 所示。

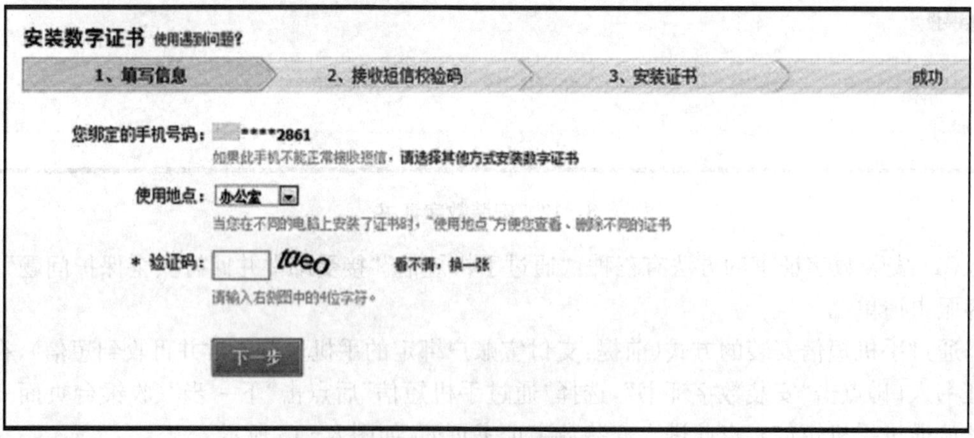

8-14　输入验证码

（5）安装成功，如图 8 - 15 所示。

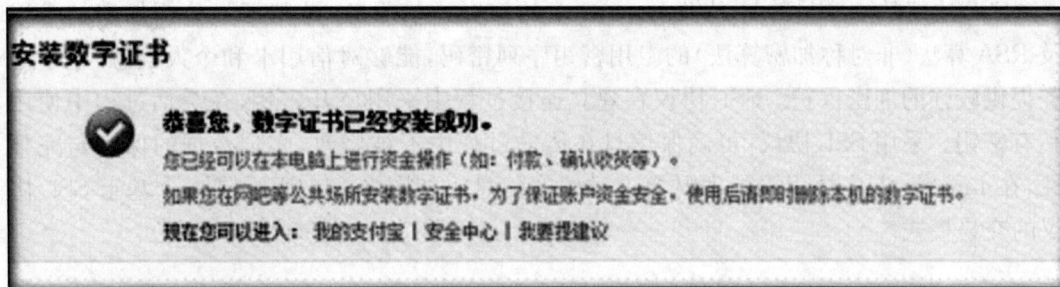

8 - 15　安装成功

小知识　　　　　　　　数字证书和数字签名的区别

　　数字证书是由权威机构——CA 证书授权（Certificate Authority）中心发行的，能提供在 Internet 上进行身份验证的一种权威性电子文档，人们可以在互联网交往中用它来证明自己的身份和识别对方的身份。

　　数字签名（又称公钥数字签名、电子签章）是一种类似写在纸上的普通的物理签名，但是使用了公钥加密领域的技术实现，用于鉴别数字信息的方法。一套数字签名通常定义两种互补的运算，一个用于签名，另一个用于验证。

　　数字证书好比现实中你的身份证；数字签名好比现实中你的签字。

第三节　电子商务安全交易

　　要实现电子商务的安全交易，交易双方必须遵守统一的安全标准协议。目前，在电子商务交易中最重要的安全协议主要有 SSL 协议和 SET 协议。

一、安全套接层（SSL）协议

　　安全套接层（Secure Socket Layer，SSL）协议是由 Netscape 公司研究制定的安全协议，主要用于提高应用程序之间数据的安全性。该协议向基于 TCP/IP 的客户机/服务器应用程序提供了客户端和服务器的鉴别、数据完整性及信息机密性等安全措施。该协议通过在应用程序进行数据交换前交换 SSL 初始握手信息来实现有关安全特性的审查，在 SSL 握手信息中采用了 DES（对称加密算法）、MD5（信息摘要法）等加密技术来实现机密性和数据完整性，并采用 X. 509 国际标准的数字证书实现鉴别。该协议已成为事实上的工业标准，并被广泛应用于 Internet 和 Intranet 的服务器产品和客户端产品中。

（一）SSL 协议下的交易模式

SSL 协议的主要目的是提供 Internet 上的安全通信服务，是基于强公钥加密技术以及 RSA 算法（非对称加密算法）的专用密钥序列密码，能够对信用卡和个人信息、电子商务提供较强的加密保护。SSL 协议在建立连接过程中采用公开密钥，在会话过程中使用私有密钥。采用 SSL 协议，可确保信息在传输过程中不被修改，实现数据的保密与完整性，在 Internet 上广泛用于处理财务上敏感的信息。如图 8 - 16 所示是一个基于 SSL 协议的交易模式。

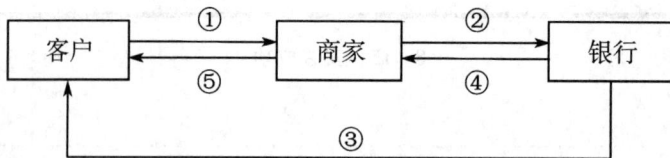

图 8 - 16　基于 SSL 协议的交易模型

基于 SSL 协议的交易包括以下步骤：

（1）客户将购买信息发往商家。

（2）商家将信息转发给银行。

（3）银行验证客户信息的合法性。

（4）银行通知商家付款成功。

（5）商家通知客户购买成功。

（二）基于 SSL 协议的交易模式的问题

（1）由于 SSL 协议本身缺陷带来的问题。SSL 协议的缺陷是只能保证传输过程的安全，而无法知道在传输过程中是否受到窃听，黑客可借此破译经 SSL 协议加密的数据，破坏和盗窃 Web 信息。

（2）商家信用带来的问题。SSL 协议运行的基础是商家对客户信息保密的承诺。客户的信息首先传到商家，商家审阅后再传到银行，这样客户资料的安全性便受到威胁。另外，整个过程只有商家对客户的认证，缺少了客户对商家的认证。

在电子商务的初始阶段，由于参与电子商务的公司大都是信誉较好的公司，SSL 协议的缺陷问题没有引起人们的重视。随着越来越多的公司参与到电子商务之中，对商家认证的问题也就越来越突出，这使得 SSL 协议的缺点完全暴露出来，SSL 协议也逐渐被新的 SET 协议所取代。

二、安全电子交易（SET）协议

为了克服 SSL 安全协议的缺点，更为了达到交易安全及合乎成本效益的市场要求，两家信用卡组织 VISA 和 MasterCard 联合其他国际组织，共同制定了安全电子交易（Secure Electronic Transaction，SET）协议。

SET 协议由 SET 业务描述、SET 程序员指南和 SET 协议描述三个文件组成，为基于信用卡进行电子化交易的应用提供了实现安全措施的规则。

在 SET 中采用了双重签名技术,支付信息和订单信息是分别签署的,这样保证了商家看不到支付信息,而只能看到订单信息。支付指令中包括了交易 ID、交易金额、信用卡数据等信息,这些涉及与银行业务相关的保密数据对支付网关是不保密的,因此支付网关必须由收单银行或其委托的信用卡组织来担当。

由于该协议实现起来比较复杂,每次交易都需要经过多次加密,并且还需在客户端上安装专门的交易软件,因此现在使用该协议的电子支付系统尚未普及。如图 8-17 所示是一个基于 SET 协议的网上交易流程说明。

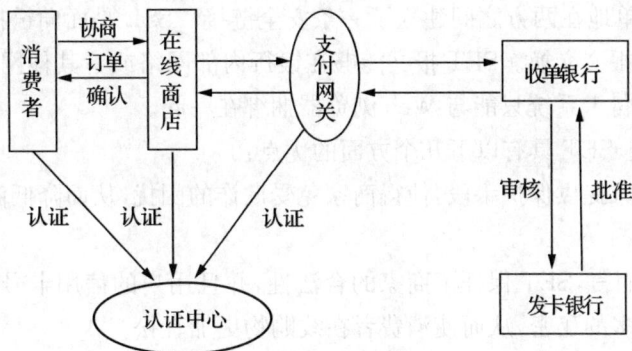

图 8-17 基于 SET 协议的网上交易流程说明

SET 协议有以下特点:

(1) 客户资料虽然要通过商家到达银行,但商家不能阅读这些资料,所以 SET 协议解决了客户资料的安全性问题。

(2) SET 协议解决了网上交易存在的客户与银行之间、客户与商家之间、商家与银行之间的多方认证问题。

(3) 由于整个交易过程是建立在 Intranet、Extranet 和 Internet 的网络基础上,因此 SET 协议保证了网上交易的实时性。

三、SSL 协议和 SET 协议的比较

SET 协议和 SSL 协议都提供了通过 Internet 进行安全支付的手段,那么,哪个协议更适合运用于电子商务呢? 下面从协议本身和性能及费用等方面,对这两种协议进行比较。

SSL 提供网络上两台机器之间的安全链接。支付系统通过 SSL 连接传输信用卡信息。在线银行和其他金融系统也常常构建在 SSL 协议之上。SSL 被广泛应用的原因在于,它被大部分 Web 浏览器和服务器所内置和支持,比较容易实现。虽然基于 SSL 协议的信用卡支付方式促进了电子商务的发展,但如果想要使电子商务得以成功广泛发展的话,必须采用更先进的协议。

SET 是基于消息流的协议,用于保证在 Internet 上进行银行卡支付交易的安全性,能

够有效地防止电子商务中的各种诈骗。SET 协议是一个复杂的协议,它详细而准确地反映了电子交易中各方传输信息的规则。实际上,SET 远不止是一个技术方面的协议,它还说明了各方所持有的数字证书的含义、响应信息的各方应有的动作,以及与一笔交易紧密相关的责任分担等。

事实上,SET 和 SSL 除了都采用 RSA 公开密钥密码算法外,在其他技术方面没有任何相似之处,而 RSA 算法也被二者用来实现不同的目标。

(一) SET 和 SSL 协议本身的比较

SET 是一个多方参与的消息报文协议,它定义了银行、商家、持卡人之间必需的报文规范,而 SSL 只是简单地在两方之间建立了一条安全链接。SSL 是面向链接的,而 SET 允许各方之间非实时的报文交换。SET 报文能够在银行内部网络或者其他网络上传输,而基于 SSL 协议之上的支付卡系统只能与 Web 浏览器捆绑在一起。

与 SSL 相比较,SET 具有以下几个方面的优点:

(1) SET 为商家提供保护手段,使得商家免受欺诈的困扰,从而降低商家使用电子商务的成本。

(2) 对消费者而言,SET 保证了商家的合法性,并且用户的信用卡号不会被窃取,SET 为消费者保守了更多的秘密,从而使消费者在线购物更加轻松。

(3) 银行和发卡机构以及各种信用卡组织推荐 SET,因为 SET 帮助它们将业务扩展到 Internet 这个广阔的空间,从而减少信用卡网上支付的欺骗概率,这使得它比其他的支付方式具有更大的竞争优势。

(4) SET 为参与交易的各方定义了互操作的接口,使一个系统可以由不同厂商的产品构筑,从而使 SET 得到更加广泛的应用。

(5) SET 可以应用在系统的部分或者全部。例如,一些商家考虑与银行的链接中使用 SET,而与客户链接时仍然用 SSL。这种方案既回避了在顾客机器上安装电子钱包软件,同时又获得了 SET 提供的很多优点。绝大多数 SET 软件提供商在其产品中都提供灵活构筑系统的手段。

(6) SET 提供不可否认性。SET 协议的交易凭证中有客户的数字签名,因而银行就拥有客户曾经购物的证据。该功能的前提是客户必须保证签名密钥的安全。如果客户的密钥丢失或被窃走,可能将带来严重的后果。因此,用户私人密钥的保存手段是极其重要的。目前常用的方法是智能卡。智能卡提供了一种简便的方法,可以用它来存储和解释秘密签名密钥和证书,并且非常容易携带。如果银行发行的信用卡内嵌芯片的话,将会给人们在使用电子商务时带来更大的方便性和更高的保密性。

尽管 SET 与 SSL 相比具有更强的功能,但提供这些功能的前提是 SET 要求在银行网络、商家服务器、顾客的计算机上安装相应的软件,这些成了 SET 被广泛接受的障碍;SET 要求必须向各方发放证书,这也是大面积推广使用 SET 的障碍之一。因此,应用 SET 要比 SSL 昂贵得多。

以前,Internet 上电子商务的规模与其潜力相比是微不足道的。因为电子商务的规模在增加,所以出现欺诈的可能性也在增加。虽然 SSL 提供安全传输信用卡号码的可靠连接,但 SET 提供了完善的用于电子商务的支付系统,定义了各方的互操作接口,降低了金融风险。因此,由于 SET 交易的低风险性以及各信用卡组织的支持,SET 将在基于 Internet 的支付交易中占据主导地位。

同时,我们应该看到,SET 的普遍应用还需假以时日。在未来的一段时间内,可能会出现商家需要支持 SET 和 SSL 两种支付方式的局面。但由于 SET 实现起来非常复杂,商家和银行都需要改造原有系统以实现互操作。智能卡的推广使用将改变现有的电子商务方式,但是需要增加费用添置额外的设备,也需要时间被人们接受以做到广泛发卡。另外,很多厂商还致力于发展其他协议,如微支付(Micro payment)、对等支付(Peer to Peer Payment)方式等,以支持 SET 和 SSL 所不能支持的支付方式。

(二) SSL 和 SET 性能比较

SSL 目前用于许多电子商务服务器,提供会话级别的安全,这意味着一旦建立一个安全会话,所有通过 Internet 的通信数据将被加密。一个 SSL 会话相当于在电话线上加一个干扰器,当数据到达商家 Web 服务器时,解密所有数据。采用 SSL,购买者将可能承担以下风险:购买者不得不信任商家能够安全地保护他们的信用卡信息;无法确认保证商家是该支付卡的特约商家。

商家在在线交易中同样要冒风险。如同进行邮件和电话订购交易一样,因为商家无法保证购买者就是该信用卡的合法拥有者。另外,因为 SSL 加密所有信息,显示复杂页面时速度很慢,所以使用 SSL 进行交易的站点一般使用的界面比较简单。而 SET 的设计增加了用户对支付处理的信心,能够保证商家授权接受支付卡,同时也保证持卡人是合法拥有者。从商家观点看,SET 的典型应用——使用客户端认证来提供一种安全购买处理,这意味着,商家可以保证购买者不能否认交易。虽然客户端认证在 SSL 第 3 版中也提供,但是它仅用于某些金融应用(如家庭银行)。在 SET 中,只有交易中的敏感信息才加密,购物页面没有加密,因此可以在页面中使用更复杂的界面。然而,SET 协议面临着不少批评,主要批评包括:SET 协议过于复杂,处理速度慢,支持 SET 的系统费用较大。

具体来说,SET 和 SSL 的性能有如下差异:

(1) 客户计算机。客户计算机性能对 SET 和 SSL 协议的影响较小,因为一次只处理一个交易。客户端的应用(电子钱包)保存购物者的认证证书、信用卡和地址信息,其与商家服务器的通信速度主要取决于网络速度和商家服务器的处理能力,与 SET 和 SSL 协议无关。也就是说,对于 SET 和 SSL 协议,客户计算机的性能影响不大。

(2) 电子商务服务器性能。电子商务服务器提供多种功能,包括强大的防攻击保护、在线目录和广泛的销售报告功能,并连接财务数据库,购买的安全连接只是众多功能的一小部分。图 8-18 描述了 SET 的密码操作,每个连接代表一个加密/解密操作。从图中可以看到,在客户端每个交易需要 2 个操作,在商家一方则需要 6 个操作,在收单行需要 4 个操作。而对于一个 SSL 连接,在客户端每个交易需要 1 个操作,在商家需要 3 个操作,在收单行需要 2 个操作,客户端需要的 1 个操作是由 SSL 服务器配置的,对客户端来讲,它由服务器自己认证,不要求客户端认证服务器。在 SET 中,支付网关应用程序要求 4 个操作,而典型的 SSL 使用 2 个操作来建立电子商务服务器和支付网关的 1 个 SSL 会话。

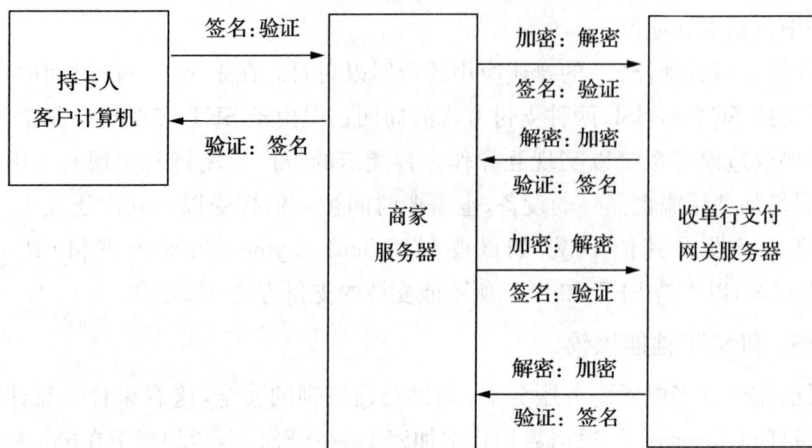

图 8-18　SET 加密操作

本章小结

　　安全是电子商务的基石,没有技术的保障,电子商务的安全就无从谈起。当前电子商务面临着信息的截获和盗取、黑客攻击、木马病毒、信息的篡改、交易抵赖等威胁,需要应用电子商务安全技术,比如防火墙技术、加密技术等保障系统的安全。

　　电子商务的安全交易还必须遵守统一的安全标准协议,目前,在电子商务交易中最重要的安全协议主要有 SSL 安全协议和 SET 安全协议。SET 协议是专门为安全电子支付服务的,SSL 则从连接的角度保证数据传输的安全。电子商务安全技术的提高将是一个长期不懈的重任,个人用户和企业用户在应用电子商务时要注意安全防范。

思考练习

一、单选题

1. 计算机病毒的特征之一是(　　)。

A. 非授权不可执行性　　　　　　　　B. 非授权可执行性

C. 授权不可执行性　　　　　　　　　D. 授权可执行性

2. 在电子商务信息安全要求中,信息在传输过程中或存储中不被他人截获指的是(　　)。

A. 信息的保密性　　　　　　　　　　B. 信息的完整性

C. 信息的不可否认性　　　　　　　　D. 交易身份的真实性

3. 加密后的内容成为(　　)。

A. 密钥　　　　　　B. 算法　　　　　　C. 密文　　　　　　D. 明文

4. 电子商务发展的关键问题是交易的安全性,目前安全交易中最重要的两个协议是( )。

A. S - HTTP 和 STT
B. SEPP 和 SMTP
C. SSL 和 SET
D. SEPP 和 SSL

二、多选题

1. 电子商务安全包括( )。

A. 存储安全
B. 传输安全
C. 网络安全
D. 空间安全

2. 属于防火墙技术的有( )。

A. 包过滤
B. 远程磁盘镜像技术
C. 电路层网关
D. 应用层网关

2. 电子商务系统可能遭受的攻击有( )。

A. 系统穿透
B. 植入
C. 违反授权原则
D. 计算机病毒

3. 签名可以解决的鉴别问题有( )。

A. 发送者伪造
B. 发送者否认
C. 接收方篡改
D. 第三方冒充

4. 电子商务中的认证,是指特定认证机构对( )所做的认证。

A. 传输方式的可靠性
B. 电子签名的真实性
C. 签署者的真实性
D. 签署文件的合法性

三、思考题

1. 简述防火墙的定义、功能及工作原理。
2. 归纳总结电子商务应用中常见的安全问题。
3. 简述计算机病毒防范措施。
4. 什么是 SSL 协议和 SET 协议？简述其优缺点。

实训项目

1. 利用所学证书和相关知识,登录某个认证中心,下载个人数字证书或者安全电子邮件证书,进行数字证书的安装和导入/导出。

2. 上网搜寻并下载免费杀毒软件,完成本地机的安装和安装结束后的属性设置。

第四篇

di si pian

电子商务之创新篇

随着互联网和电子信息技术的高速发展,电子商务在形式和内容上也紧跟时代潮流,创新发展,衍生出跨境电子商务和社交电子商务新模式。

学习目标

● 知识目标:掌握跨境电子商务平台的概念,理解跨境电子商务平台的特点、分类、运营模式与交易流程,了解跨境电子商务物流与通关流程;掌握社交电子商务概念、运营模式和法则,了解社交电子商务引流。

● 能力目标:能够认识到跨境电子商务的重要性,社交电子商务运用的创新性,能够利用互联网进行简单的跨境交易,能够通过社交分享引导购买。

● 素质目标:逐步树立国际意识、商务意识、社交意识,加强学习,与时俱进,不断开阔视野,具有创新思维。

本篇重点:

● 跨境电子商务平台、社交电子商务的概念;跨境电子商务物流的模式;社交电子商务的运营模式。

本篇难点:

● 把握跨境电子商务和社交电子商务的运作要点和发展趋势。

第九章　跨境电子商务

引导案例

近年来,跨境电子商务以开放、多维、立体的多边经贸合作模式拓宽了企业进入国际市场的路径,跨境电子商务有效降低了产品价格,使消费者拥有更大的选择自由,不再受地域限制。此外,与之相关联的物流配送、电子支付、电子认证、IT服务、网络营销等都属于现代服务业内容,这些得天独厚的优势都大大促进了跨境电子商务的高速发展。一些跨境电子商务平台展现出了自己的特色和特点,在跨境电子商务的洪流中脱颖而出。

阿里巴巴

阿里巴巴平台有三个跨境网购业务——淘宝全球购、天猫国际和一淘网。淘宝全球购的商户主要是一些中小代购商,天猫国际则引进140多家海外店铺和数千个海外品牌,全部商品海外直邮,并且提供本地退换货服务。一淘网则推出海淘代购业务,通过整合国际物流和支付链,为国内消费者提供一站式海淘服务。阿里巴巴在进口购物方面采取海外直邮、集货直邮、保税三种模式。

立志为中国消费者扮演好全球买手角色的阿里巴巴,又开创了跨境电子商务领域的新模式。阿里巴巴和荷兰、韩国、泰国等国合作,在平台上开设国家馆,共同促进两国产业跨境电子商务的进程。在阿里巴巴的跨境电子商务策略里,通过聚划算渠道的爆发力,把消费者的需求激发出来,用短平快的速度推广和尝试新的品类和模式,然后再大规模引进,把运营的成本降下来,进入常态化的运营。

洋码头

洋码头是一家面向中国消费者的跨境电子商务第三方交易平台。该平台上的卖家可以分为两类:C2C的个人买手模式和M2C的商户模式。洋码头通过平台模式整合供应链,提供"直邮＋报关清关"服务,帮助国外的零售产业跟中国消费者对接,实现"直销、直购、直邮"。洋码头PC端和移动端的产品和运营模式都有明显的区分:

PC端——B2C限时闪购。SKU全部由海外零售商提供,零售商家的供应链及服务体系相对更加完善,更适合喜好一站式购物的用户。

移动端——C2C实时直播。洋码头移动APP"扫货神器",主要由个人买手实时直播海外打折商品,呈献给买家的是不断更新的SKU。

洋码头作为跨境电子商务的先行者,面对阿里、亚马逊等大电子商务平台的挤压,还是要在海外供应商、产品体验、用户体验以及物流方面下足功夫。

此外,网易考拉、苏宁、聚美优品、唯品会等电子商务也都纷纷挤进跨境电子商务业务。而随着电子商务大佬纷纷涉足跨境电子商务,大的电子商务平台已经吸纳了大多数国际零售商和品牌商入驻,而蜜芽宝贝之类的专业性垂直跨境电子商务,则采取直采模式从母婴品类切入,同样缩短了供应链,用户定位也较为精准。但各跨境电子商务平台自身也困境重重,原有团队对海外产业链认知度整合力并不高,负责跨境业务线的团队并不见得有创业公司强,即便有流量,转化也不理想;而供应链问题是所有跨境电子商务的共有困境。

思考:你有过海淘的经历吗? 谈一谈你的体验。

第一节　跨境电子商务平台

一、跨境电子商务平台概述

(一)跨境电子商务平台的含义

跨境电子商务是指企业利用互联网和电子信息技术在全球范围内从事各类经营活动的行为。一般而言,不同国家、关境的贸易主体通过互联网平台达成交易协议,于线上完成支付结算,并通过国际跨境物流运送商品。为用户提供跨境电子商务服务的平台即为跨境电子商务平台。跨境电子商务具有以下特点。

1. 国际化

跨境电子商务是一种基于互联网的全球性的交易行为,通过跨境电子商务平台可实现全球采购交易和消费,不受国界束缚。相比于传统的交易方式,跨境电子商务避开了传统的地理因素限制,形成一种无边界的交易模式,任何人只要具备一定的技术手段,通过接入互联网,让信息在网络中传输,都可以达到线上交易的目的。

2. 即时性

因为跨境电子商务的运营空间为互联网,相比于传统的信息交流方式(如信函),其交易信息的传输速度与地理距离无关,交易双方在线上所交流的信息,可实现瞬时同步,一方发出消息后,另一方可即时接收,信息交流高效准确。

3. 无纸化

跨境电子商务主要采取无纸化操作的方式,通过互联网和信息系统,对交易信息进行处理。在运行过程中,所有的信息数据都被记录在电子计算机、跨境电子商务平台服务器、云空间等,完全取代了以往传统的纸质交易文件,使得交易信息的传输摆脱了纸张的限制,达到实时共享、即时存储的目的。

小知识　　　　　跨境电商与传统外贸的区别

国内跨境电商和传统外贸都是把产品销售到除本国外的其他国家,也可以说,广义上的跨境电商包括传统的外贸电商,但是跨境电商并不等同于传统外贸电商。

（1）交易流程的区别。

传统外贸中一国的进/出口商通过另一国的出/进口商集中进/出口大批量货物，需要经过生产制造企业、出口商、进口商、渠道商、批发商、零售商和客户。但是，跨境电商出口环节少，流程简单，客户通过跨境卖家的网站下单，跨境卖家平台就直接将货发到客户手里。

（2）形式上的区别。

传统外贸是出口企业通过发布产品信息，通过一些传统外贸网站寻求求购商，形式上走的是信息流。跨境电商是通过跨境平台直接将产品销售给客户，形式上是商品流。

（3）成本上的区别。

跨境电商企业可实现一件代发，解决了传统外贸企业由于库存、物流、清关等带来的成本增加的问题。

（二）常见的跨境电子商务平台

1. 敦煌网

敦煌网成立于 2004 年，是中国第一个 B2B 跨境电子商务平台，致力于帮助中国中小企业通过电子商务平台走向全球市场。敦煌网开创了"为成功付费"的在线交易模式，突破性地采取佣金制，免注册费，只在买卖双方交易成功后收取费用。敦煌网一直致力于帮助中国中小企业通过跨境电子商务平台走向全球市场，开辟了一条全新的国际贸易通道，让在线交易变得更加简单、安全、高效。

作为中国 B2B 跨境电子商务平台的首创者，敦煌网致力于引领产业升级。传统信息平台式的电子商务已不能适应市场需求，真正的电子商务不仅要解决交易问题，还要提供专业化的，具有行业纵深、区域纵深、服务纵深的服务以及最好的客户体验。

敦煌网作为中国最领先的在线外贸交易品牌，是商务部重点推荐的中国对外贸易第三方电子商务平台之一。工信部电子商务机构管理认证中心已经将其列为示范推广单位。

目前，敦煌网已经实现 170 多万在线国内供应商、770 万种商品，遍布全球 222 个国家和地区以及 1 500 万买家在线购买的规模。每小时有 10 万买家实时在线采购，每 1.6 秒产生一张订单。

2. 香港易极供应链

香港易极供应链是一家集海外采购、品牌引进、仓储保税、国际货运以及运营平台于一体的高新技术贸易型企业，公司旗下跨境电子商务品牌——海外帮，致力于为全球商家及消费者提供专业、完整、高效的跨境贸易综合服务。海外帮深耕欧洲市场，投巨资建成了海外仓储网络，包括德国、荷兰等，组建了欧洲专业采购团队，国内则建立了完善的保税仓网络，拥有广州、杭州、郑州、重庆及多个合作保税仓，大批量＋大仓储＋大物流，大幅度提高了效率，具备全行业更大的采购、物流优势。公司不仅为国内大中型在线 B2C 电商平台提供海外品牌采购、海外仓储、国际货运等供应链购销服务，同时在线平台海外帮（www. hwbang. hk）面向国内中小型海淘商家提供保税代发、快件直邮等服务，成立至今，拥有长期活跃商家 6 000 余家。

3. 笨土豆电商

笨土豆电商是一家主打进口食品的 B2B 采购和供应链服务提供平台。笨土豆在美国拥有总面积超过 100 000 平方英尺的仓储中心，位于美国洛杉矶东北部，紧邻机场及洛杉矶室内奥特莱斯,采用恒温仓设计,欧洲仓储在建,韩国仓储筹建,配置先进,具备优秀的仓储运作能力,为国内的大量跨境电商企业及进出口公司提供海外仓储、备货、集货、商品代管等多项完善服务,并完美解决保税区正面清单限制问题。笨土豆与多家全球知名国际物流公司深度合作,精选跨国物流运输路线,为客户解决了优质货源批发、海外大型仓储、全球商品运输、跨洋直邮、清关到港等一系列问题,打通了从品牌方到零售商(B2B)甚至到终端客户(B2B2C)的整个链条,提高了效率,节省了成本。

4. 亚马逊

亚马逊是美国最大的一家网络电子商务公司,位于华盛顿州的西雅图,是网络上最早开始经营电子商务的公司之一。亚马逊成立于 1995 年,开始时主要经营网络的书籍销售业务,现在已扩展至各个种类的商品,成为全球商品品种最多的网上零售商和全球第二大互联网企业。

5. 全球速卖通

全球速卖通(AliExpress),简称速卖通,正式上线于 2010 年 4 月,是阿里巴巴旗下唯一面向全球市场打造的在线交易平台,被广大卖家称为"淘宝国际版"。全球速卖通面向海外买家,通过支付宝国际账户进行担保交易,并使用国际快递发货,是全球第三大英文在线购物网站。

速卖通的业务进入门槛较低,能够充分满足中小微企业申请入驻,发展出口销售等业务。同时,平台上的商品性价比较高,具有很强的市场竞争力。

6. eBay

eBay 是一个可实现全球民众上网买卖物品的线上拍卖及购物网站。eBay 于 1995 年 9 月 4 日由 Pierre Omidyar 以 Auctionweb 的名称创立于加利福尼亚州。从其最初的名称不难看出,eBay 平台的初衷是开创线上拍卖交易模式,发展至今,已形成线上拍卖和购物双重运营模式,升级成为全球最大的 C2C 平台。

线上拍卖模式是 eBay 平台的最大特色,卖家可通过选择拍卖模式,设定成功对应的起拍价和竞拍时限等内容上架商品,竞拍时限结束后,出价高者获得此商品。

7. 兰亭集势

兰亭集势(Lightinthebox)是整合了供应链服务的在线 B2C 平台,成立于 2007 年,该公司拥有一系列的供应商,并拥有完善的数据服务系统和长期的物流合作伙伴。一直以来,兰亭集势是中国跨境电子商务平台的主要引领者之一。

兰亭集势涵盖了包括服装、电子产品、玩具、饰品、家居用品、体育用品等 14 大类,共 6 万多种商品。经过几年的发展,公司采购遍及中国各地,在广东、上海、浙江、江苏、福建、山东和北京等省市均有大量供货商,并积累了良好的声誉。许多品牌,包括纽曼、爱国者、方正科技、亚都、神舟电脑等也加入兰亭集势销售平台,成为公司的合作伙伴或者供货商。

(三)跨境电子商务平台分类

跨境电子商务平台按照交易对象和交互方式,主要分为 B2C、B2B。

1. B2C 跨境电子商务平台

B2C(Business to Consumer)跨境电子商务平台是指联系企业与消费者之间发生跨境交易的电子商务平台,它是利用计算机网络技术使消费者直接参与企业的经济交易活动中。随着互联网技术的普及和应用,跨境电子商务平台将大量的供应商产品信息整合分配到平台资源库,再通过商品详情的形式展现在平台上以供终端消费者选购。亚马逊海外购如图 9-1 所示。

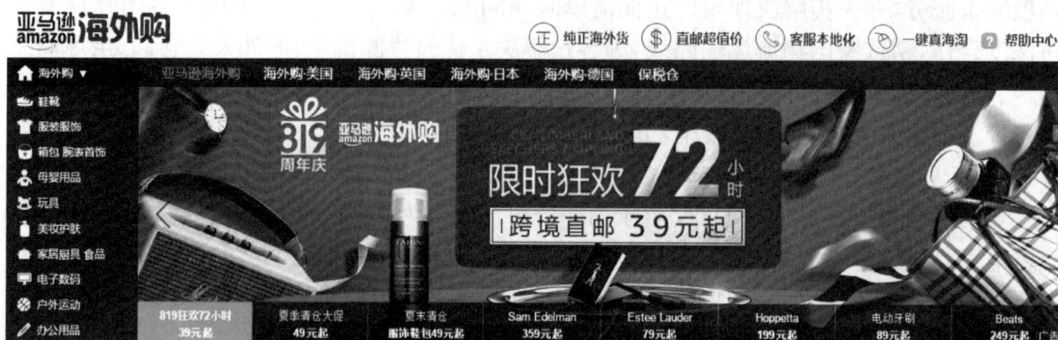

图 9-1 亚马逊海外购示意图

现如今,随着社交电子商务的快速发展,跨境电子商务在形式和内容上也发生着大的改变。平台模式和技术的发展,通过持续更新迭代,带来的结果是消费者的平台体验因交互而愈发真实,从而,在原本 B2C 模式的基础上,进化演变形成了 C2C、C2B 等新兴平台,如小红书、洋码头等。这类平台强调的是社交体验,通过用户本人直播代购、使用分享、经验交流等形式吸引相同兴趣爱好的群体关注,进而形成消费。

下面以全球速卖通为例,阐述 B2C 跨境电子商务平台的入驻流程。

(1)登录全球速卖通官方网站(seller. aliexpress. com),点击"立即入驻",按照网站提示完成系列申请入驻的操作。

(2)在对话框输入常用的电子邮箱,用于注册登录用户名,按住滑块,拖动验证,并勾选遵守协议和接受来自网站的会员及服务邮件,如图 9-2 所示。

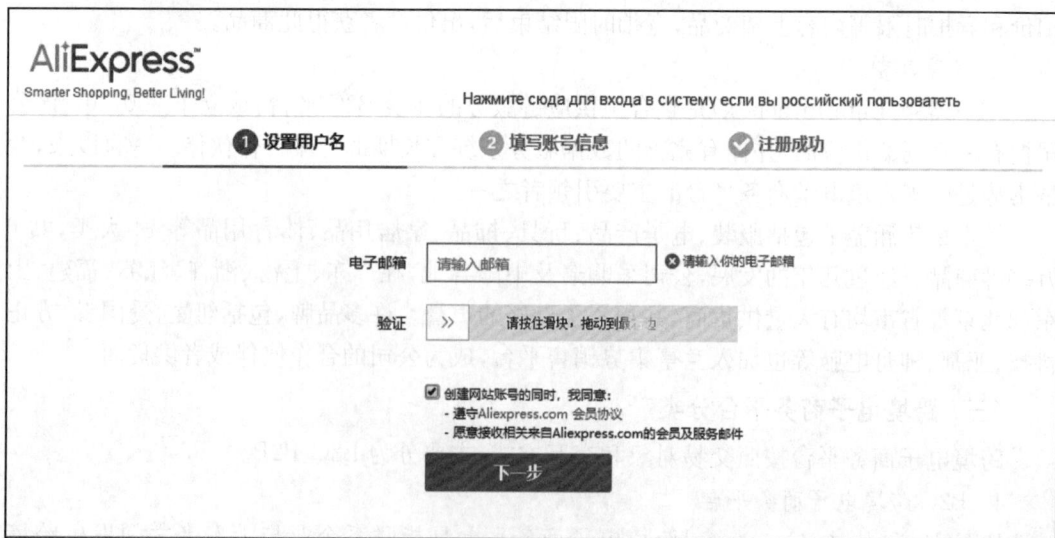

图 9-2 全球速卖通商家入驻——设置用户名

（3）点击"下一步"后,平台将发送一封注册信息邮件至申请的邮箱中,通过网站打开进入对应的邮箱,查找收到的注册信息邮件,点击"完成注册",邮箱验证如图9-3、图9-4所示。

图9-3 全球速卖通商家入驻——邮箱验证（1）

图9-4 全球速卖通商家入驻——邮箱验证（2）

（4）按照网页提示，依次设定登录密码并二次确定，正确填写申请人英文姓名和手机号、联系地址，并勾选"在线经验"的相应选项，点击"确认"转至下一步骤，如图 9-5 所示。

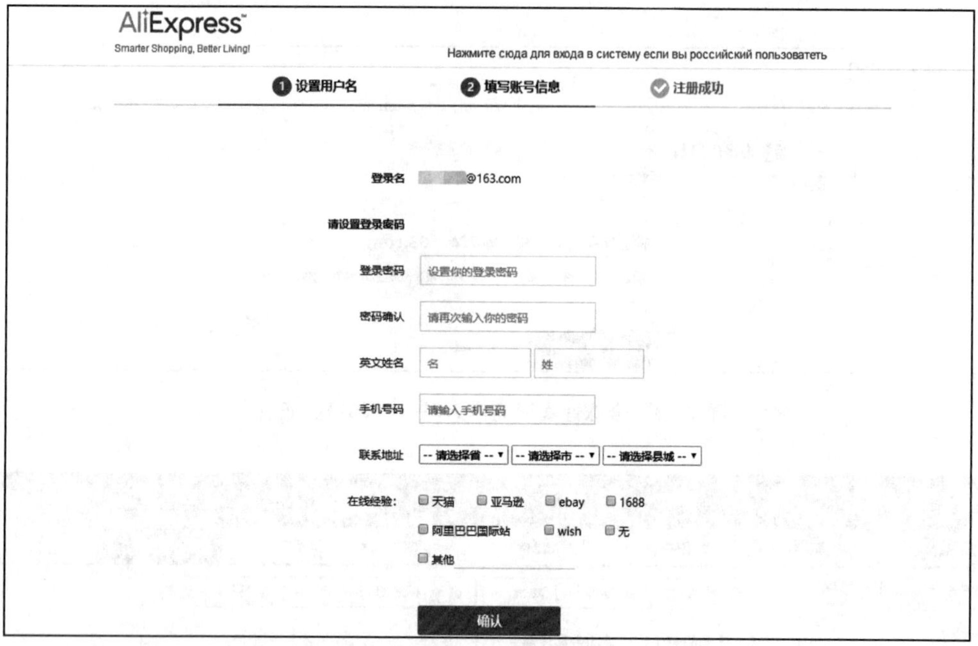

图 9-5　全球速卖通商家入驻——填写注册信息

（5）填写手机验证码，如图 9-6 所示。

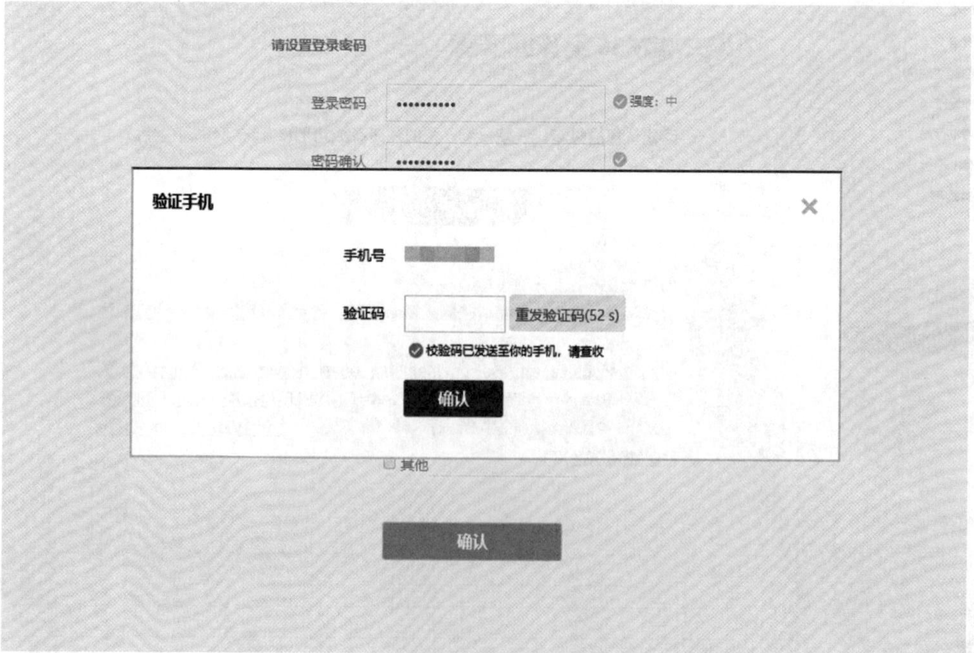

图 9-6　全球速卖通商家入驻——填写手机验证码

(6) 完成注册。若需要在速卖通上销售商品，还需进行速卖通实名认证，如图 9-7 所示。

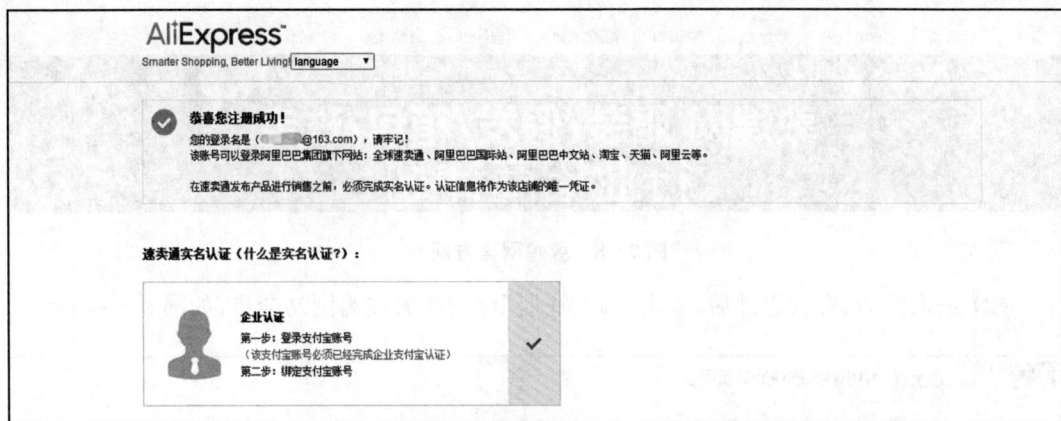

图 9-7　全球速卖通商家入驻——完成注册

2. B2B 跨境电子商务平台

B2B(Business to Business)跨境电子商务平台是指企业与企业之间发生交易的电子商务平台。在跨境电子商务交易过程中，供需双方都是企业，它们通过互联网完成商务交易。常见的 B2B 跨境电子商务平台有阿里巴巴国际站、敦煌网、TradeKey。B2B 跨境电子商务平台的常规操作流程如下：

(1) 商业客户以"用户订单"的形式向销售商订货。

(2) 销售商收到商业客户订单后，向供货商发出订单查询，查询订单所需产品的情况。

(3) 供货商在收到销售商的查询请求后，将货物情况反馈至销售商，一般是确定是否有货，是否可满足用户订单需求。

(4) 销售商收到供货商的货物情况反馈后，若可满足订单需求，则向运输商发出运输查询，确定是否能按要求将货物运输至客户。

(5) 运输商收到运输查询后，向销售商反馈运输信息，如是否有能力完成运输，以及运输的方式、线路、日期、时限等。

(6) 确定运输无问题后，销售商向商业客户答复订单需求，同时，向供货商发出发货通知，向运输商发出运输通知。

(7) 商业客户通过跨境电子商务平台完成支付结算操作。

(8) 运输商前往供货商处揽派订单货物，实施运输。

(9) 商业客户确认收到订单货物，交易完结。

下面以敦煌网为例，阐述 B2B 跨境电子商务平台的入驻流程。

(1) 打开浏览器，输入网址 seller.dhgate.com，进入敦煌网官方主页，点击右上角"我的 DHgate"进入注册、登录界面，如图 9-8 所示。

图 9-8 敦煌网官方网站

（2）进入注册、登录界面后，点击"马上注册"申请注册成为网站会员，如图 9-9 所示。

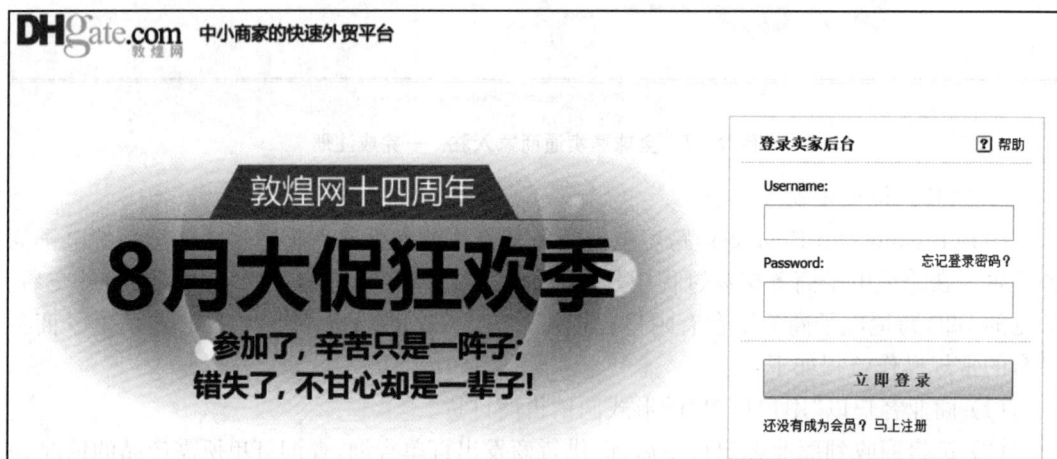

图 9-9 敦煌网会员注册、登录界面

（3）设置自定义登录用户名、密码、注册人手机号和常用电子邮箱，选择主营行业和用户类型，如实填写，便于以后出售品审核及结算等，如图 9-10 所示。

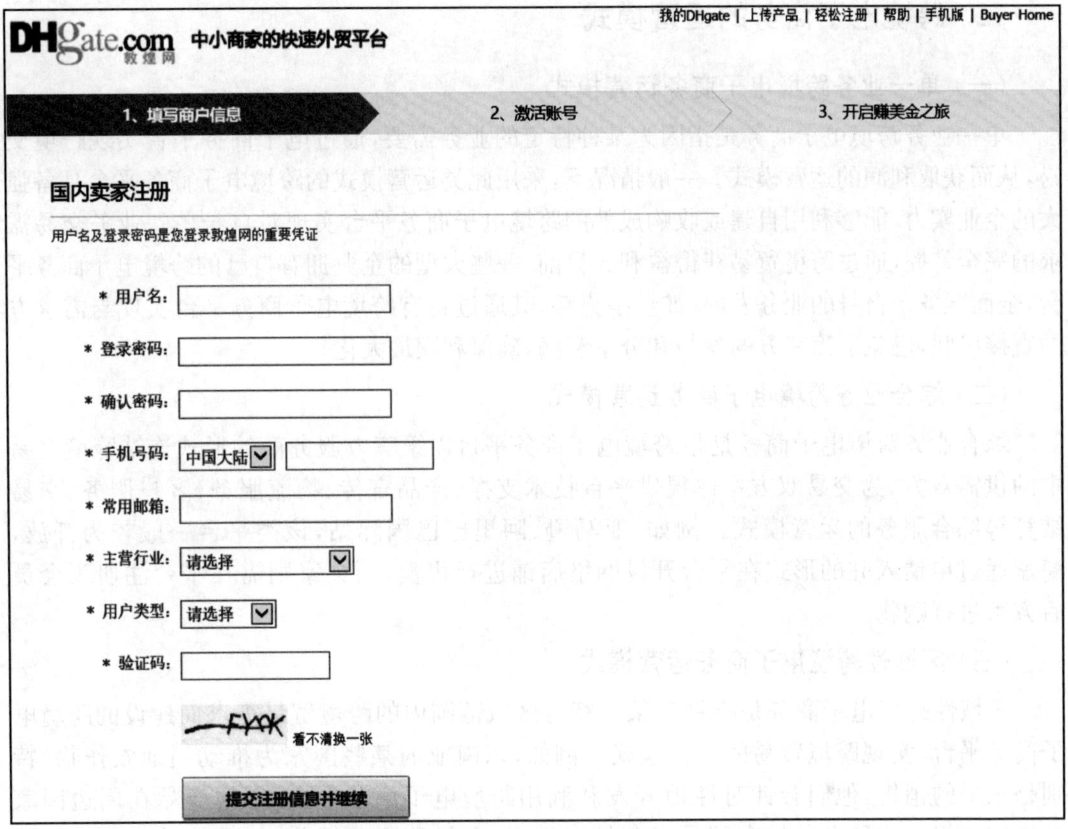

图 9‒10　敦煌网商家入驻——国内卖家注册信息填写

（4）注册信息填写完毕后，平台将跳转至手机、邮箱验证界面，如图 9‒11 所示。两项验证通过后即完成注册，所以在信息填写时务必真实有效。

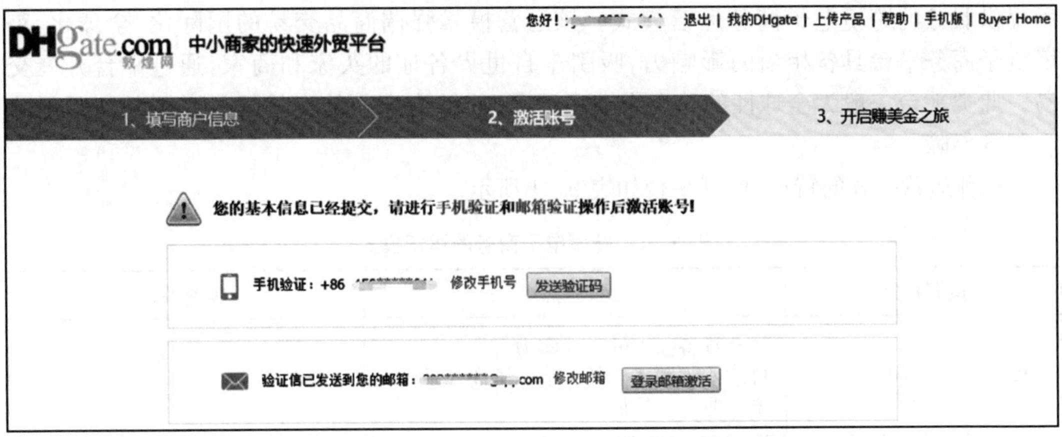

图 9‒11　敦煌网商家入驻——手机验证和邮箱验证

二、跨境电子商务的运营模式

(一) 单一业务跨境电子商务运营模式

单一业务跨境电子商务是指因为某种特定的业务需要,通过电子商务平台实现跨境交易,从而获取利润的运营模式。一般情况下,采用此类运营模式的跨境电子商务平台具备强大的企业实力,能够利用自建或收购成熟的跨境电子商务平台实现对自身单一业务交易需求的完全掌握,通过跨境贸易获得盈利。目前,一些大型的企业拥有自己的跨境电子商务平台,全面服务于自身的业务发展,如兰亭集势,其通过自有跨境电子商务平台实现与需求方的直接串联,避免了第三方的参与和分享利润,确保利润最大化。

(二) 综合业务跨境电子商务运营模式

综合业务跨境电子商务是指跨境电子商务平台以第三方服务商的形式连结跨境交易中的供需双方,为交易双方主体提供平台技术支撑、产品宣传、物流服务、客户服务、交易结算等综合服务的运营模式。例如,亚马逊、阿里巴巴国际站,该类平台一般较为开放,商家通过申请入驻的形式在平台开设网络店铺进行售卖,而买家则需在平台注册为会员后方可进行购物。

(三) 区域性跨境电子商务运营模式

区域性跨境电子商务是指针对某一特定区域范围内的跨境贸易需求而建设的跨境电子商务平台,实现跨境贸易的运营模式。例如,东南亚的某些国家为推动当地农作物,特别是水果的销售,他们会针对性地开发和利用跨境电子商务平台,方便产品在周边国家的推广销售。这种平台具有贸易对象针对性强、贸易范围区域化、交易产品形式多样等特点。

(四) 全球性跨境电子商务运营模式

全球性跨境电子商务是指依托电子信息技术,在全球范围内,为实现商品交易、流通而提供服务的跨境电子商务运营模式。该运营模式强调商品交易的国际化、全球化,跨境电子商务平台具备相当的影响力,吸引来自世界各地的买家和商家,通过平台开展交易。此类平台一般为全球性的跨国企业所运营,能够为商品的交易提供必要的流程保障和服务保障。

四种运营模式的特点、典型平台如表9-1所示。

表9-1　跨境电子商务的运营模式

运营模式	特　点	典型平台
单一业务跨境电子商务	平台具备强大的企业实力 自建或收购成熟的跨境电子商务平台 单一业务交易需求	兰亭集势
综合业务跨境电子商务	第三方服务商平台 平台技术支撑、产品宣传等综合服务	eBay 阿里巴巴国际站

续　表

运营模式	特　　点	典型平台
区域性跨境电子商务	某一特定区域范围内的跨境贸易 贸易对象针对性强 贸易范围区域化 交易产品形式多样	Jollychic
全球性跨境电子商务	全球范围 相当的影响力 一般为全球性的跨国企业所运营 流程保障和服务保障	亚马逊

三、跨境电子商务经典案例——网易考拉

网易考拉海购首页（www.kaola.com）如图9-12所示，主打自营直采，成立专业采购团队深入产品原产地，并对所有供应商的资质进行严格审核，设置了严密的复核机制，从源头上杜绝假货，进一步保证了商品的安全性。过去的一年里，网易考拉海购已与全球数百个优质供应商和一线品牌达成战略合作。

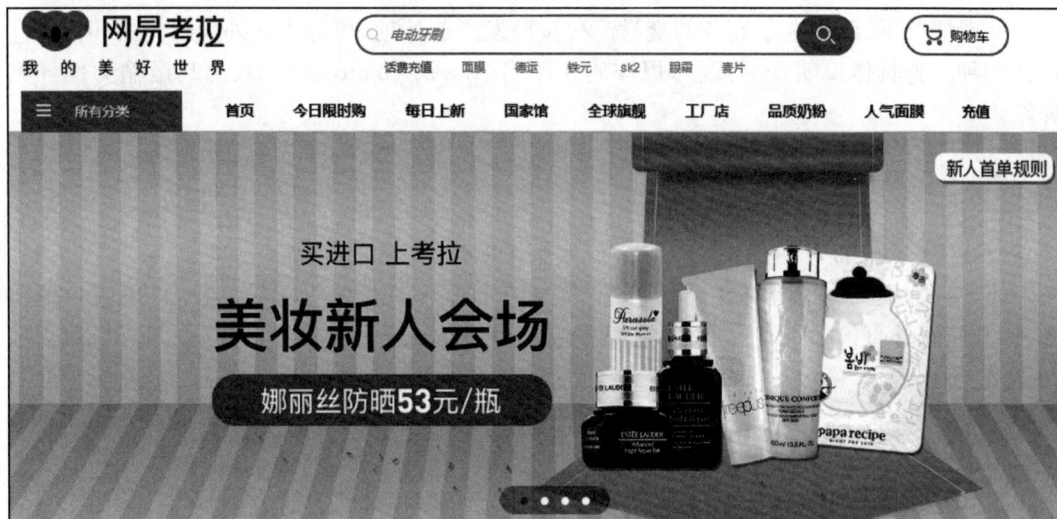

图9-12　网易考拉海购首页

网易考拉海购主打的自营模式拥有自主定价权，可以通过整体协调供应链及仓储、物流、运营的各个环节，根据市场环境和竞争节点调整定价策略。网易考拉海购不仅降低采购成本控制定价，还通过控制利润率来控制定价的策略，做到不仅尊重品牌方的价格策略，更重视中国消费者对价格的敏感和喜好。

网易考拉海购坚持自营直采和精品化运作的理念，在旧金山、东京、首尔、悉尼、中国香港等近10个国家和地区成立了分公司或办事处，深入商品原产地，精选全球优质尖货，规避了代理商、经销商等多层环节，直接对接品牌商和工厂，省去中间环节及费用，还采用了大批量规模化集中采购的模式，实现更低的进价，甚至做到"海外批发价"。

通过保税的模式,既可以实现合法合规,又能降低成本,实现快速发货。保税仓是稀缺资源,网易考拉海购在杭州、郑州、宁波、重庆四个保税区拥有超过 15 万平方米的保税仓储面积,为行业第一。同时,位于宁波的 25 万平方米现代化、智能化保税仓已经破土动工,不久后也将投入使用。目前,网易考拉海购已经成为跨境电子商务中拥有保税仓规模最大的企业。未来,网易考拉海购还将陆续开通华南、华北、西南保税物流中心。在海外,网易考拉海购初步在美国、中国香港地区建成两大国际物流仓储中心,并将开通韩国、日本、澳大利亚、欧洲等国家和地区的国际物流仓储中心。

虽说没有自建物流,但在物流的选择上,网易考拉海购把物流配送交给了中国外运、顺丰等合作伙伴,还采用了更好的定制包装箱,让用户享受到相对标准化的物流服务。网易考拉海购已建立一套完善的标准,通过与中国外运合作整合海外货源、国际运输、海关国检、保税园区、国内派送等多个环节,打通整条产业链。

第二节　跨境电子商务交易流程

一般情况下,跨境电子商务的交易流程按照发货起始地,可分为海外直邮模式和保税仓模式两种。为具体说明交易流程,以洋码头平台(www. ymatou. com)、邮政运输为例详细介绍。

一、海外直邮模式

(一)海外直邮模式的流程

海外直邮模式是指跨境电子商务平台卖家在收到消费者的订单后,根据订单内容组织配货,并从海外直接邮寄发货,商品经海关清关后,EMS 进行国内段派送,全过程预计 7～20 天寄达买家。

1. 客户下单

用户在洋码头平台申请注册成为会员,完善用户基础信息,添加常用收货地址并绑定个人手机号码。用户搜索选购商品,在与卖家客服沟通联系后,确定下单。

2. 商家组织配货

洋码头卖家在收到用户的订单信息后,根据订单内容,查看商家库存或向供应商发出货品查询,确定可满足订单需求后,卖家与当地物流商联系,确定是否能按要求运输寄递。多方联络后,卖家通知供应商发货、物流商揽件运输。

3. 海外运输

卖家根据买家用户的需要,选择对应的运输方式,主要包括航空运输、海运、陆路运输。对时限要求较高的商品,一般采用航空运输。为节约成本,体积较大、质量较重的商品,一般采用海运或陆运。

4. 海关清关

运输的商品在收货地海关处被查验、审核,确定无误后,清关放行。

5. 国内段配送

海关放行后,邮政 EMS 继续揽收商品并按照收件人名址信息寄递,完成国内段的物流配送,寄达买家用户。

（二）**海外直邮模式的优缺点**

1. 优点

（1）商家在海外设有常驻机构,商品一般在海外生产并通过跨境电子商务平台销售,可供消费者选择的产品种类较为丰富。

（2）库存压力较小。商家无须提前在买家收件地储备库存,根据跨境电子商务平台订单信息,从当地仓库拣货、发货。

（3）买家通过平台实现海外直购、直采,针对原产国商品,其质量更能得到保障。

2. 缺点

（1）商品单次运输费用较高。洋码头卖家收到的买家订单是随机的,具备个性化需求特点,卖家需根据买家提供的名址信息逐一发货运输,导致订单单次运输费用较高,无法形成规模效应。

（2）消费者收单时间长。洋码头卖家身处海外,在国内未设置商品仓库,所有订单商品只能从海外仓库始发,通过航空、海运等运输方式寄至国内,运输过程耗时长,致使消费者收到商品所需时间较长,时效性低。

（3）货物质损率较高。因卖家是根据买家单一订单信息组织配货、发货,单件商品在运输过程中可能出现的质损概率较大。

（4）商品售后保障存在挑战。因地理距离影响,卖家所销售的商品在国内一般未设有售后服务点,若买家收到的商品存在质量瑕疵,也无法在国内进行投诉处理,存在一定的售后风险。

二、保税仓模式

保税仓模式是指洋码头商家提前备货,将商品存至国内保税仓,在收到买家订单信息后,商家安排从保税仓清关发货,国内段派送由邮政物流承接,使用 EMS 或邮政快递包裹进行寄递,预计 1～4 天寄达买家。

（一）**保税仓模式的流程**

1. 商家备货

针对国内需求旺盛、适销对路的商品,洋码头商家在海外提前组织生产、备货,以满足平台买家的订单需求。

2. 海外集中运输

洋码头商家在经过销售数据整理和分析后,对特定商品进行规模化、集中运输,降低运输成本。

3. 进入国内保税仓

批量商品经过集中运输至国内,存放在保税仓。

4. 客户下单

洋码头平台买家下单后,订单信息传送至卖家。卖家收到订单信息,将直接发通知至保税仓,拣货配发。

5. 保税仓海关清关

订单所需商品从保税仓拣货后,需要经过海关查验和审核,在手续齐全、未违反相关规定的情况下,海关对商品进行清关放行。

6. 国内段配送

订单商品经过清关放行后,由邮政以 EMS 或快递包裹的形式揽收配送,根据订单名址信息寄达买家。

(二)保税仓模式的优缺点

1. 优点

(1)订单处理效率高,消费者收单期较短。洋码头卖家提前将对应的商品运输存放至国内保税仓,在接受到平台买家的订单信息后,通过库存查询,确定保税仓中有对应商品库存,则通知保税仓按订单需求拣货、发货。订单处理时间短,免去了海外运输过程,直接在国内保税仓发货,买家能在较短时间内收到商品。

(2)物流配送成本较低。由于卖家是提前将商品统一装配、批量运输至保税仓,相比于单件商品运输,规模化、成批量的运输所产生的边际成本更低。

(3)售后保障,商品调配便利。因商品提前存放在国内保税仓,若平台买家需要调换商品,可将需求告知卖家,由卖家协调保税仓进行调换,更为便捷。

2. 缺点

(1)可供选择的商品较少。因提前存放至保税仓的商品种类较少,可供买家在线选购的商品不如海外直购选择面广,品种受到限制。

(2)容易形成库存积压,需要卖家做好充分的市场分析和预判,存在一定的库存风险。

第三节 跨境电子商务物流和通关

一、跨境电子商务物流

(一)国际物流

20 世纪 90 年代末期,联合国物流委员会将物流定义为:为了满足消费者的需要而进行的从起点到终点的原材料、中间过程库存、最终产品和相关信息有效流动和存储计划、实现和控制管理的过程。

国际物流是指物流活动的国际化,即在全球范围内运作的、跨越国界的物流作业和活动。国际物流是为国际贸易和跨国经营服务的,它遵循国际分工原则,利用国际化的物流运输网络、物流设施,以先进的物流技术,优选运输方式与路径,对运输流程进行有效管控,最终以较低的物流费用和风险,实现货物在国际间的流动与交换。

从某种程度上来讲,国际贸易物流可以看作是狭义的国际物流,如跨国企业为组织产品生产而需要从全球范围内采购原材料、组件,涉及的原材料包装、运输、装卸、加工、报关等环节是国际物流流程的构成因素。更具体地说,狭义的国际物流是指当生产和消费分别在两个及以上国家或地区开展时,为克服两种行为在时间和空间上的间隔和距离,对货物进行物理位移以完成国际商品交易的一项国际性交流活动。

根据不同的标准,国际物流业务可以分成不同的类型,如表9-2所示。

表9-2　国际物流业务的类型

分类依据	业务类型	特　点
货物流向	进口物流	以进口业务为目的
	出口物流	以出口业务为目的
关税区域	国家间物流	不同国家及关税区域间
	经济区域间物流	经济联盟或合作体,同一关税区
货物贸易特性	贸易型	以国际贸易为目的
	非贸易型	国际会展物流、国际邮政物流等

(1) 按照货物流向,可将国际物流分为进口物流和出口物流。进口物流是指以进口业务为目的的国际物流活动。出口物流是指以出口业务为目的的国际物流活动。进出口物流业务在流程上有交叉,同时,也有各自不同的作业环节。

(2) 按照关税区域划分,可将国际物流分为国家间物流和经济区域间物流。经济区域可能是多个国家组成的经济联盟或合作体,比如欧盟。欧盟成员国属于同一关税区,成员国间的商品可自由流动,与国家间物流在物流运作方式和环节上有很大差异。

(3) 按照货物贸易特性,可将国际物流分为贸易型和非贸易型两种。贸易型物流是国际物流的常见形式,具体指以国际贸易为目的,引起商品在国际间移动的物流模式。除此之外的,如国际会展物流、国际邮政物流等均属于非贸易型物流。

(二)跨境电子商务物流模式

跨境电子商务物流模式一般可分为自营物流、物流联盟、第三方物流。

1. 自营物流

自营物流是指跨境电子商务企业依凭自身的条件,通过自建物流系统、自设物流管理机构,从而自行开展物流活动的模式。对跨境电子商务企业而言,自营物流的优点在于能较好地管控物流业务流程,配送效率高,但是该模式对企业的管理能力、成本投入等要求较高。

2. 物流联盟

物流联盟是指跨境电子商务企业、电子商务平台、物流企业等以契约形式集合,形成优势互补、互相信任、共担风险、共享收益的物流合作伙伴关系。物流联盟的建立,能使相关物流伙伴相互取长补短,降低运营成本,共享物流设施与技术,从而提高竞争优势。

3. 第三方物流

第三方物流是指物流领域专业化的物流公司,以合同签订的形式,在协定的范围内,为客户提供物流服务。对于跨境电子商务企业,若不能满足自建物流体系的条件,通过与第三方物流企业达成合作,将物流业务外包给专业化的第三方物流企业,可使其节约运作成本,将更多的资金、精力投入到核心业务中,实现更高的经济效益。

(三)跨境电子商务运输方式

跨境电子商务领域,按照运输工具的不同,可将电子商务物流运输方式主要分为陆上运输、水上运输、航空运输、国际多式联运。

1. 国际陆路运输

国际陆路运输又可分为国际公路运输和国际铁路运输。相比于国际公路运输,国际铁路运输承运量大,货运线路较为固定,运输费用相对低廉。国际公路运输既可以作为跨境电子商务物流的主要运输方式,也可以作为国际运输的辅助方式,其特点是适用范围广,灵活机动,可实现"门到门"服务,运输成本较水路运输高,可与其他运输方式组合串联,形成多式联运。

2. 国际水上运输

跨境电子商务国际水上运输主要指利用国际航线邮轮、货船实现商品货物的运输流动,其特点是运量大,适合国际大宗货物运输,运输成本低,但是运输速度慢,具有一定运输风险。目前,国际贸易总量中六成以上使用的都是海洋运输。

3. 国际航空运输

国际航空运输是指由国际航空承运人办理跨国航空货物的全程运输,并承担运输责任的一种现代化运输模式。作为新兴的国际货运方式,航空运输对运输工具的技术及质量要求较高。据不完全统计,全世界范围内国际航空货运量每年以 10% 的速度递增。国际航空运输具有运输速度快,货品质损率低,安全系数高等特点,适合运输高附加值、时效性较强的商品货物,但是其运输费用偏高。

4. 国际多式联运

国际多式联运是指通过至少两种不同的运输方式、工具,将货物从一国境内运至另一国内货物交货点的运输模式。不同的运输方式(包括陆路运输、水上运输、航空运输)通过联运协议进行有效的组合,形成陆空、海空、海陆混合联运。

二、跨境电子商务通关

(一)进口舱单申报

进口舱单是指船公司罗列全船载运的货物的明细清单,其主要内容包括船名、托运人、提单号、收货人姓名、装卸港等货物详细情况,作为船运货物的证明由船公司录入申报并发送数据至海关,说明进口货物的配载情况。

(二)报关申报

1. 报关申报的含义

报关申报指出口货物发货人、进口货物收货人或货运代理人以书面或 EDI(电子数据交换)方式向海关报告其货物情况,申请海关检查,从而放行通关。

2. 进口单证明细

货物进口报关时需要提供的单证有报关单、进口合同、发票及装箱单、进口舱单、提货单或运单、代理报关授权委托协议、进口货物许可证或其他批准证件(如有)、减免税及免验证明(如有)等单证。

3. 出口单证明细

货物出口报关时需要提供的单证有报关单、出口合同、发票及装箱单、载货明细清单、装运单、代理报关授权委托协议、许可证件或其他证明材料(如有)、商检证明、出口收汇核销单等单证。

4. 报关期限

进口货物的报关期限一般为自运输工具申报进境之日起 14 日内,若期限内最后一天为法定节假日或休息日的,将顺延至节假日或休息日后的第一个工作日。若超过该期限未申报的,海关将征收滞报金,按日计征,逾期每日征收进口货物到完税价格的千分之零点五。

针对某些特殊货物,如生鲜商品、冷冻商品,生产发运周期较短,对时限要求较高,可经海关批准,提前申报通关,节约时间,货物运抵后即可放行。

(三) 海关审单

海关审单是指海关在接受到企业报送的相关数据后进行检查审核,并决定是否受理或现场查验放行的环节。

(1) 接收到申报请求后,海关对提报的单据进行审核,是否齐全有效。

(2) 审核报关单,确定是否属实。

(3) 对审核材料进行归类整理,申报价格。

(4) 审核通过,若有发现走私行为,则采取措施。

(四) 查验货并征收关税

海关货物查验是指海关为确定进出口货物的数量、属性、状态、价值等信息是否与货物申报单上填报的内容相符,对货物实行检查审核的行政执法行为。海关查验主要分为完全查验、抽查、外形查验三种方式。

为方便企业报检流程,提高工作效率,我国近年来大力推行电子报检制度。电子报检制度是指企业使用电子报检软件通过检验检疫电子业务服务平台,将数据传报至检验检疫机构,经系统和检务人员处理后,将受理信息反馈至企业,实现线上办理出入境检验流程。

税费征收是指海关对进出口货物,按照国家有关法律法规规定进行征收关税、代征进口环节税(含消费税和增值税),同时,对享有减免税、保税政策的货物征收海关监管手续费。

(1) 关税是一种以进出口货物为征收对象的国家税收,主要分为出口关税和进口关税两种。

(2) 进口环节税是指进口货物在办结关税后,在国内流通时应与国内相关产品同等对待,为简化程序,由海关在进口环节征收增值税、消费税。

(3) 监管手续费是指海关对享有减免税、保税货物提供监管服务产生的手续费用。

(五) 货物放行

货物放行是指海关在接收企业关于进出口货物申报后,经过报关单据核验、货物查验、税费征收后,对货物结束海关现场监督、管理并放行的行为。

(六) 出口清洁舱单申报

出口清洁舱单由船公司根据实际舱单数据项向海关进行申报。

（七）结关

结关是指经口岸放行后，有的货物仍然需要后续管理，海关按照相关规定对货物信息进行核查，针对需要补充证件或补交税费的货物做出处理，直至完全结束海关监管。

（八）结关后处理

结关后处理是指货物结关后，还需办理其他相关手续的过程，包括结关数据上报、打印证明材料等，并前往税务、外汇等管理部门办理相关手续。

本章小结

跨境电子商务是指企业利用互联网和电子信息技术在全球范围内从事各类经营活动的行为，其具有国际化、即时性、无纸化等特点。跨境电子商务的运营模式包括单一业务跨境电子商务运营模式、综合业务跨境电子商务运营模式、区域性跨境电子商务运营模式、全球性跨境电子商务运营模式。

一般情况下，跨境电子商务的交易流程按照发货起始地，可分为海外直邮模式和保税仓模式两种。跨境电子商务物流模式一般可分为自营物流、物流联盟、第三方物流。跨境电商通关一般流程包括进口舱单申报、报关申报、海关审单、查验货并征收关税、货物放行、出口清洁舱单申报、结关、结关后处理。

思考练习

一、单选题

1. 跨境电子商务是指企业利用互联网网络和电子信息技术在全球范围内从事各类（　　）活动的行为。

A. 经营　　　　　　B. 商务　　　　　　C. 商业　　　　　　D. 贸易

2. 关税是一种以进出口货物为征收对象的国家税收，主要分为（　　）关税和进口关税两种。

A. 服务　　　　　　B. 出口　　　　　　C. 商品　　　　　　D. 协议

3. 下列运输方式中，（　　）的运输成本相对更低。

A. 国际陆路运输　　　　　　　　　B. 国际水上运输

C. 国际航空运输　　　　　　　　　D. 国际多式联运

4. 进口货物的报关期限一般为自运输工具申报进境之日起（　　）日内。

A. 10　　　　　　B. 12　　　　　　C. 14　　　　　　D. 16

二、多选题

1. 跨境电子商务物流模式一般可分为（　　）。

A. 自营物流　　　B. 他营物流　　　C. 物流联盟　　　D. 第三方物流

2. 下列属于保税仓模式优点的有（　　）。

A. 消费者收单期较短　　　　　　　　B. 物流成本较低

C. 商品调配便利   D. 售后无保障

3. 海外直邮模式的优点有（   ）。

A. 可供消费者选择的产品种类较为丰富   B. 库存压力小

C. 商品质量有保障   D. 物流成本低

4. 跨境电子商务的运营模式有（   ）。

A. 单一业务跨境电子商务运营模式   B. 综合业务跨境电子商务运营模式

C. 区域性跨境电子商务运营模式   D. 全球性跨境电子商务运营模式

三、思考题

1. 跨境电子商务的发展趋势如何？

2. 海关查验商品的目的有哪些？

3. 企业在什么情况下，倾向于选择第三方物流进行运输？

实训项目

1. 登录中国邮政速递物流官网（www. ems. com. cn），查看了解国际物流寄递时限和价格、邮件禁限规定、邮件报关注意事项等内容，完成以下实操内容：

（1）利用网站的资费查询工具查询寄往伊朗、意大利和英国的物品（1 kg）运输价格，并做好记录。

（2）收集整理邮件禁限、报关注意要点，制作知识小卡片，小组范围内开展知识问答。

2. 根据两种跨境电商运营模式调查相应的电商企业，研究其运营流程，并分析各种运营模式在具体电商企业中的优缺点。

第十章　社交电子商务

引导案例

拼多多的成功之道

1. 有趣味,有温度:一样的社交电子商务,不一样的味道

社交电子商务较传统电子商务而言,最大的区别是把社交媒介渗入消费生活中,通过社交的方式,激发碎片化的移动互联网流量,自发地形成网状商业流,从而达到聚合移动流量的目的。平时我们在京东、天猫上购物,是以商品为中心,搜索型购物,需要什么产品就搜索什么,而社交电子商务是围绕人和社群做文章,通过内容和社交等方式去引导消费者购买。

不止于此,传统电子商务平台,我们在购物时相当于信息孤岛,只是在一个封闭的 App 上进行,并不与自己的社交圈子产生交集,很难让购物影响到周围的人,社交电子商务基于社交链条,更具产生爆款的可能性。

社交电子商务的这些独特模式优势为其诞生行业独角兽企业提供了土壤,可社交电子商务平台那么多,为何最终成长最快的是拼多多?因为,拼多多领跑行业有两个必杀技——有温度,有趣味。虽然同为社交电子商务平台,但拼多多却有着不同的味道。

在拼多多购物,类似游戏里的组团打怪兽,人越多,战斗力越强,价格就能被打得越低。为什么游戏黏性强?离不开游戏思维的三个核心点:有意义的选择、激励、反馈。在拼多多,用户购买商品种类,是自己需要的,是有意义的选择;拼的人多了,价格低,是激励;降价后,App 及时呈现出来,能反馈给用户,将游戏思维融入购物中,形成良性闭环,用户复购率也高。

这一套游戏化运作思维,离不开团队基因。拼多多的初创团队是做游戏起家,较市面上其他社交电子商务平台更深谙游戏心理学。就购物本身来讲,就是一种放松方式,娱乐方式,如今再融入游戏基因,自然是根本停不下来。

拼多多另一大核心优势是有温度。"购物不全都是目的型的。很多时候,你就是想约上三两好友,去大悦城、去沃尔玛逛逛。购物是社交,是娱乐,是生活的一部分。"拼多多 CEO 黄峥将这样的购物行为称为"有温度的购物",而拼多多的运营理念即是如此,通过"社交+电子商务"的模式让更多的用户享受到购物的乐趣,将线下生活中的购物场景移植到线上。体验到更多"有温度的购物",拼多多的出现让整个行业看到了电子商务"高效冰冷"外的另一种可能。

2. 品质硬通货:领跑行业的"终极必杀技"

社交电子商务,顾名思义,社交属于定语,电子商务才是主语,社交电子商务的本质依然是电子商务,既然是电子商务,其本质并没有变,用户在意的不是购买媒介,而是产品品质,用户消费需求倒逼电子商务品质升级是必然选择。

这一点上,拼多多做得尤为可圈可点。首先从货源上,强生集团、德运旗舰店、好奇官方旗舰店、BLACKMORES官方旗舰店、Nestle雀巢官方海外旗舰店、妮维雅旗舰店、惠氏官方旗舰店、百事食品官方旗舰店、高洁丝官方旗舰店等品牌方相继入驻国内领先社交电子商务拼多多。

其次,拼多多拥有严格且谨慎的商家监管机制和专门品控团队,确保商品质量,力求让用户买得放心。电子商务作为开放式平台,天猫、京东这样的平台也难免出现假货,为了避免出现类似情况,成立之初,信奉"不打假无未来"的拼多多,将打假上升到战略层面,拼多多CEO黄峥本人拿出三分之一的精力在打假上。此外,截至2017年4月,拼多多700人的团队中也有三分之一的人在打假。截至目前,拼多多的多个部门涉及打假业务,如商家管理、风控、平台治理等,并且这些部门仍在不断地招兵买马,原有的一层楼已经没有工位,如今准备再开一层。拼多多内部认为,在假货治理上,拼多多投入了比别的平台高数倍的精力。

在商家和用户利益之间进行选择时,拼多多毫无疑问站在用户利益的立场上,当部分商家出现假伪劣商品的情况时,拼多多不会手软。

3. 消费升级软着陆:熟稔价格趋于价值的平衡术

近年来,消费市场最大的浪潮莫过于消费升级,不可否认,消费升级之后,价格也变得贵了,但是价格便宜的东西就不代表消费升级吗?很多人可能会把消费升级和买更贵的东西联系在一起,其实消费升级并不是单纯的价格的升级,如今的用户购买产品,真正的核心需求不是省多少钱,而是产品品质,用户要买的不是便宜品,而是占便宜。

比如,如今代购风靡,为什么要代购?那么贵买个国外的化妆品,应该是不差钱的主才对,还选择代购省钱?其实这个例子很生动地表明了用户需要的是高品质的打折品。电子商务购物节兴起这么多年,为何大家都集中在这一天,因为便宜,价格战永远都是最简单粗暴的营销手段。

拼多多很好地将此做到平衡,让价格趋于价值,让消费升级做到软着陆,既便宜又有品质保障。那么拼多多是如何平衡好价格与价值这一关系的呢?

首先,成本低,价格自然就低了。拼多多上的大部分产品价格低于市面正常价格的秘密在于,拼多多上的卖家获得新用户的成本较低,不用花钱购买流量,成本低了,终端价格自然不高。

其次,拼团其实是C2B模式的预付费制,意味着没有库存压力,库存带来的成本损耗大大降低,这种无库存带来的低成本,也体现到了终端的价格优势上。这种反向支持最大的价值在于弥补了供给与市场需求之间的信息时滞。C2B供应链的创新控制了商品的品质和口碑。拼多多要做的是电子商务版本的Facebook,让每个人成为一个传播点,创造新信息,也在社交网络加速信息的传播。

消费升级与经济下行,成了当下人们面临着的一个矛盾点,像一把"达摩克利斯之剑"悬在我们的上空。不过话又说回来,这一新痛点就代表着新的用户需求点。凭一己或者一个公司、组织的力量让经济高速发展俨然是痴人说梦,但在一个小的商业范畴里进行结构升级,让用户花低价享受高品质服务却并非不可能,拼多多正好填补这一市场空缺,从而备受用户青睐。

思考:你用过拼多多吗? 你如何评价拼多多获得的成功?

第一节 社交电子商务概述

一、社交电子商务的概念

社交电子商务是电子商务的一种新的衍生模式,它是基于社交网络,以互联网社交工具为平台,通过引导、关注、分享、交流、讨论、互动等社交化形式,从事商品销售的经营性电子商务行为。

> **小知识** 　　　　　　　　**社交的"黄金原则"**
>
> ① 努力发散自己的光芒,但请不要吹熄他人的,因为别人也需要照耀。② 学会以退为进,谦逊为人。③ 不刻意引以为豪,不故意贬低自我。④ 学会容忍,克服任性,理解他人。

社交电子商务特点如表10-1所示。

表10-1 社交电子商务的特点

社交电子商务特点	特点属性
关系连结性	鲜明社交属性 社交网络拓扑结构 价值增值
流量裂变性	流量裂变曝光 传播效益扩大化
客群细分性	用户簇相互联结、相对独立 标签人群形成群组 针对性电子商务营销

(一) 关系连结性

在社交媒体大行其道的环境下,消费者的购买行为已经不单单依靠商家提供的产品和销售介绍,他们更倾向于听取身边好友及其他网友的消费意见。相对单纯性电子商务,社交电子商务具有鲜明的社交性质,好友、亲戚、网友等作为社交网络的主要关系元素,与消费者之间形成拓扑结构,在结构之上,通过社交网络平台进行相互讨论、分享及互动,实现价值增值,提升买卖双方信任感,引导消费者购买。

(二) 流量裂变性

通过社交网络,流量可实现二次、三次、多次的曝光分发。比如,一篇好的文章,通过社交网络平台被多次转载、分享,实现多次流量曝光。通过流量裂变,以点带面,商家以更低的流量成本扩大受众人群,使更多的用户收获到分享的信息,实现传播效益扩大化。

(三)客群细分性

社交网络是一个较为宏观的概念,它是由无数组用户簇相互联结而成,互相影响却又相对独立。每一位社交网络用户都有其突出的兴趣、习惯标签,相同或相似的标签人群聚集靠拢,从而形成群组。通过社交网络的群组划分,商家可获得大量的、差别化的用户信息,并可依据人群属性、爱好,针对性地制定电子商务营销方案。

二、社交电子商务的运营模式

(一)口碑营销模式

口碑营销是以口碑传播为途径,让消费者通过其亲朋好友之间的交流将企业的产品信息、品牌传播开来。这种营销方式的特点是成功率高、可信度强。互联网技术的普遍应用,使各个电子商务平台所承载的信息、产品服务越来越多,在选择产品或服务的时候,消费者会因为信息不对称而产生诸多困惑,如产品质量的高低、同质产品的优选等等。在此背景下,为提供更好的服务,企业更应该迎合消费者本身的需求,构建平等双向的互动关系,开展口碑营销。

社交电子商务的有效开展,离不开产品或服务口碑的建立和宣传,口碑营销模式的构建主要包括以下方面的内容。

1. 初始谈论者

一个话题的产生,需要一位初始谈论者,有人开始谈论某个产品或服务,才会形成口碑。以谈论者特定兴趣偏好的口碑一旦形成,它将以点扩散辐射,通过互联网广泛传播。形成口碑效应的谈论者,通常具备较强的影响力,能够在同一兴趣群体中表现得具有引导性。

2. 话题内容

电子商务的产品或服务需要通过细心的组织以体现其新颖、创意、诱人的属性,从而吸引谈论者关注并参与其话题的讨论,具体的话题内容应具备以下几点特性:

(1)新颖属性。产品或服务具有新奇的特点,能够引发谈论者的探索欲望,从而将其扩散传播。

(2)幸福属性。能够让谈论者感受到谈论的喜悦和幸福,主动自发地发表评论,进而引导其他消费者购买。

(3)故事属性。某特定的产品,从最初的构思创想,到后来的发展创造,环节上的连续性和发展历程的情节化,使得谈论者愿意如讲故事般去评论。

(4)共鸣属性。通过与初始谈论者在内心情感上产生共鸣,拉近与初始谈论者的距离,从而影响更多更广泛的人群。

3. 宣传载体

谈论者愿意谈论的产品或服务,需要通过有效的宣传载体进行传播才能达到理想的口碑效果。例如,一家汽车生产商意欲推广其新式量产的车型,通过在预约试驾活动页面添加"分享至朋友圈""分享至 QQ 空间"等形式,引导谈论者通过微信、QQ 等平台宣传,达到引流的目的。

4. 融入参与

口碑效应的传播链形成后,电子商务企业应对传播链进行必要的维护管理。例如,通过参与评论区讨论、发帖支持等方式融入谈论者氛围,设法延伸传播,扩大受众群体。

口碑营销模式框架如图10-1所示。

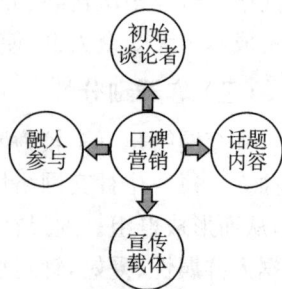

图10-1 口碑营销模式框架图

(二)社交分享模式

社交分享是当下热议的话题,它改变了以往灌输式的宣传推广,更注重客户群体主观意愿和感受,通过交流沟通、经验分享的形式达到宣传的目的,更具有自发性和主动性。

在互联网新形势下,诞生了"网红"群体,他们利用自身特长优势,迅速在社交平台获得较多粉丝数,在特定的圈组里具有较强的影响力。社交分享模式,首先需要电子商务企业拥有一批种子客户,这些种子客户是产品信息的主要扩散者,而名气"网红"的影响力使其在社交平台上的转发、分享、评论等具有引导性和号召力,形成爆炸式分享传播。

通过社交途径进行分享传播,相比于传统的广告,更具有互动性和参与性,同时,使电子商务企业能以更低的成本获取更高的流量曝光,充分享受社交带来的流量红利。网红经济的核心价值是将社交资产变现。

小知识   网红

网红是网络红人的简称,是指在现实或者网络生活中因为某个事件或者某个行为而被网民关注从而走红的人。

社交平台是网红产生的主要根据地,是网红利用庞大的社交资源进行传播、引导和增值变现的场所。国内常见的网红聚集平台有微博、小红书、微信、抖音等,通过社交平台的聚集效应,信息的传播得到加速和扩大,使网红的影响力也在爆发式增强。

(三)O2O营销模式

O2O营销是指线上与线下双渠道联合营销。对于社交电子商务,线上部分是其主要的营销阵地,然而线上营销活动的落地点在线下,缺乏线下的宣传推广,客户很难亲身感受到产品或服务的品质,进而对渠道营销产生负面影响。二维码作为信息的载体,通过线下门店、渠道让客户直接扫描获取准确信息,是线上线下渠道融合的典型代表。

二维码的外形为黑白矩形图案,通过图像表达信息数据。使用手机等智能设备扫描后,可获得其中链接、图片、文章等信息。二维码的营销方式主要有以下几种。

1. 传播产品信息

二维码能承载诸如手机APP、微信公众号、小程序、电子商务商品详情等产品信息,客户扫描后提示下载程序、关注使用、消费购买等信息,主要用于传播产品及宣传。

2. 营销活动展示

对于电子商务企业而言,线上的营销活动展示是对自身产品和服务的有力宣传,搭配二维码的线下渠道提供客户扫描,能将营销活动迅速曝光在客户面前,达到良好的宣传目的。

3. 互动

互动手段的运用,能使客户亲身参与到电子商务营销活动中,加深对产品的理解,同时,企业也可依据与客户的沟通交流,了解真实想法和意愿,从而在产品研发和服务提供方面改善提升。

(四)体验营销模式

伴随着互联网技术及电子商务的发展,人们通过媒体对产品的了解已不仅仅是传统营销模式下的被动认知,而是通过在视觉、听觉以及线下触觉等方面,全方位交互体验以获得更强烈的情感触动。

> **小知识　　　　　　　　体验的价值**
>
> 当咖啡被当成"货物"贩卖时,一磅卖 300 元;当咖啡被包装为商品时,一杯就可以卖 25 元;当其加入了服务,在咖啡店中贩卖,一杯最少要 35～100 元;但如能让顾客体验咖啡的香醇与生活方式,一杯就可以卖到 150 元甚至好几百元。星巴克(Starbucks)真正的利润所在就是"体验"。

体验营销模式主要分为终端体验和产品体验两种。

1. 终端体验

对于客户而言,无论是通过 QQ、微信还是其他应用平台,客户始终是需通过互联网中的某个渠道与电子商务发生连接。对于企业而言,这些渠道一般就是其实施营销策略的终端。终端体验的质量直接关系到企业的切身利益,其主要特点有:

(1)功能性。为客户提供终端体验的产品,其功能突出且实用。例如,电子商务企业通过建立产品兴趣爱好群组(微信的基本功能),将论坛、网站上的粉丝引流入群,通过群主公告等形式定向扩散产品信息,及时收到粉丝反馈,具有突出的双向交流功能。

(2)操作性。对于终端应用程序 APP,它是客户直接操作体验的窗口,一款成功的 APP,能很轻松地被用户熟悉和使用。注重社交模式的电子商务企业,对其 APP 的优化、完善也比较到位,结合客户群体特点,在操作上尽量简化易懂,使对话交流更为方便快捷,并通过这类体验帮助客户熟悉产品信息。

(3)体验性。线下体验是客户触摸、了解产品的重要途径。任何线上社交电子商务终端都离不开线下渠道服务,如实物配送、仓储管理、售后服务等,强化供应链流程管理,提升员工素质,优化组织管理,对整体的体验感会有显著的提升。

2. 产品体验

产品是社交电子商务领域客户群体体验的核心,产品体验主要分为产品使用体验和产品提升两个方面。

(1)产品使用体验。产品使用体验的第一步,就是购买体验。对于普通客户,产品的价格直接影响到购买体验,客户一般趋于偏好性价比高的产品,针对此类现象,电子商务企业应充分发挥规模效应和竞争优势,控制成本,在产品定价上具有一定优势,让客户在选择产品的时候,真正感受到价格的实惠,提升体验感。

(2)产品提升。产品提升是指通过客户的使用反馈,逆向催化电子商务企业服务转型和提升,结合客户需求,提供针对性、高质量的服务或产品。一方面,企业通过社交与客户形成沟通机制,按需逐步提升产品质量;另一方面,基于社交媒体平台,电子商务企业与客户共同成长,共同发展,由客户需求派生出的荣誉共鸣与归属感,使得客户在与企业紧密相连关系中得到宝贵的体验感。

(五)内容营销模式

随着互联网技术的发展,传统媒体的劣势日渐明显,如传播介质单一和固定、传播成本高昂等。然而,这种发展趋势对于社交电子商务是有显著利好的——线上媒体的传输成本大大低于传统媒体,社交电子商务的内容营销随之具备巨大的市场潜力。

社交电子商务的内容营销主要载体有微信公众号、微博、直播 APP 等,不同的载体所呈现的内容属性不完全一致,各有特点,然而,目的都是为了吸引客户。在实施内容营销时,主要注意以下几点。

1. 内容的原创性

原创的内容更能体现企业的真实形象。通过抄袭、复制的内容缺乏与真实状况的有效结合,难以对指定社交环境中的客户群体形成情感上的共鸣和冲击,以至于无法达到理想的传播效果。

电子商务企业应在原创内容组织、一手资料管理方面充分下功夫,包括软文、图片、链接、视频等元素,通过有机融合,加强运营管理,时刻保持内容新鲜且具有实用性,以吸引更多有相同兴趣的客户。

2. 内容的专业性

内容营销吸引客户的关键在于,利用专业的内容构建和传播方式,满足客户更为精确的需求。专业化的内容编辑,体现的不仅仅是营销水准的专业化,更能表达丰富的产品品牌、价格、规格等信息。

3. 品牌的植入

品牌的植入是商业化运作模式中的典型形式。例如,"六神磊磊读金庸"微信公众号自媒体拥有稳定粉丝数百万人,作者六神磊磊通过自身对金庸作品的独到见解,以"推文＋广告"的形式传播给相同兴趣爱好的群体,将广告内容分解成各个有联系的单元,再把各单元与金庸小说中的人物、情景相结合、捆绑,使得粉丝在阅读欣赏软文的同时,也无形中承认了广告元素的合理性。

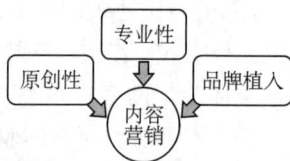

图 10 - 2　内容营销模式框架图

内容营销模式框架如图 10 - 2 所示。

三、社交电子商务的运营法则

(一)文案策划带动产品营销

传统的营销模式需要企业在推广运营方面投入大量的资金和精力,从而达到吸引消费者购买的目的。然而客户实际购买转化率偏低,对于企业而言投入产出率较低,一旦停止推广,营销效果将直线下降。

社交电子商务运营的重要法则之一是文案策划带动产品营销。文案策划是内容营销的主要表现形式，重在通过对文案内容的细致组织、编写，以获得消费者的情感认同，刺激产生购买行为。反过来，消费者的信息反馈促使文案策划更贴近客户群体实际，调整优化以完善策划内容。

文案策划内容的丰富性、创意性等属性直接影响到终端消费者的初次认知。通过社交媒体的放大及裂变扩散，文案信息得以广泛传播，内容推广与产品销售同步进行，不再是简单的先后顺序，这对企业而言，可以较低的运营成本带动产品的销售，形成高收益。

> **小知识**　　　　　　　　　　**广告策划案例**
>
> 中国的矿泉水有几百种。说穿了，矿泉水从根本上没多大差别。但是农夫山泉凭广告语："农夫山泉，味道有点甜"把自己和其他几百种同类矿泉水区别开来，让每位顾客都知道：喝农夫山泉不仅仅是为了解渴，还因为产品独特的口感：甜！而且，农夫山泉借广告语，引导消费者创建绿色、环保、野趣等联想，让精神产生融入自然的愉悦，和味觉一块消费了"甜"。农夫山泉终于从众多毫无特色的竞争者中脱颖而出，在矿泉水市场确立了自己的品牌地位。
>
> 最初的矿泉水，大家都是争相标榜自己水的微量元素多少，夸耀采用先进生产线等。这些卖点大家既看不见，又感受不到。况且，大家都这么广告就不叫特色。说大家都没说，却又值得说的，才叫特色。

（二）产品实质决定客户体验

产品的质量是社交电子商务运营营销的关键核心。社交电子商务强调社群经济和粉丝经济，产品本身的质量和价值才是企业追求的本质，产品实质决定客户体验。

（1）质量体系管控。强化质量体系管控，不仅仅是指对自身制造流程的质量管控，更是对供应链上游原材料、下游渠道的把关把控，杜绝偷工减料、假冒伪劣等。

（2）品牌化管理。站在品牌的高度，对产品的设计、研发、制作、装配、包装、销售等采取统一的标准，进而反映出产品品牌的一致性和内涵。

（3）产品形象。企业在实施营销策略的过程中，不应把产品和使用者单独的分开对待，他们是一个整体，因为供需关系的存在而具备关联性，通过文字、图片、场景展示等对产品的形象进行传播，让使用者感受到产品的具体使用环境而产生具体印象，从而获得更好的体验。

> **小知识**　　　　　　　　　　**产品质量**
>
> 质量是维护顾客忠诚的最好保证。
>
> ——杰克·韦尔奇
>
> 产品质量是生产出来的，不是检验出来的。
>
> ——威廉·戴明
>
> 20世纪是生产率的世纪，21世纪是质量的世纪。
>
> ——约瑟夫·朱兰

（三）交流之间传播产品理念

口碑和互动是新形势下企业构建营销渠道的重要形式和方法。口碑是人们对产品品牌的综合表述和评论，是对产品本身及其产生的背景等交流的总和。口碑的形成和传播主要发生在亲戚、朋友、同事等较为亲密的人际关系群体中，这些群体的普遍特点就是个体间的相互信任度高，且更加稳定，相比于传统的广告、企业公关、产品推介等，对客户更具吸引力和感召力。在互联网环境下，口碑交流超越了时间和空间的束缚，人们随时随地都能参与到口碑的组织和建造中，受其影响并对产品理念进行交流传播。

传播是社交链构建、延续的基础，也是基于互联网的电子商务得以生存和发展的重要因素。在如今激烈的市场竞争中，同质化产品的行业压力日渐明显，通过创新、富有黏性的传播方式更能为企业带来营销效益，互动交流便是法则之一。

> **小知识**　　　　　**传播**
>
> 传播是指两个相互独立的系统之间，利用一定的媒介和途径所进行的、有目的的信息传递活动。从企业来看，信息传播就是企业正确地使用各种传播媒介，及时地向公众传递有关企业的各种信息，及时有效地收集企业公众对企业的各种意见和了解他们的态度。信息传播过程是一种信息分享过程，双方都能在传递、交流、反馈等一系列过程中分享信息，在双方的信息沟通的基础上取得理解，达成共识。

利用互动的方式，促使用户产生转发、评论等传播的动力，有利于电子商务企业以较低的成本形成超高的社会效益和经济效益。通过互动，用户以交流者的身份参与到环境中，并与企业、其他用户沟通交流，达到传播的目的。在具体的互动模式运营中，需要考虑如下几个环节：

（1）互动前，组织方需对互动活动面向的群体进行基础调研，了解群体属性和特点，并依此开展策划和前期组织协调。

（2）活动期间，组织方应对活动开展的情况进行实时跟踪和管控，及时处理、回复互动时的问题和建议，解决用户的困惑。

（3）通过设置奖励等形式吸引用户持续参与到互动中来，保障活动的有序开展和营销的有效实施。

（四）企业不可忽视社群数据

社群是指一群有共同或相似的兴趣爱好的，具有较为统一的群体意识的人聚集形成的稳定结构的群体。在互联网背景下，社交功能日益发展完善，天涯、猫扑等社区为广大的社群个体提供了寻找同类伙伴的平台和机会，所有人通过互联网得以连结并相互影响。在这种情况下，企业对于社群的开发、介入愈发重视，在同一社群中可以了解到相同兴趣爱好者的共性和特点，并据此针对性地开展社交营销工作；在不同的社群中，企业根据产品、业务发展需要，从不同的社群中获取多样化、差异化的信息及产品反馈，逆向作用于产品的适应性。

在信息爆炸的时代背景下，数据是企业赖以生存的营销资产。大数据技术的充分运用，通过全方位分析处理，将用户定位并标签化，从而塑造立体的客户形象，并为电子商务企业的决策者提供数据支撑和决策辅助。

> **小知识　　　　　　　　财经作家吴晓波谈社群**
>
> 　　关于社群,我有三个体会,我觉得一个好的社群大概应该有以下特征:一、有态度的内容。好内容和坏内容很不容易区分,但是我们的内容必须有价值,这样才能把人聚合在一起。人不是因为认识在一起,而是因为兴趣、因为认同感才在一起的。在这个情况下,我们写作的人会有一个清晰的认识,我喜欢什么,反对什么,愿意跟什么人在一起。二、圈层化互动。如果这个社群还是在空中,很容易变成泡沫就消失了,如果这个社群在地面,那就是很真实的,社群可以产生大规模的互动。三、共享中互利。每个人在社群中是一个获利者,也是一个贡献者。通过共享和互利,让这个社群变得更加长久。

四、主要的社交电子商务平台

(一) 拼多多

　　拼多多(www. pinduoduo. com)是隶属于上海寻梦信息技术有限公司的一家商家入驻模式的第三方移动电商平台,也是以人为先的新电商开创者。在以人为先的理念下,拼多多将娱乐与分享的理念融入电商运营中:用户发起邀请,在与朋友、家人、邻居等拼单成功后,能以更低的价格买到优质商品;同时拼多多也通过拼单了解消费者,通过机器算法进行精准推荐和匹配。

　　拼多多的核心竞争力在于创新的模式(拼团)和优质低价的商品:拼单意味着用户和订单大量且迅速地涌入,而丰厚的订单使拼多多可以直接与供货厂商(或国外厂商的国内总代理)合作对话,省掉诸多中间环节,实现 C2B 模式,价格优势由此体现。

　　进入拼多多官网后,点击"商家入驻"进行入驻申请,如图 10-3 所示。商家可零门槛申请成为拼多多的入驻商家,无须入驻费,交易过程不涉及佣金和扣点。开放式的入驻形式吸引了众多商家在平台开设自己的店铺。

图 10-3　拼多多入驻申请页面(一)

申请入驻拼多多时,可选择个人或企业两种形式,灵活方便,个人入驻只需提供个人身份证照片即可申请,企业入驻需要提供营业执照等资料方可申请入驻,如图 10-4 所示。

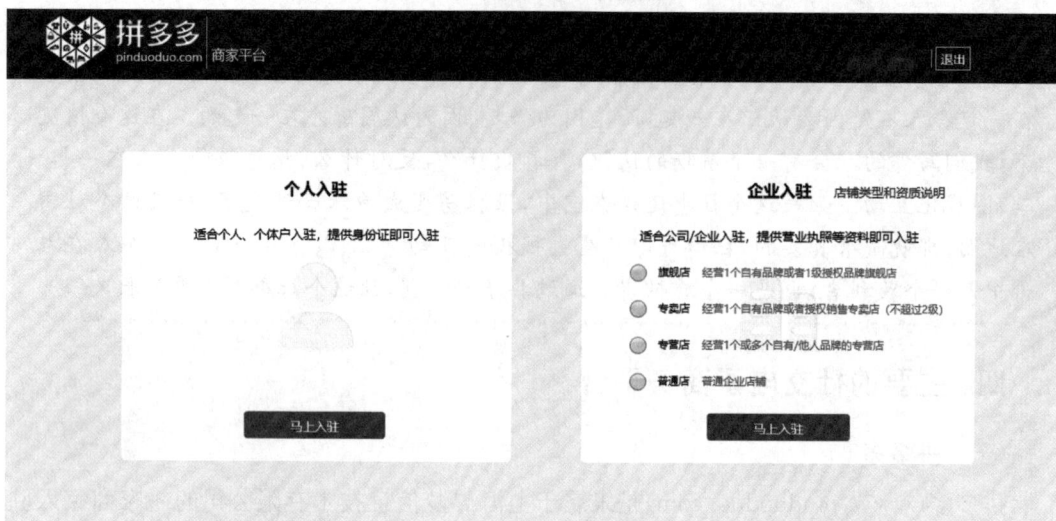

图 10-4　拼多多入驻申请页面(二)

(二) 云集微店

云集——全球领先的社交零售平台,隶属于云集共享科技有限公司,于 2015 年 5 月正式上线运营。作为一款手机开店的 APP,云集通过云端资源的共享,提供商品、物流、IT、培训、售后等服务,让普通人能够轻松开展网上零售。云集的六大供应链系统如图 10-5 所示。

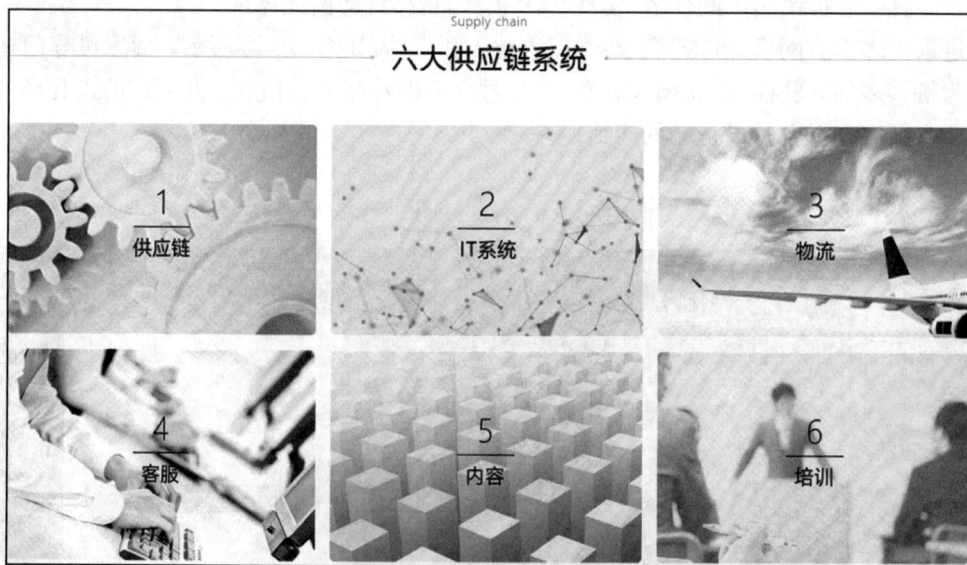

图 10-5　云集的六大供应链系统

（三）有赞

中国有赞有限公司是一家主要从事零售科技服务的企业。目前旗下拥有：有赞微商城、有赞零售、有赞美业、有赞小程序、有赞学院等全面帮助商家经营移动社交电商和全渠道新零售的 SaaS 软件产品及人才服务，面向开发者的"有赞云"PaaS 云服务，面向品牌商的有赞推广、有赞分销，面向消费者的有赞精选、有赞微小店等服务，同时还在中国拥有中国人民银行颁发互联网支付许可证及部分地区预付卡的发行与受理，同时可在全国范围内开展虚拟预付卡业务和跨境结算业务。

有赞微小店是一款以分销模式为主的营销工具 APP，如图 10 - 6 所示，店主通过一键上架、转发有赞平台的商品，直接开售，具体的商品由对应的有赞平台商家实际寄出，店主以此赚取佣金，实现无货交易。

图 10 - 6　有赞微小店的下载界面

（四）小红书

小红书创办于 2013 年，通过深耕 UGC（用户创造内容）购物分享社区，发展至今已成为全球最大的消费类口碑库和社区电商平台。在小红书 APP 上，如图 10 - 7 所示，用户通过文字、图片、视频直播的形式，记录并分享生活点滴。和其他电商平台不同，小红书是从社区起家。一开始，用户注重于在社区里分享海外购物经验，到后来，除了美妆、个护，小红书上出现了关于运动、旅游、家居、旅行、酒店、餐馆的信息分享，涉及消费经验和生活方式的方方面面。

目前，小红书在 29 个国家建立了专业的海外仓库，在郑州和深圳的保税仓面积超过 5 万平方米，并在仓库设立了产品检测实验室。2017 年，小红书建成 REDelivery 国际物流系统，确保国际物流的每一步都可以被追溯，如用户可以在物流信息里查找到商品是坐哪一列航班来到中国的。

在小红书上，来自用户的数千万条真实消费体验，汇成全球最大的消费类口碑库，也让小红书成了品牌方看重的"智库"。欧莱雅首席用户官 Stephan Wilmet 说："在小红书，我们能够直接聆听消费者真实的声音。真实的口碑,是连接品牌和消费者最坚实的纽带。"

图 10-7　小红书 APP 的界面展示

第二节　社交电子商务引流

一、百度引流

百度,全球最大的中文搜索引擎公司,拥有数万名技术研发人员,在互联网领域有着举足轻重的地位。围绕百度的一系列功能开展社交电子商务粉丝引流,可产生良好的收益效果。

(一)百度网盘

百度网盘(pan. baidu. com)是百度推出的云存储服务,百度用户可通过网盘下载其他用户分享的资料,同时,也可通过自身帐号上传自己想分享和扩散传播的内容、材料,从而达到引流的目的,如图 10-8 所示。

图 10-8 百度网盘官方主页

(二) 百度知道

百度知道(zhidao. baidu. com)是一款知识问答平台,与用户的日常学习、生活、工作联系较为紧密,通过在平台上提问或者回答,可以起到良好的引流作用。

(1) 帐号注册。若要使用百度的平台功能,第一步先要注册帐号,企业可安排专门的工作人员操作并维护。

(2) 选择浏览器。尽量选用带有清除 cookies 功能的浏览器,如 360 极速浏览器、搜狗浏览器等,并选择宽带拨号或者 IP 工具,避免帐号出现异常。

(3) 围绕营销目的,选择和营销内容相关的关键词和语句,参考通过百度搜索得出的排序结果,根据市场热度来判断营销内容的偏好。

(4) 制造提问。用于提问的百度帐号应选择培养时间较长的,让用户看到感觉较为信赖,同时,对所提的问题应进行适当的补充提问,使提问具有延续性和呼应性,问题内容应充实丰富,体现出具体的、真实的需求。

下文将以实际的操作流程进行阐述。

登录百度知道官方主页,点击右上角"注册",开始注册流程,如图 10-9 所示。如果之前已注册过百度帐号,可直接使用百度帐号登录。

图 10-9 百度知道官方主页

进入注册页面后,按照要求设置自定义帐号和密码,并通过手机号进行验证,或按照提示,用手机号快速注册,如图 10-10 所示。注册完成后,即可登录使用。

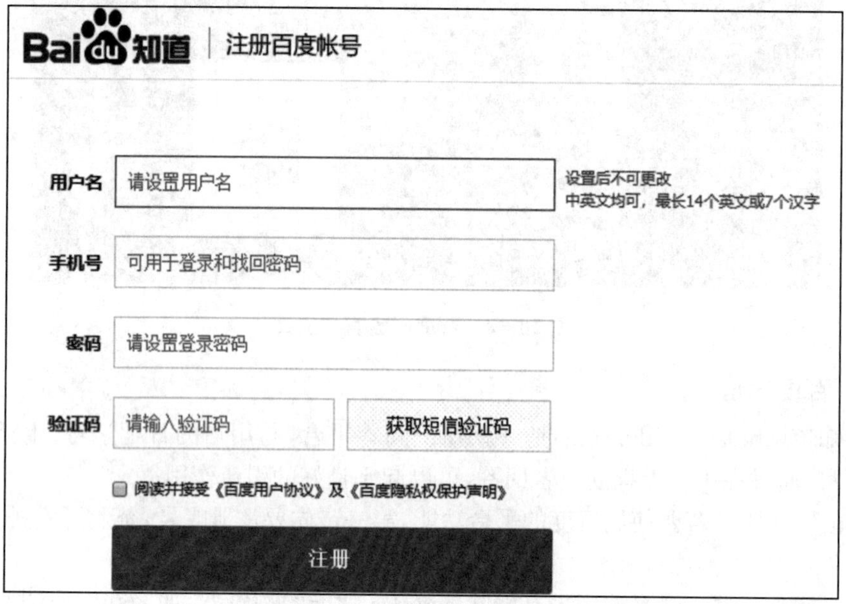

图 10 - 10　百度知道帐号注册页面

　　登录后,点击搜索栏后部的"我要提问",填写提问的标题和内容,选择"添加标签",方便答题者快速找到你的提问,如图 10 - 11 所示。

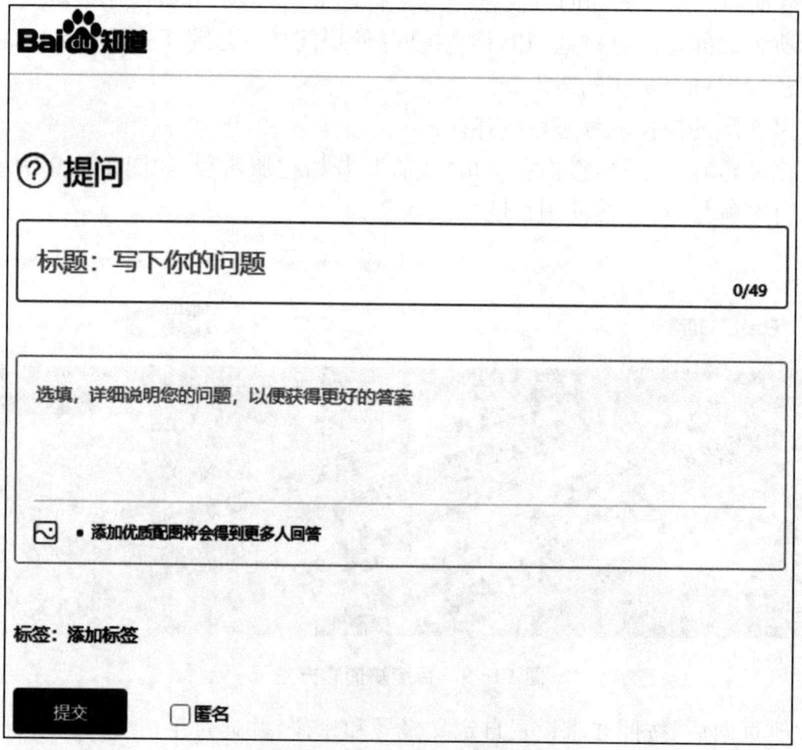

图 10 - 11　提问内容的填写

（三）百度贴吧

百度贴吧(tieba.baidu.com)是百度的一款社群平台,是全球最大的线上中文社区。贴吧的使命是让志同道合的人相聚。贴吧的组建依靠搜索引擎关键词,不论是大众话题还是小众话题,都能精准地聚集大批同好网友,展示自我风采,结交知音,搭建别具特色的"兴趣主题"互动平台。贴吧目录涵盖社会、地区、生活、教育、娱乐明星、游戏、体育、企业等方方面面,它为人们提供一个表达和交流思想的自由网络空间,并以此汇集志同道合的网友。在贴吧上发表帖子和跟帖,能体现企业营销的具体内容,达到吸引趣味相投的用户、粉丝的目的。百度贴吧主页如图 10-12 所示,百度贴吧"足球"分类主页如图 10-13 所示。

图 10-12　百度贴吧官方主页

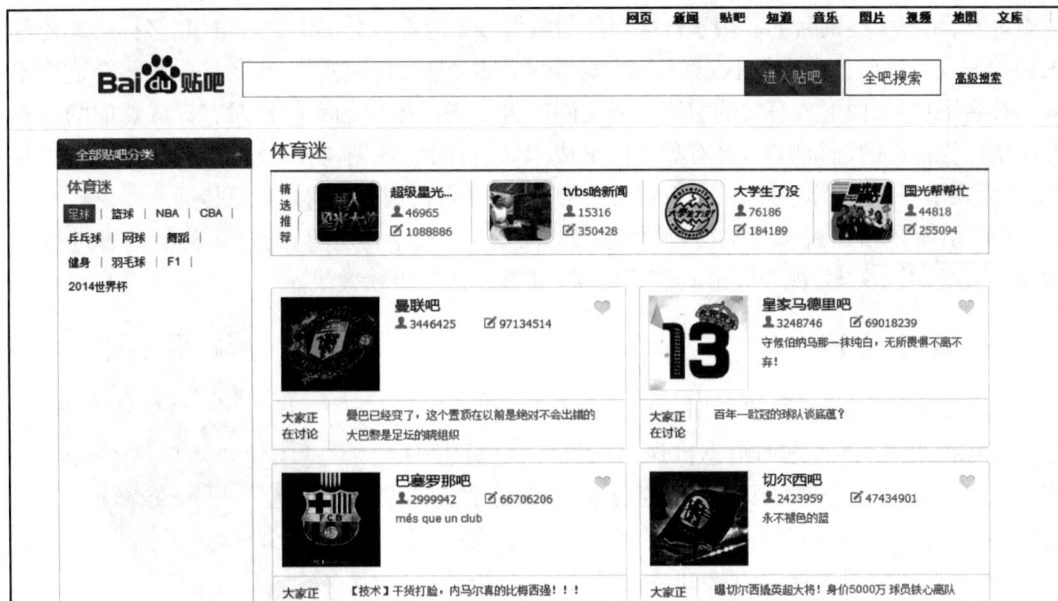

图 10-13　百度贴吧"足球"分类主页

二、微信、QQ引流

微信和QQ是腾讯公司推出的两款社交软件,通过对微信、QQ的营销运营,可有效拉动、吸引粉丝关注,微信、QQ主页如图10-14、图10-15所示。

图 10-14　微信主页

图 10-15　QQ手机主页

微信引流的方式主要有朋友圈、微信好友和朋友圈广告。微信朋友圈引流是微信引流的重要方式和手段,通过在朋友圈发表产品图片、功能性文案来传播营销内容,短时间内达到吸引好友、用户关注的目的。用于传播产品的微信号中应拥有分属不同社群组、多样兴趣爱好的微信好友,这样,当朋友圈状态更新后,分享的产品图片、物流发货、包装等内容将会适应不同的社会用户,从而形成有效的引流。朋友圈广告是腾讯推出的专门针对有投放意向的公众号申请广告投放的创新功能,具有曝光流量成本低、指向性曝光、实时监控投放效果等特点和优势,无须用户关注公众号即可获取相关广告资讯,使得营销内容得以广泛传播。

QQ引流是指通过QQ的各项功能,如QQ动态、QQ相册等,通过对营销内容进行细致策划,以图片、文案、视频等形式表达出来,具有较强的吸粉效果。

三、APP引流

电子商务企业在开发和利用APP(见图10-16)时,会考虑嫁接很多功能,比如消息推送、UI设计、会员管理等。在进行消息推送时,很多电子商务企业缺乏系统的规划和安排,对消息进行无针对性的推送,导致不对"胃口"的粉丝群体取消关注或直接卸载。UI设计是指APP界面的按钮、通道入口等的形象设计,好的UI设计可以给用户留下好的视觉印象和使用体验。会员管理功能是电子商务企业与用户发生关系互联、互黏的重要途径,通

图 10-16　手机APP示意图

过会员中心,企业将收集到用户的第一手数据,并通过数据分析得知其属于哪些社群范畴,从而针对性地开展营销活动。

四、微视频引流

(一) QQ 微视

QQ 微视是腾讯 QQ 推出的一项短视频分享功能,用户可利用自己的手机记录美好瞬间和奇闻轶事,吸引网友点击关注并查看。腾讯微视的主页面如图 10 - 17 所示。

图 10 - 17　腾讯微视的主页面

(二) 直播平台

直播平台是互联网社交经济发展的产物,通过直播平台,让用户感觉更贴近现实,具有时间和空间的同步感和真实感,搭配产品宣传,达到广泛传播的目的,具有良好引流效果。抖音短视频直播平台主页如图 10 - 18 所示。

图 10 - 18　抖音短视频直播平台主页

五、软文引流

软文是传统的营销工具,在互联网发展的背景下,其含义和作用得以无限延伸和扩大。软文的"软"的特点,使得其能在任何社交平台、任何渠道都有着充分发挥其价值的空间和柔性。在软文策划方面,应注意以下几点:

(1) 软文与营销内容的契合。

所有的营销工具,比如软文、图片、视频等,都是围绕企业的营销计划而使用和发挥作用的。软文在组织上应与营销内容默契相关,不能文不对题,让读者感觉无所适从,缺乏主题。

(2) 软文的故事性。

软文有多种灵活的体裁形式,而近阶段表现较为突出的引流形式是故事性软文,越是故事性的软文,越能引人入胜,产生强大的吸引力。

(3) 软文的引导性。

软文是为营销服务的,无论软文的内容如何组织、搭建,其核心意义在于引导消费者购买产品或服务。

◆◆◆ 本章小结

社交电子商务是电子商务的一种新的衍生模式,它是基于社交网络,以互联网社交工具为平台,通过引导、关注、分享、交流、讨论、互动等社交化形式,从事商品销售的经营性电子商务行为。社交电子商务运营模式包括口碑营销模式、社交分享模式、O2O营销模式、体验营销模式、内容营销模式。社交电子商务平台主要有拼多多、云集微店、有赞、小红书。社交电子商务引流方式主要有百度引流、微信引流、QQ引流、APP引流、微视频引流、软文引流。

◆◆◆ 思考练习

一、单选题

1. 社交电子商务是电子商务的一种新的衍生模式,它是基于社交网络,以互联网社交工具为平台,通过引导、关注、分享、沟通、讨论、互动等社交化形式,从事商品销售的(   )性电子商务行为。

    A. 商业   B. 经营   C. 交易   D. 贸易

2. 百度网盘是百度推出的(   )服务,百度用户可通过网盘下载其他用户分享的资料。

    A. 云计算   B. 大数据   C. 云存储   D. 电子化

3. (   )是社交电子商务运营营销的关键核心。

    A. 产品的性质   B. 产品的质量

    C. 产品的属性   D. 产品的数量

4. 产品体验主要分为产品使用体验和(   )两个方面。

    A. 产品分类   B. 产品宣传   C. 产品提升   D. 产品交互

二、多选题

1. 社交电子商务具有(　　)特点。

A. 关系连结性　　　　　　　　　B. 流量裂变性

C. 客群细分性　　　　　　　　　D. 操作单一性

2. 社交电子商务的运营模式有(　　)。

A. 口碑营销模式　　　　　　　　B. 社交分享模式

C. O2O模式　　　　　　　　　　D. 体验营销模式

E. 内容营销模式

3. 口碑营销模式的要素有(　　)。

A. 初始谈论者　　B. 话题内容　　C. 宣传载体　　D. 融入参与

4. 社交电子商务的运营法则有(　　)。

A. 文案策划带动产品营销　　　　B. 产品实质决定客户体验

C. 交流之间传播产品理念　　　　D. 社群数据企业不可忽视

三、思考题

1. 社交电子商务的流量裂变性是如何体现的?

2. O2O营销模式的特点和优势是什么?

实训项目

1. 调研社交电子商务软件。

针对市面上较为常见的社交电子商务软件,如小红书、洋码头等,对APP的使用体验做对比,并分析给用户带来不同体验和感受的原因。形成讨论材料,与小组同学相互交流,提交调研报告。

2. 为农产品设计社交电子商务方案。

农产品生产的特殊性不可避免地会出现一些农产品难卖的问题,社交电子商务与传统电子商务相比更适合农产品的销售。全班学生分为若干个小组,每组4~6人,选择小组成员家乡某种农产品,共同设计一份农产品社交电子商务方案。

参考文献

[1] 杨坚争,杨立钒.电子商务基础与应用[M].第 10 版.西安:西安电子科技大学出版社,2017.

[2] 宋文官.电子商务概论[M].第 3 版.北京:高等教育出版社,2013.

[3] 叶秀敏.中国电子商务发展史[M].山西:山西经济出版社,2017.

[4] 商务部电子商务和信息化司.中国电子商务报告[M].北京:中国商务出版社,2017.

[5] 张楚.电子商务法[M].北京:中国人民大学出版社,2016.

[6] 郝琴.企业社会责任战略[M].北京:中国经济出版社,2016.

[7] 冯英健.网络营销基础与实践[M].第 5 版.北京:清华大学出版社,2016.

[8] 杨丽萍,熊学发.网络营销基础与实践[M].北京:教育科学出版社,2015.

[9] 顾明.电子商务物流[M].北京:机械工业出版社,2017.

[10] 郝皓.基于服务外包的售后逆向物流管理研究:理论分析与汽保行业实践探索[M].北京:清华大学出版社,2015.

[11] 薛万欣.电子商务网站建设[M].北京:北京交通大学出版社,2015.

[12] 赵安新.电子商务安全[M].北京:北京理工大学出版社,2016.

[13] 吴明华.电子商务安全[M].重庆:重庆大学出版社,2017.

[14] 韩琳琳,张剑.跨境电子商务实务[M].上海:上海交通大学出版社,2017.

[15] 陈文培.跨境电子商务运营[M].北京:中国财政经济出版社,2018.

[16] 刘侠威.移动社交电商:电子商务的下一个风口[M].北京:机械工业出版社,2016.

[17] 陈信诚.转型王道:微商、社交电商实战系统[M].北京:电子工业出版社,2017.

[18] 贺关武.社交电商运营策略、技巧与实操[M].北京:电子工业出版社,2016.